ON ENTEND
L'ARBRE TOMBER
MAIS PAS LA FORÊT POUSSER

Du même auteur

Les Mécanismes du marché : éléments de microéconomie, Bréal, 2006.

Petit Précis d'économie appliquée à l'usage du citoyen pragmatique, Eyrolles, 2007.

Krach financier, emplois, crédits, impôts : ce qui va changer pour vous, Eyrolles, 2008.

Le Capitalisme idéal, Eyrolles, 2010.

Le Chagrin des classes moyennes, Lattès, 2011.

La Politique de la jeunesse, Odile Jacob, 2011.

www.editions-jclattes.fr

Nicolas Bouzou

ON ENTEND L'ARBRE TOMBER MAIS PAS LA FORÊT POUSSER

JC Lattès

Maquette de couverture : Atelier Didier Thimonier

ISBN : 978-2-7096-4235-4

Première édition mars 2013.

Sommaire

Crise. Nous n'entendons parler que de crise. Crise économique, crise des marchés, crise politique, crise morale. Mais les mots doivent avoir un sens et, nous, Français, nous sommes des littéraires. Or la *crisis* latine renvoie à la manifestation violente d'une maladie, à l'apparition brutale d'un symptôme : hémorragie, évanouissement, intolérables douleurs… La *krisis* grecque signifie jugement et décision. Ainsi, la crise, dans le sens du vocabulaire français, suggère la dégradation rapide d'un état, dégradation qui débouche sur une décision salvatrice ou la disparition.

En France, la crise est un leitmotiv médiatique et politique depuis 1975. Mais une crise ne peut durer depuis près de quarante ans ! Quant aux politiques économiques menées depuis les années 1970, qui oserait prétendre qu'elles ont permis de percer les nuages pour atteindre le ciel bleu ? La croissance en France est faible, le chômage élevé, l'endettement public incontrôlé. Depuis longtemps.

Si ce que nous traversons ne s'apparente pas tout à fait à une crise, quel est le problème ? C'est le passage d'une vieille économie à une nouvelle pleine de promesses, d'un monde daté mais connu à celui d'un monde palpitant mais riche en surprises. C'est, au fond, le combat des modernes contre les anciens. Plus qu'une crise, nous traversons une période de transition, de mue. Nous sommes aujourd'hui à la fin du Moyen Âge, juste avant la Renaissance. L'économie mondiale est au début d'une nouvelle vague d'innovation, un tsunami plutôt qu'une vague à vrai dire. Les nanotechnologies, la biologie, les énergies renouvelables, l'intelligence artificielle vont bouleverser nos vies plus que ne l'ont fait l'imprimerie, la machine à vapeur ou l'électricité. Ce tsunami va tout emporter sur son passage, y compris les idéologies actuellement dominantes.

Le centre de gravité de l'économie mondiale a déjà commencé à se déplacer de l'Occident vers l'Orient, mais cette tendance va se renforcer. Les riches de demain seront les pauvres d'hier, et les opprimés d'hier seront les peuples libres demain ! Les organisations qui ne s'adaptent pas disparaîtront : États, banques, grandes entreprises, personne n'est à l'abri de la faillite. Ceux qui pensent pouvoir résister à cette vague seront balayés. Ceux qui préfèrent empêcher l'arbre de tomber plutôt que laisser la forêt pousser mourront écrasés.

Pour appréhender cette extraordinaire mutation, pour commencer à apercevoir ce nouveau monde, il faudra se hisser sur les épaules des plus grands : Schumpeter, pour saisir les aspects tant positifs que pénibles de l'innovation ; Darwin, pour se convaincre de la nécessité de l'adaptation à un environnement changeant ; Marx, pour comprendre les implications de ces bouleversements économiques sur la politique, le droit, les arts, les idéologies ; Braudel, car il a annoncé mieux que personne le développement des pays « émergents ». Il nous faudra aussi revisiter l'histoire. Pour nous préparer à ce tsunami, nous irons rencontrer des acteurs des grandes mutations passées : les premiers Vénitiens, les moines du Moyen Âge, Gutenberg... Ils nous montrent comment le progrès améliore la condition humaine, en détruisant tout sur son passage.

Au bout de ce voyage, nous saurons que la crainte du progrès est la pire menace qui nous guette, nous, pays développés qui nous pensons dépossédés de notre avenir et de notre richesse au profit des nouvelles puissances « émergentes ». Préférer la tradition au progrès, c'est sombrer dans la déprime collective. Vouloir protéger artificiellement l'ancien ne peut qu'étouffer la nouveauté. Ce sont les hommes qu'il faut aider, pas les vieilles organisations ! La croissance économique qui transforme tout est la plus belle des promesses. Il faut avoir le courage de supporter cette immense transition, car le monde qui pointe au bout du chemin, prospère et libre, en vaut la peine. Il serait si dommage de ne pas y participer.

I

Serons-nous vénitiens ?

Sommes-nous des Vénitiens d'avant le VIIe siècle ? Il est bien possible qu'il y ait autant de différences entre la Venise de la Renaissance, presque identique à la ville que nous visitons aujourd'hui, et la Venise des débuts, quelques îlots enrichis de maisons précaires. C'est possible à une condition : y croire.

Les touristes qui se pressent vers les pigeons de la place Saint-Marc, les amoureux argentés qui s'enlacent dans les gondoles, les Vénitiens qui empruntent le vaporetto comme les Parisiens montent dans le métro savent-ils que toute l'idée de l'économie et de la croissance capitaliste est contenue dans Venise ? L'histoire de Venise, c'est l'histoire d'une aventure humaine, de la lutte contre les éléments naturels à la richesse, du commerce aux loisirs, de l'excellence au déclin tranquille, de l'économie de production à l'économie de consommation. Ces touristes savent-ils ce que Venise a représenté entre le XIVe et le XVIe siècle ? Peut-être ce qu'ils abhorrent aujourd'hui : mondialisation, capitalisme, technostructure, luxe et parfois lutte des classes, enrobés, c'est vrai, d'un habit de fête, avec masques et costumes.

Ceux qui arpentent le Grand Canal savent-ils que le marché du Rialto était, au Moyen Âge, le rendez-vous des fermiers, des maraîchers, des artisans, et que le pont du même nom, alors en bois, s'est écroulé plusieurs fois avant qu'on construise le célébrissime pont de pierre avec ses boutiques ? Savent-ils que cette singulière avenue est bordée d'anciens entrepôts destinés à accueillir l'or, l'argent, les épices, la soie venus d'Asie, et prêts à repartir vers le nord ?

Il faut s'arrêter au Palais des Turcs, rive droite, pour méditer sur l'histoire économique des nations. Ce magnifique bâtiment a été construit en 1227 pour servir d'entrepôt par un marchand italien, Pesaro Palmieri. Il fut plus tard « nationalisé » par la République pour y loger des dignitaires, puis utilisé comme Fondaco à partir du XVIIe siècle, c'est-à-dire d'hôtel destiné à accueillir des marchands, en l'occurrence turcs (pourtant en conflit quasi permanent avec Venise), aux étages et leurs marchandises au rez-de-chaussée. Le palais est aujourd'hui un museum d'histoire naturelle. Le Fondaco dei Tedeschi, celui des marchands allemands, décoré par Giorgione et Titien, est devenu la poste centrale.

On peut, toujours du Rialto, réfléchir aux permanences du développement économique : la lutte contre les barbares et une nature hostile, la proximité de la mer, une technostructure pragmatique faisant passer le commerce avant la gloire, une grande ouverture d'esprit, une distance, non par rapport aux religions, mais par rapport aux églises. Une capacité de création et d'innovation débridée aussi. Pensez donc : une ville bâtie sur l'eau ! Pétrarque évoquera une « cité miraculeuse ».

Miracle en effet ! Dans nos sociétés sécularisées, peut-être devrait-on parler, sans rabaisser Venise, d'innovation, au sens le plus fort de ce terme. Non pas l'innovation qui change, mais l'innovation qui rompt : la réalisation de ce qui était alors considéré comme impensable. Comprenez bien : au VIe siècle, les ouvriers « construisent » Venise sur la lagune. Ils creusent des rigoles, évacuent la boue en barque et enfoncent à la force du poignet les pieux dans la vase. Avec les mains, ils écartent les nuées de moustiques. Ils n'ont ni eau, ni pierre, ni bois. Il faut tout aller chercher ailleurs, à l'extérieur, du côté de la terre ferme. Par la force des choses, ils deviennent des spécialistes de la logistique, du bâtiment et de l'hydraulique. À chaque contrainte, la réponse, c'est l'innovation. Les terrains asséchés restent instables sous les nouvelles constructions ? On imagine le système des *pali* : le plancher de la ville est posé sur des pieux plantés dans la vase, jusqu'à sept mètres de profondeur. Dans l'eau, le bois, privé d'oxygène, devient plus dur que la pierre. Pour construire Venise, il en faut des *pali* : plus d'un million pour soutenir la seule église Santa Maria della Salute, au bout du Grand Canal. À la fin du VIIe siècle, l'essentiel est là : de nombreux îlots sur lesquels on trouve des maisons, un quai, une place centrale, une église. L'entreprise la plus capitaliste de l'époque, l'Église justement, acquiert de grandes parcelles de Venise en vendant des indulgences, des places de paradis contre des maisons. Elle les reloue ensuite à des locataires qui s'engagent par contrat à terminer l'assèchement, édifier une maison individuelle et participer financièrement à la construction d'une bâtisse collective, qui peut être une infrastructure comme un pont. Mais la Venise d'aujourd'hui ressemble peu à la Venise d'alors. Pourtant, les *pali*, et donc les plans, sont demeurés. Le dessous est resté, mais le dessus, en bois, a été ravagé par les incendies successifs. Et voilà les architectes, les ouvriers, les logisticiens, obligés d'innover encore. On va chercher la pierre en Istrie, les briques sont cuites à Mestre, la chaux vient des collines et le sable des fleuves. Le marbre des sculptures est de Carrare. Les meilleurs matériaux affluent vers la ville qui engloutit tout.

Plus de mille ans plus tard, Venise s'enfonce un peu, mais tient toujours debout. Cela semble en effet, quand on y réfléchit bien, un peu miraculeux.

Qu'est-ce qui a poussé ces femmes et ces hommes à réaliser l'impossible ? La peur, la volonté de vivre enfin en sécurité, contre les invasions des barbares, les Lombards surtout, qui terrorisent Trévise, Padoue ou Aquilée, et la croyance que l'humanité pouvait repousser les limites du réalisable. Une croyance que l'on retrouve au début de chaque grande vague d'innovations. Une croyance nécessaire, donc, à la croissance. L'eau a toujours occupé un statut ambivalent : danger et protection à la fois. Il est presque utopique d'élever une cité sur l'eau. Mais il est plus facile de détruire des remparts que de mener une invasion en barque par des chenaux. Les hommes qui arrivent sur la lagune en 568 ont avec eux leur famille et leurs biens. Ils ont tout emporté. Ils veulent s'installer à l'abri, là où ils pourront faire prospérer leurs commerces, s'enrichir, connaître une vie meilleure. En 810, les Francs, arrêtés par l'eau et par la flotte byzantine, échouent à prendre Venise.

Venise, comme souvent les villes qui connaissent un « miracle » économique, dispose d'une situation géographique particulière : au bord de l'eau. Or il ne faut jamais oublier le rôle de l'eau dans le commerce. C'est sur les bateaux que l'on transporte le plus facilement les marchandises lourdes. Ce qui était vrai au XIIIe siècle ne l'est pas moins aujourd'hui, et Singapour présente bien des points communs avec la République vénitienne. Venise peut naturellement relier l'Asie à l'Europe de l'Ouest et du Nord *via* la Méditerranée, ce qui, au passage, signera la fin des foires de Champagne. Le barycentre de l'économie glisse de la France vers l'Italie. Si la mer est une matière première, la ville a besoin d'un capital physique : les bateaux. La pragmatique technocratie vénitienne crée donc en 1104 l'Arsenal, le chantier naval qui deviendra, plusieurs siècles durant, la plus grande usine du monde. L'entreprise est publique. C'est le gouvernement qui nomme ses administrateurs. Les ouvriers fonctionnaires qui y travaillent sont sélectionnés et enviés. Ils perçoivent un salaire hebdomadaire fixe et une ration quotidienne de vin haut de gamme. Le directeur de l'Arsenal, pour être nommé, doit réussir un concours calibré pour faire émerger le meilleur artisan de la ville. La réussite économique supporte mal la médiocrité.

L'usine rationalise la production, réalise des économies d'échelle, maîtrise, au moins un temps, ses coûts. L'Arsenal fabrique les galères (jusqu'à une par jour), pour la guerre en théorie, pour le commerce des temps de paix en pratique. La galère est une innovation technique qui permet de transporter un très grand nombre de marchandises sous la protection des galériens prêts à se battre. Au XIIIe siècle, les navires seront équipés de compas, ce qui leur permettra de voyager tout au long de l'année, été comme hiver, le jour et la nuit. L'innovation financière n'est pas loin, car les galères sont financées par un système d'*Incantato des galées* du marché. La technostructure vénitienne comprend une leçon que nos vieux pays vautrés dans la consommation ont oubliée : la richesse vient d'une épargne dirigée vers des investissements productifs. La consommation endort la croissance, l'épargne et l'investissement bien canalisés la réveillent. Avec l'Incantato des galées, la République met aux enchères l'usage commercial des galères, en permettant à des négociants ou à des capitaines de navires de partager les coûts de l'affrètement avec des investisseurs, qui sont les épargnants de la ville, parfois des retraités. L'innovation est institutionnelle enfin, car l'État, propriétaire des galères, planifie lui-même les voyages et organise les convois pour assurer leur sécurité. Secteur public et secteur privé se renforcent mutuellement. On croirait la Chine contemporaine.

La sécurité, c'est la lutte contre les tempêtes et les pirates, ce qui pose trois impératifs : la rapidité, la régularité et la précision dans le respect du temps. Jamais Venise n'aurait pu organiser ses convois de galères, les *mude*, si l'on n'avait pas inventé l'horloge au Moyen Âge. Une horloge a donc été installée en 1392 au Rialto, à proximité du Fondaco dei Tedeschi.

Mais la rapidité et la régularité sont aussi des nécessités économiques qui vont modifier la psychologie des marchands, prémisses des hommes pressés modernes. Comme le montrera Marx, l'économie façonne la vie. L'organisation des transactions doit être rapide pour permettre un grand nombre de départs, pour augmenter la rotation des galères. La régularité des passages et des escales est nécessaire pour prévoir, anticiper le niveau des stocks, fixer les prix, modérer les taux d'intérêt. En effet, la peur du marchand de voir les navires arriver en retard fait naître une « prime de risque » qui fait monter le coût des crédits commerciaux. C'est au temps de la splendeur vénitienne que le temps devient de l'argent. L'organisation des *mude* rythme la vie économique, pour le secteur privé comme pour les pouvoirs publics.

Le pragmatisme des pouvoirs publics, justement, fait passer la prospérité avant la puissance. Ce sobre choix n'est pas indépendant de la gouvernance de la République, une gouvernance originale, partiellement démocratique, aucunement monarchique, qui fonctionne pleinement dès le XIIe siècle. Le doge est le chef de l'exécutif, élu à vie. Il n'est pas un roi et sa charge n'est pas héréditaire. Il est soumis à ce que l'on pourrait appeler un début d'État de droit. Les règles qu'il doit respecter lui sont lues à haute voix tous les deux mois. Au-dessous du doge, le conseil ducal est constitué de six membres représentant chacun une partie de la ville. Élus pour un an, c'est eux que le doge doit consulter pour toutes les décisions importantes. La prise de décision est collégiale, Venise veut éviter de concentrer le pouvoir entre une seule paire de mains.

En dessous du conseil ducal, on trouve les Quarante et le sénat, puis le Grand conseil. Le Grand conseil fait partie de l'identité vénitienne, autant que le doge (Marco Polo y a siégé). Tout y est organisé pour que la collégialité n'exclue pas la méfiance et la surveillance mutuelle et pour que, lors des réunions dominicales, l'aristocratie qui le compose (environ mille personnes) puisse décider, promulguer les lois en connaissance de cause, éclairée par les meilleurs spécialistes des questions traitées. Le vrai pouvoir est donc détenu par des hommes par nature intéressés au développement économique, puisque l'aristocratie locale est faite de banquiers, de négociants, d'industriels et d'armateurs. Cela vaut aussi pour le doge, qui tire ses revenus non des impôts mais de ses activités commerciales. Autrement dit, ce sont des individus dont les revenus sont liés à la densité du commerce plus qu'à la valeur des terres. Une différence notable avec l'aristocratie française de l'Ancien Régime, voire avec la haute fonction publique contemporaine, qui juge le commerce avilissant.

C'est au XIVe siècle, après la victoire sur Gênes, que Venise va vraiment prendre son envol. Pendant cent longues années, la ville sera le cœur redistributeur des matières premières et des marchandises d'Extrême-Orient pour l'Europe. La ville va, dirait-on aujourd'hui, s'industrialiser puis se tertiariser, dans les services aux entreprises puis les services aux particuliers. Déjà la République développe les secteurs situés en amont de la filière maritime : la charpenterie, les cordages, les voiles… Montent également en puissance la banque et l'assurance, sans lesquelles le commerce maritime n'est pas. Venise innove également dans le soufflage de verre, ce qui permet de fabriquer les sabliers utiles aux marins, mais aussi des vases, des coupes, des bijoux et des... lunettes, cette étonnante invention qui a, peut-être autant que l'imprimerie (que Venise pratique aussi à grande échelle), contribué à développer l'artisanat et l'industrie.

Si Venise innove, Venise doit se protéger. Le Grand conseil décide en 1290 de délocaliser les activités verrières à l'écart de la ville, sur l'île de Murano, afin de faire de l'eau la protectrice naturelle de ses moyens de fabrication. Commerce, industrie, services, manque la culture. Venise devient un producteur de livres de premier plan dès le milieu du XVe siècle. La cité accueillait de traditionnels scribes, relieurs et calligraphes. Il faut notamment alimenter la bibliothèque Saint-Marc. Elle se reconvertit dans le livre imprimé à une vitesse fulgurante. Partitions, cartes, ouvrages de médecine : Venise la tolérante fait preuve d'une très grande ouverture d'esprit, accueille une « classe créative » (l'architecte Palladio y publie quatre ouvrages), s'enrichit en faisant rayonner sa culture et en faisant connaître celle des autres, notamment en rééditant les classiques grecs. Car le commerce, pour prospérer, a besoin d'ouverture sur le monde, non seulement physique, mais aussi spirituelle. Imagination et tolérance sont des facteurs de production. Toute l'histoire du capitalisme nous le rappellera. Un territoire doit attirer les talents. Les décourager est mortifère.

La peinture s'épanouit comme l'art se nourrit du développement économique. L'art de la représentation laïque naît à Bruges en 1434, lorsque Jan Van Eyck peint un couple de marchands florentins, les Arnolfini. Mais les peintres vénitiens s'inscrivent aussi dans cette logique de représentation de la réussite capitaliste. C'est sans doute Giovanni Bellini qui va introduire cette mode venue du nord de l'Europe et qui atteindra, à Venise, une apogée avec Titien. Mais de nombreux autres portraitistes de la ville passeront à la postérité, particulièrement pour avoir contribué à sacraliser la personne humaine sans laisser totalement échapper l'image de Dieu. Parmi ceux-là, il faut porter une attention particulière à Lorenzo Lotto et à ses portraits « psychologiques » de marchands, de commerçants. Ici un jeune Vénitien souffre du foie, là un vieux médecin se fait représenter avec son fils… C'est toute la société vénitienne du XVIe siècle qui reprend vie.

La peinture s'épanouit dans un monde en croissance, la musique aussi. C'est l'un des immenses apports de l'historien britannique Tim Blanning d'avoir montré que si la musique avait toujours joui d'un statut élevé, ce n'était pas le cas des musiciens, esclaves, troubadours ou religieux[1]. Il faudra attendre le début du XVIIe siècle pour qu'un musicien connaisse tout à la fois respect, célébrité et liberté. Ce musicien, c'est Claudio Monteverdi, dont l'œuvre et la méthode accompagnent les changements sociétaux de son époque. Monteverdi passe au cours de sa carrière la frontière entre deux mondes.

À Mantoue, l'exubérant et tyrannique duc Vincent Ier de Gonzague place Monterverdi sous sa protection. Mais

1. Tim Blanning, *The Triumph of Music*, 2011, Penguin.

protection signifie moins considération que soumission. Monteverdi est mal payé et en conçoit une certaine amertume. Malheur ou chance, à la mort de Vincent en 1612, son fils Francesco le congédie brutalement.

Un an plus tard, Monteverdi se voit proposer le poste de maître de chapelle à la basilique Saint-Marc. Même si Venise commence à décliner, les arts restent une priorité pour la ville. Monteverdi va vivre alors les trente années les plus heureuses de sa vie. Il l'expliquera au moment où il refusera de retourner à Mantoue, qui aurait voulu voir revenir le célèbre compositeur. Monteverdi a quatre raisons de refuser. Premièrement, Venise paie bien ses musiciens. Monteverdi perçoit un salaire de la République, mais aussi des honoraires liés à de nombreuses commandes privées. Deuxièmement, Monteverdi a signé une sorte de contrat à durée indéterminée, qui le met à l'abri des soubresauts politiques qui pourraient agiter la petite République. Troisièmement, Monteverdi est le maître dans sa basilique. Il choisit lui-même les musiciens et les choristes. Quatrièmement, il est célèbre et aimé pour ce qu'il est, et non par le prestige d'un protecteur, duc, prince ou roi. La riche République lui offre le confort que d'autres grands compositeurs, Mozart le premier, jeté à sa mort dans une fosse commune, ne trouveront jamais. Elle rend les compositeurs célèbres et riches en leur permettant de se « stariser ».

Ce n'est pas à Venise que Monteverdi crée l'opéra, c'est à Mantoue, pour son tyrannique employeur. Gonzague a commandé un spectacle complètement neuf, mélangeant la musique, la poésie, la danse, la tragédie grecque et même l'architecture et la peinture pour les décors. Un soir de l'hiver 1607, Monteverdi présente l'*Orfeo*, et propose un genre qui ne cessera de s'étendre pendant la Renaissance italienne. Mais c'est trente ans plus tard que l'opéra de Monteverdi sort des cénacles aristocratiques pour atteindre le grand public, pour une raison tout économique : l'organisation de spectacles permet de diversifier les sources de revenus de certains bourgeois de la ville, très focalisés sur le commerce. Le San Cassiano, construit au milieu de Venise, est le premier théâtre lyrique moderne. Il inaugure un modèle qui n'a guère changé depuis. Les bifurcations dans le domaine de l'art, sur le fond comme dans ses modes de distribution et de diffusion, sont des avatars des grandes mutations économiques.

Tout ce qui est vénitien doit-il devenir objet de culte ? Pas de visage grimaçant derrière les souriants masques dorés ? Si, bien sûr. Et en premier lieu l'antisémitisme, mis en scène par William Shakespeare dans *Le Marchand de Venise*. La cité a inventé le ghetto. Il y a toujours eu beaucoup de Juifs à Venise, parfois marchands, souvent banquiers (ils échappent à la critique chrétienne de l'usure). Au XVIe siècle, l'immigration juive réveilla l'antisémitisme des prédicateurs dominicains, qui demandèrent à la République leur expulsion. L'administration les débouta de leur demande, mais obligea les Juifs à s'installer dans une partie délimitée de la ville, fermée la nuit. Le ghetto et ses synagogues peuvent toujours être visités. La hauteur des immeubles, exceptionnelle pour l'époque (sept ou huit étages), nous rappelle la densité élevée de cette partie de la ville. Les Juifs qui y vivaient devaient porter un petit cercle jaune sur la poitrine ou un béret rouge sur la tête. Venise était alors dirigée par le régime le moins autoritaire de tout l'Occident…

Venise, c'est aussi la naissance des inégalités de revenus et de patrimoine, puisque le développement économique n'est jamais homogène. Certains s'enrichissent plus que d'autres. La condition du marchand est enviable, pas celle du galérien. La bourgeoisie, la classe moyenne et le prolétariat, purs avatars du capitalisme, sont, d'une certaine manière, nés à Venise[1]. La technostructure, qui inclut les marchands, les armateurs, les banquiers et les intellectuels et artistes, constituent l'élite. Les salariés des usines forment une classe moyenne aisée. Les marins, les mercenaires, certains artistes, ne font pas mieux que vivoter.

Parfois, quand on veut pointer du doigt les dangers de l'endormissement industriel et économique, on dit quelque chose comme : attention, telle ville ou tel pays va devenir comme Venise. On l'a entendu pour la France. Autrement dit, un musée à ciel ouvert. Qu'est-ce qui a fait de la Venise enviée du XVe siècle la Venise simplement admirée d'aujourd'hui ? La mondialisation. La mondialisation a fait Venise. La mondialisation l'a défaite. Les historiens, obsédés par la diplomatie, attribuent souvent le recul de Venise aux guerres perdues. La vérité est en grande partie ailleurs. C'est la mondialisation et l'innovation qui auront fait le lustre de

1. Les rapports de domination sociale apparaissent réellement au début du paléolithique, quand l'invention de l'agriculture permet un début de spécialisation économique avec la formation de classes sociales.

Venise. C'est la mondialisation et l'innovation qui signeront le début du déclin. Le monde change, et les territoires, les entreprises, les individus qui sont au plus haut, du sommet de leur réussite, ne le voient pas. Comme le dira Darwin, ce qui fait le succès d'une espèce risque de causer sa perte. Venise ne comprend pas que l'arrivée de Christophe Colomb en Amérique va déboucher sur un nouvel acte de mondialisation, qui va voir s'ouvrir de nouvelles routes commerciales, qui ne passeront pas toutes par la petite République. Venise ne perçoit pas que l'invention de la poudre à canon et de l'artillerie ruine la sécurité des galères, dépossédées de leur « avantage compétitif » par rapport à des bateaux plus modestes. L'Arsenal commence à perdre des parts de marché. Venise ne croit pas, et c'est peut-être le plus important, à l'éclosion de ces « pays émergents » d'alors que sont les pays du nord de l'Europe. Ce point a été souligné par un important article de l'historien Richard Rapp, publié en 1975 dans le *Journal of Economic History*. Sans le nier, Rapp relativise le rôle de l'ouverture des routes transatlantiques par Christophe Colomb. Dans les années 1660, l'Europe du Nord exporte encore peu vers l'Amérique et l'Inde. En revanche, ses « parts de marché » au détriment de Venise ont grimpé dès le début du XVIIe siècle en raison d'une « compétitivité-coût » plus favorable : les salaires comme les impôts y sont inférieurs à ceux de la riche Venise. La qualité des produits est également moins bonne : de piètres imitations de vêtements italiens par exemple. Mais la supériorité des produits vénitiens ne suffit pas à lutter contre l'invasion des produits nord-européens. Pire : les mauvaises imitations nord-européennes dégradent la valeur ajoutée

« perçue » des produits vénitiens. Les lois les plus naturelles du commerce international jouent cruellement leur rôle.

La Sérénissime entre alors dans un cercle vicieux classique. Perdant des parts de marché dans le domaine des produits échangeables, elle se ferme sur elle-même, aggravant le mal, sa perte de compétitivité, dirait-on aujourd'hui. La République se détourne de la mer pour affecter ses ressources à l'assèchement de la *terraferma*. D'une économique de production, elle glisse vers une économie résidentielle qui fait de la construction des villas palladiennes une nouvelle priorité. Venise entre alors dans la très longue période, encore d'actualité, qui la voit devenir une ville musée, magnifique, mais où le temps s'est arrêté. Pietro Longhi naît à Venise en 1701 et vit durant les trois quarts de ce siècle de décadence économique. La plus grande partie de son œuvre est consacrée à peindre la demi-année de Carnaval qui absorbe les esprits. La société vénitienne est devenue plus légère, et moins productive.

Pour comprendre l'économie, connaître l'histoire de Venise pourrait presque suffire. C'est l'histoire d'une ville créée contre les éléments naturels, où la foi dans l'avenir déplace des montagnes (construire une ville sur pilotis, pensez donc !), où l'opulence se conjugue peu à peu au beau, où l'esprit d'aventure sert la croissance, où l'État aide l'économie sans l'entraver, où le confort se mue en arrogance puis en déclin. En ce début de XXIe siècle, l'économie mondiale ressemble à Venise à ses débuts. L'économie européenne mime peut-être Venise à son déclin. Certains pays pourraient vite être engloutis dans la vase. Les économies émergentes, Chine, Inde, Brésil et beaucoup d'autres, conservent l'esprit des pionniers vénitiens, qui pensaient qu'il était possible, en alignant des millions de *pali*, de bâtir une ville sur l'eau.

II

Philosophie de la croissance

Pourquoi le progrès ?

Au plus loin que l'analyse puisse être poussée, la question de la croissance relève de la philosophie et d'une thématique proche de la quête du bonheur. La justification de la croissance est liée à la volonté que demain soit meilleur qu'aujourd'hui. Pourtant, peu de nos concitoyens européens, américains ou japonais l'entendent de cette oreille. L'affaissement de la foi dans le progrès après la Première Guerre mondiale a été suivi, plus récemment, d'une critique rampante de la croissance économique, à la fois sur sa mesure et sur sa pertinence même. Les thuriféraires de la décroissance font florès, sans que cette notion soit toujours comprise[1].

1. Cette thématique rencontre un écho auprès des dirigeants d'entreprises, ce qui peut sembler contre-intuitif. Il n'est pas une conférence à laquelle je participe où l'on ne me demande pas mon avis sur cette idée, bizarrement souvent considérée par ce type de public comme originale et prometteuse.

C'est pourquoi il est nécessaire de définir, avant toute chose, ce qu'est la croissance économique, et que ceux qui maîtrisent ces aspects me pardonnent. Le terme de croissance est un raccourci pour « croissance de la *production* ». La croissance, c'est donc la variation de la production de biens et de services entre deux périodes, souvent à un an d'intervalle ou, quand on s'intéresse à la conjoncture, à un trimestre, sur un territoire donné, souvent un pays, parfois une région ou un continent. Construire une voiture, donner un cours d'économie, arrêter un délinquant sont autant d'activités qui sont comptabilisées (avec plus ou moins de difficultés techniques) dans les chiffres de la croissance économique[1]. Cet indicateur est simple, ce qui fait sa force et sa faiblesse. Une croissance durable n'est possible que dans un régime capitaliste, c'est-à-dire quand les moyens de production (les machines, les capitaux financiers, le travail) sont privés et peuvent s'échanger librement sur des marchés. Ceci ne signifie pas que la puissance publique n'ait pas de rôle à jouer dans les domaines de la régulation, de la redistribution ou de la production de services publics. D'ailleurs, ce niveau d'intervention suscite toujours d'âpres débats, chez les économistes mais surtout chez les politiques. Simplement, dans un régime capitaliste, la puissance publique agit en complément du secteur privé, et non pas en se substituant

1. Quand je demande aux auditoires devant lesquels je m'exprime comment ils définissent la croissance, je m'entends souvent répondre : c'est la somme des valeurs ajoutées. Il s'agit en réalité d'une confusion entre définition et mode de calcul. La croissance, c'est la variation de la production, qui se calcule par la variation de la somme de la valeur ajoutée générée par les entreprises et les administrations.

à lui[1]. Cette mise au point est indispensable car, dans les pages qui suivent, je considère, en conformité avec les enseignements de la théorie comme de l'histoire, que, sur le long terme, le capitalisme est générateur de croissance. Encore une fois, ce point ne ferme pas le débat sur les problèmes engendrés par le capitalisme, qui vont des inégalités de revenus et de patrimoine à la pollution de l'environnement en passant par la dépossession démocratique, que nous évoquerons plus loin avec Heidegger, ou les crises économiques conjoncturelles. Il serait à vrai dire imbécile de disqualifier par principe les interventions de l'État, qui peuvent être parfois justifiées, ou pas. Mais fondamentalement, capitalisme et croissance vont de pair.

La thèse des partisans de la décroissance, qui mérite critique et non mépris, est la suivante : la plupart des problèmes sociétaux actuels, des dommages environnementaux aux inégalités, proviennent d'une recherche permanente de croissance économique. Aussi, la croissance ne peut qu'aboutir à une dislocation sociale, voire à une guerre mondiale, pour le contrôle des matières premières, et à des catastrophes écologiques de plus en plus fréquentes. En outre, la raréfaction des ressources naturelles mène nécessairement à la décroissance. Ainsi, qu'on adhère ou non à la décroissance, il faudra la subir ! On pourrait réfuter chacun de ces points. Par exemple, il n'existe pas de relation constante entre croissance et inégalités. En outre, les inégalités sont plus ou moins supportables par le corps

1. Nicolas Bouzou, *Le Capitalisme idéal*, 2010, Eyrolles.

social, en fonction de leur ampleur et de leur origine. Affirmer que la croissance nuit par principe à l'équilibre écologique repose sur une erreur centrale : celle qui relie automatiquement croissance, utilisation des ressources fossiles et rejets de CO2. Car la croissance économique prend des formes diverses : instruire de jeunes élèves, écrire un livre, soigner un malade, donner une conférence, nettoyer une plage constituent des activités génératrices de PIB, autant que fabriquer de l'électricité dans une centrale à charbon. D'ailleurs, une grande partie des problèmes environnementaux actuels trouve des solutions dans l'innovation, c'est-à-dire dans la croissance économique. C'est bien la croissance qui permet de dégager les ressources qui autoriseront la construction d'une usine de captage de CO2[1]. De même, la consommation, c'est aussi bien l'achat d'une voiture que l'acquisition d'un récupérateur d'eau de pluie.

Dans le même ordre d'idées, une autre confusion embrume les esprits : la croissance se distingue de la société de consommation. Les deux notions peuvent être disjointes. La société de consommation dans laquelle s'est jeté l'Occident après la Première Guerre mondiale relève d'un modèle de croissance particulier : celui du primo-équipement, puis de l'accumulation, la croissance « quantitative ». Dans un premier temps, les ménages s'équipent en biens de consommation courante (voitures, meubles, électroménager, électronique de loisir), en finançant souvent ces achats à crédit. C'est dans les années 1950 et 1960 que sont nées les

1. Je reviendrai largement sur la question écologique dans le chapitre 7.

grandes sociétés françaises spécialisées dans le crédit à la consommation, souvent dans le sillage d'une fédération du secteur de la distribution. Dans un deuxième temps, les ménages renouvellent leur équipement, dont la durée de vie est souvent courte. Les fabricants et les distributeurs n'ont pas intérêt à mettre sur le marché des biens de meilleure qualité, car leur remplacement serait moins rapide. Certains pratiquent même l'« obsolescence programmée ». Enfin, les ménages accumulent comme par addiction tout ce que cette société de consommation peut leur proposer. Ce régime de croissance est donc possible, l'histoire le démontre. Mais la croissance ne se résume heureusement pas à cette course quantitative à la consommation. Acquérir un appareil électroménager plus onéreux qu'un autre parce qu'il consomme moins d'électricité, sortir au spectacle plutôt que regarder la télévision, acheter moins de jouets à ses enfants mais des jouets plus durables, boire moins de vin mais des vins de meilleure qualité ne sont pas des actions qui vont à l'encontre de la croissance. Cela correspond simplement à un glissement, d'un modèle de croissance quantitatif vers un modèle qualitatif. Mais cela reste de la croissance[1] ! Cette évidence amène certains amoureux de la décroissance à des circonvolutions sémantiques qui les obligent à jargonner, ce qui leur fait sans doute plaisir. Ainsi Serge Latouche écrit-il : « La décroissance n'est

1. D'ailleurs, les comptabilités nationales les considèrent comme telles. Un réfrigérateur entrée de gamme et un réfrigérateur écologique et durable représentent chacun une unité de volume, mais ne sont pas comptabilisés de la même façon dans le PIB. L'appareil haut de gamme pèsera plus que l'appareil entrée de gamme. Son achat contribue donc davantage à la croissance économique.

[…] pas au départ un concept. Ce slogan politique provocateur a surtout pour objet de nous faire retrouver le sens des limites ; en particulier, la décroissance n'est ni la récession ni la croissance négative. Devenue rapidement la bannière de ralliement de tous ceux qui aspirent à la construction d'une véritable alternative à la société de consommation écologiquement insoutenable et socialement insupportable, elle constitue désormais une fiction performative pour signifier la nécessité d'une rupture avec la logique productiviste[1]. » Allez comprendre.

Beaucoup de partisans de la décroissance confondent « croissance économique » et « nature de la croissance économique ». Intellectuellement, on peut parfaitement imaginer une croissance non polluante, et même dépolluante. Bien sûr, il semble que, depuis la révolution industrielle du XIXe siècle, la croissance a eu des effets écologiques néfastes, par exemple sur le stock de CO2 présent dans l'atmosphère et sur le changement climatique qui en résulte. Mais il aurait pu en être autrement. Plus encore : la croissance est la solution aux graves problèmes environnementaux qui affectent déjà notre planète.

Surtout, les partisans de la décroissance omettent les fantastiques conséquences de l'accumulation de richesses pour le bien-être de l'humanité. À ce titre, il y a au moins trois raisons de préférer une croissance élevée à une absence de croissance ou, pire, à une récession.

---

1. Serge Latouche, « Qu'est-ce que la décroissance ? », *Constructif* n° 31, janvier 2012.

Première raison : la croissance économique réduit la pauvreté

Il existe pléthore d'études sur le sujet et on est presque gêné d'avoir à rappeler cette évidence, qui relève de toute façon du bon sens : plus la production d'un pays est élevée, plus ses habitants jouissent de bons revenus. Ce constat n'épuise bien sûr pas la question des inégalités. Mais au moins remarque-t-on que, quand la croissance économique est nette et durable, tout le monde s'enrichit, y compris les plus pauvres. Cela n'exclut effectivement pas (mais n'oblige pas non plus) un enrichissement plus rapide des revenus les plus élevés.

Cet argument peine à convaincre dans les pays les plus riches, où les revenus, il est vrai, évoluent peu. Il résonne en revanche joyeusement dans les pays pauvres et émergents. En effet, depuis l'accélération de la croissance économique mondiale, au début des années 2000, la pauvreté dans le monde recule sensiblement. Bien sûr, ces résultats dépendent de la façon dont on mesure la pauvreté. Mais à force de recherches et de débats (qui sont d'ailleurs toujours très vifs), les spécialistes ont fini par s'accorder sur quelques instruments fiables et suffisamment simples pour être communiqués au grand public. Retenez que dans les pays économiquement moins avancés, la Banque mondiale considère qu'il n'est plus possible de survivre avec un revenu individuel inférieur à environ 1,25 dollar par jour. C'est ce seuil qui est qualifié d'« extrême pauvreté ». La Banque mondiale suit aussi le nombre de personnes vivant avec moins de 2 dollars par jour. Bien sûr, ces sommes sont incroyablement faibles. Mais il faut comprendre que dans de nombreux endroits du monde, ce n'est pas la même chose de vivre avec 5 dollars par jour ou 1 dollar par jour. Dans le premier cas, on survit avec la possibilité d'imaginer un avenir. Dans le deuxième cas, on se meurt. À cette aune, les évolutions récentes sont plus qu'encourageantes. Clairement, la croissance économique, d'autant qu'elle est plus forte dans les pays où les revenus sont les plus bas, fait reculer la pauvreté extrême. 1,3 milliard de personnes vivent aujourd'hui en deçà du seuil d'extrême pauvreté. Elles étaient 1,7 milliard à la fin des années 1990, alors que la population a beaucoup augmenté depuis. Ainsi, l'évolution du taux de pauvreté (c'est-à-dire le nombre de personnes pauvres rapporté à l'ensemble de la population mondiale) est encore plus spectaculaire : de 52 % en 1981 à 34 % en 1999, puis 22 % en 2008[1].

Sans surprise, c'est là où la croissance est la plus forte que la pauvreté a le plus reflué. Ainsi, le taux d'extrême pauvreté est passé de 77 % en 1981 en Asie de l'Est à 14 % aujourd'hui. En Chine, pendant la même période, il a chuté de 84 à 13 %. C'est sans doute l'une des raisons pour lesquelles, si vous évoquez la décroissance en Chine, mais aussi en Inde ou au Brésil, il y a de grandes chances pour que vous apparaissiez comme un drôle d'olibrius. Alors que tous les pays s'intéressent à l'écologie ou aux inégalités, la décroissance est un exercice intellectuel de bourgeois gâté.

1. Ces chiffres sont corrigés des évolutions de prix observées de par le monde.

Nombre de pauvres (millions, Banque mondiale)

	1981	1984	1987	1990	1993	1996	1999	2002	2005	2008
Moins de 1,25 dollar	1 938	1 858	1 768	1 909	1 910	1 704	1 743	1 639	1 390	1 289
Moins de 2 dollars	2 585	2 680	2 710	2 864	2 941	2 865	2 938	2 848	2 596	2 471

Taux de pauvreté (%, Banque mondiale)

	1981	1984	1987	1990	1993	1996	1999	2002	2005	2008
Moins de 1,25 dollar	52,2	47,1	42,3	43,1	40,9	34,8	34,1	30,8	25,1	22,4
Moins de 2 dollars	69,6	68	64,8	64,6	63,1	58,6	57,4	53,5	46,9	43

Taux de pauvreté par région (%, Banque mondiale)

	1981	1984	1987	1990	1993	1996	1999	2002	2005	2008
Asie de l'Est et Pacifique	77,2	65	54,1	56,2	50,7	35,9	35,6	27,6	17,1	14,3
Chine seule	84	69,4	54	60,2	53,7	36,4	35,6	28,4	16,3	13,1
Europe de l'Est et Asie centrale	1,9	1,6	1,5	1,9	2,9	3,9	3,8	2,3	1,3	0,5
Amérique latine et Caraïbes	11,9	13,6	12	12,2	11,4	11,1	11,9	11,9	8,7	6,5
Moyen-Orient et Afrique du Nord	9,6	8	7,1	5,8	4,8	4,8	5	4,2	3,5	2,7
Asie du Sud	61,1	57,4	55,3	53,8	51,7	48,6	45,1	44,3	39,4	36
Afrique subsaharienne	51,5	55,2	54,4	56,5	59,4	58,1	58	55,7	52,3	47,5

Deuxième raison : la croissance permet de vivre mieux et plus longtemps

Il suffit de voyager pour s'en rendre compte. On vit mieux et plus longtemps dans les pays riches. À l'inverse, dans les pays les plus pauvres, essentiellement concentrés en Afrique subsaharienne, on meurt souvent avant cinquante ans. En Angola, en Zambie ou au Zimbabwe, l'espérance de vie à la naissance n'atteint même pas quarante ans. Les adultes meurent jeunes, et, surtout, la mortalité infantile est élevée. Dans ces pays qui n'ont pas encore commencé à grimper sur l'échelle du développement économique, on vit comme on vivait en France avant la révolution industrielle de la fin du XVIIIe siècle. Car dans cette affaire-là, la médecine joue un rôle mais, indépendamment des soins, le niveau de vie des habitants aussi. La mortalité par rubéole, tuberculose ou varicelle a commencé à reculer avant la diffusion des vaccins et des médicaments efficaces contre ces maladies. Le lien entre croissance et santé procède de deux périodes.

Dans une première période, une nutrition plus riche, des logements mieux isolés, des vêtements plus chauds font augmenter l'espérance de vie de façon spectaculaire. En Europe, cette phase a duré de la fin du XIXe siècle à 1950 environ. Elle joue aujourd'hui pleinement dans les pays émergents. Grâce à la croissance et au soutien d'ONG du monde entier, la malnutrition des enfants recule. En vérité, tout en restant élevée (22 % des enfants de moins de cinq ans), elle n'a jamais été aussi basse (elle touchait plus de la moitié des moins de cinq ans en 1980). À ce rythme-là, nous pouvons éradiquer ce terrible fléau d'ici vingt ans. Grâce à la croissance aussi, les logements dans les pays pauvres sont de plus en plus souvent équipés de toilettes modernes, reliées à des systèmes de traitement des eaux. Un point essentiel, car nombre de maladies naissent dans la merde stagnante.

Dans un second temps, la croissance permet de dégager des ressources consacrées aux soins et à la prévention. On peut investir dans la recherche, fabriquer des médicaments, construire des hôpitaux, subventionner les personnes à faibles revenus pour qu'elles puissent se soigner... Le lien entre croissance économique et mortalité infantile est particulièrement robuste, ce qui n'est pas étonnant : quand un pays s'enrichit, il consacre une grande part de ses ressources à la lutte contre la mortalité des tout-petits. Les travaux novateurs du Prix Nobel d'économie Robert Fogel ont montré l'importance de l'hygiène, de la prévention, de la lutte contre la contagion des maladies à partir du milieu du XIXe siècle, des vaccins à partir de la fin du même siècle et des médicaments anti-infectieux à partir des années 1930[1].

Espérance de vie à la naissance dans le monde

1000	24
1820	26
1900	31
1950	49
1999	66
2008	69

Source : Maddison, Banque mondiale

1. Robert Fogel, *The Escape from Hunger and Premature Death, 1700-2100 : Europe, America and the Third World*, 2003, Cambridge University Press. Robert Fogel est un économiste américain étonnant, né en 1926. Il a considérablement contribué à développer la « cliométrie », c'est-à-dire l'intégration de méthodes quantitatives dans l'analyse historique. Il a ainsi pu montrer que l'effet des lignes de chemin de fer sur les performances de l'économie américaine au XIXe siècle était bien plus modeste qu'on l'imagine souvent. Il a déclenché une vive polémique dans les années 1970, en calculant que les conditions de vie des esclaves du sud des États-Unis avaient été en moyenne meilleures que celles des ouvriers du Nord.

Bien sûr, il serait erroné d'identifier trop rapidement la croissance économique et le progrès, tout comme il est délicat de proposer une définition partagée du progrès. Néanmoins, quand les économistes élargissent leur vision en intégrant dans leurs statistiques des indicateurs comme l'espérance de vie, la mortalité infantile ou le niveau d'alphabétisation, ils retombent la plupart du temps sur leurs pieds. C'est pour éclairer le développement économique sans s'en tenir au PIB par habitant que le PNUD (Programme des Nations unies pour le développement) publie depuis le début des années 1990 son désormais célèbre IDH (Indice de développement humain). Pour passer de la richesse au bien-être, l'IDH incorpore l'espérance de vie à la naissance, le taux de scolarisation et le taux d'alphabétisation, et le revenu par habitant. L'analyse statistique montre une corrélation positive entre indice de développement humain et PIB par habitant : la croissance va de pair avec une amélioration des conditions de vie des individus, et c'est à ce titre que l'on peut parler de progrès (et que j'emploie ce terme tout au long de ce livre). Comme le montrent les calculs du PNUD, depuis les années 1980, la croissance mondiale a permis de faire augmenter l'IDH moyen de plus de 20 %, essentiellement grâce à sa croissance dans la plupart des pays pauvres.

IDH mondial (base 100 en 1980)

1980	100,0
1990	106,5
2000	113,6
2010	121,8

Source : PNUD

En revanche, cette corrélation, si elle est positive, n'est pas linéaire. Pour de faibles niveaux de développement économique, un surcroît de croissance permet d'augmenter fortement l'IDH. Pour des pays déjà riches (comme les pays européens), une augmentation du PIB par habitant a un impact plus limité sur l'IDH. À la limite, elle peut même le faire baisser. Imaginez par exemple une hausse des revenus qui entraînerait un accroissement de la consommation alimentaire et qui ferait passer les apports caloriques journaliers au-delà de ce qui est acceptable pour rester en bonne santé (situation que connaissent par exemple les Nord-Américains). Cette hausse des revenus augmenterait le nombre de personnes obèses et ferait diminuer l'espérance de vie moyenne. Nous voici donc renvoyés à une idée déjà esquissée tout à l'heure. La croissance génère souvent des effets favorables, parfois négatifs (que les économistes appellent des « maux »). Elle est nécessaire pour vivre mieux, mais sa nature peut poser problème. La croissance n'est pas mauvaise en soi, mais elle peut l'être dans certains cas.

Troisième raison :
la croissance contribue au bonheur

Faire de la décroissance une solution à nos problèmes se heurte à une donnée essentielle de l'être humain : l'immense majorité des individus qui peuplent notre terre souhaite que demain soit meilleur qu'aujourd'hui ; les enfants doivent vivre dans un confort matériel et dans une condition physique en moyenne meilleurs que leurs parents. Tel est le sens espéré de l'histoire. Nos contemporains sont sceptiques quant à la capacité de la croissance à apporter ces améliorations. Mais la décroissance, en proposant un recul des revenus et de la consommation, va à l'encontre des aspirations profondes des individus. C'est pourquoi elle ne reçoit auprès du grand public qu'une audience indulgente mais limitée. La décroissance influence quelques consciences, pas les votes. C'est heureux car nous savons aujourd'hui que la croissance, grâce à ses effets induits, augmente le bien-être[1].

L'étude du lien entre croissance et bonheur a pris de l'ampleur ces dernières années dans le sillage de la critique des statistiques macroéconomiques. Ce lien a été éclairci récemment : nous sommes désormais certains que des revenus élevés et une croissance économique soutenue contribuent au bonheur. Cette preuve n'a été apportée que récemment, à tel point que traîne encore l'idée selon laquelle la croissance ne contribue pas au bonheur, y compris chez les spécialistes qui ne sont pas à jour de leurs lectures. Les économistes s'intéressent à cette question depuis les années 1970, au moment où l'Américain Richard Easterlin avait cru identifier un paradoxe : en dépit de la croissance économique observée aux États-Unis pendant de longues périodes, la part des Américains heureux était stable. Ce paradoxe était d'autant plus étonnant que nombre d'enquêtes réalisées non plus sur des pays mais sur des individus eux-mêmes montraient que les riches

1. La littérature sur l'économie du bonheur est désormais abondante. Pour une synthèse efficace, on peut se reporter au livre de Lucie Davoine, *Économie du bonheur*, La Découverte, 2012.

étaient en moyenne plus heureux que les pauvres. Easterlin pensa pouvoir mobiliser trois arguments *a priori* convaincants pour résoudre son étrange paradoxe. Premier argument : les individus s'habituent à leur situation. Il est vrai que cet effet d'habitude se retrouve quand on étudie le lien entre bien-être et mariage, bien-être et naissance ou, à l'inverse, bien-être et veuvage. Quelques années après le choc, le bien-être revient progressivement à son niveau antérieur, comme si le niveau de bonheur d'un individu s'expliquait par ses caractéristiques propres (ses gènes et l'éducation qu'il a reçue) plus que par l'environnement et les événements aléatoires de la vie, seulement capables de faire dévier transitoirement le bien-être de son niveau fondamental. Deuxième argument : les préférences des individus se modifient avec leur revenu. Quand on gagne beaucoup d'argent, on modifie son train de vie et, progressivement, les références changent. On demande des logements plus confortables, une nourriture plus saine, des voitures moins polluantes, des hôtels plus luxueux… Ce changement de référence augmente le revenu capable de satisfaire un niveau de bien-être constant. Troisième argument : les individus sont jaloux. Il est impossible d'augmenter le bien-être global d'un pays (entendu comme la somme des niveaux de bien-être de tous ses habitants) car le bonheur des uns fait le malheur des autres. Ceux qui s'enrichissent plus vite que la moyenne voient leur bien-être augmenter, mais ceux dont les revenus augmentent moins que la moyenne voient leur bien-être décroître. La croissance serait donc un jeu à somme nulle au regard de la question du bonheur. Ce résultat justifie notamment la mise en place d'une imposition fortement progressive sur le revenu, afin de réduire les inégalités... de bonheur ! Et finalement, si les analyses d'Easterlin sont justes, pourquoi épargner, investir, éduquer, innover pour fabriquer de la croissance et des revenus supplémentaires ? Les partisans de la décroissance n'auraient pas tort puisqu'à cette aune, l'individu moderne ne serait pas beaucoup plus heureux que l'individu préhistorique. Se donner tant de mal pour un résultat qui, *in fine*, améliore la condition matérielle mais pas les conditions spirituelles... Ce jeu en vaut-il la chandelle ?

La réponse est oui ! Les analyses d'Easterlin ont été en partie réfutées depuis le début des années 2000, ses conclusions ayant été largement revues à la baisse. Elles ne sont pas radicalement fausses, mais très excessives. Malheureusement, cette réfutation est peu connue, et beaucoup d'analystes conservent Easterlin comme référence, à tort. Déjà, gardons à l'esprit que si l'on étudie non pas les pays mais les individus, nous sommes certains que les personnes riches sont plus heureuses que les personnes pauvres. Certes, le bonheur fonctionne à rendements décroissants : quand on est pauvre, un peu d'argent en supplément apporte beaucoup plus de bonheur. Quand on est riche, l'argent reçu en plus rend à peine plus heureux. Ceci dit, pour paraphraser en le complétant Woody Allen, mieux vaut être riche que pauvre, pour des raisons financières, mais pas seulement. Les personnes riches sont moins sensibles aux soucis de la vie, des maux de tête aux divorces (ce en quoi ils ont tort car les riches n'ont pas plus de partenaires et pas plus de relations sexuelles que les autres). Peut-on généraliser ce qui est vrai pour les individus au niveau d'une population ? Des études récentes portant sur des comparaisons internationales ont montré qu'un PIB par habitant plus élevé relevait le niveau de bien-être moyen d'une population. Les indices de bonheur sont très élevés au Pays-Bas, au Danemark, au Canada ou en Suisse. Ils le sont moins en France, en Italie ou en Espagne. Ils sont modérés en Afrique du Sud, en Algérie ou au Pérou. Ils sont bas en Ukraine, au Zimbabwe ou en Albanie. La relation entre PIB par habitant et bonheur est moins forte au-delà de 15 000 dollars par an, mais elle n'en demeure pas moins réelle. Il n'y a donc pas de point de saturation. Bien sûr, l'explication par le niveau de vie est loin d'expliquer la totalité de la question du bonheur. Des facteurs comme la démocratie, les inégalités, la santé, la sécurité, la croyance en un idéal commun (religieux par exemple) importent aussi. Mais le PIB par habitant constitue un facteur significatif. Il est sans conteste l'un des éléments qui contribuent au bonheur. Easterlin s'est donc trompé, et il est dommage que ses résultats soient répétés à l'envi.

Si le niveau de vie a une influence sur le bien-être, qu'en est-il alors de la croissance ? Là aussi, le lien existe et il est robuste. En Europe, où l'on dispose de mesures régulières du bien-être grâce aux enquêtes de l'Eurobaromètre, on note une forte augmentation des indices de satisfaction entre 1958 et 1969, un ralentissement jusqu'aux années 1990, puis une quasi-stagnation. Il est difficile pour l'économiste qui lit ces enquêtes de ne pas tomber dans une analyse matérialiste, qui fait de la moindre progression du bien-être depuis les années 1970 une conséquence du ralentissement tendancielle des économies développées depuis la fin des trente glorieuses. Le ralentissement de la croissance, quand il dure, a quelque chose de désespérant.

Mais si Easterlin a eu finalement tort, et si le PIB par habitant et sa croissance sont tous deux constitutifs du bien-être des habitants d'un pays, qu'en est-il des effets d'habitude et de la jalousie ? Simples vues de l'esprit ? Là encore, les études statistiques récentes nous ont permis d'y voir plus clair. Nous savons désormais que les effets d'habitude sont réels mais relatifs. Suite à un choc positif frappant le patrimoine, comme un gain au loto par exemple, le niveau de bien-être monte fortement, puis décroît, mais sans revenir à son niveau antérieur. Il y a donc bien un phénomène de sur-réaction psychologique au moment de l'heureux événement, mais subsiste également et de manière durable une partie de la satisfaction que procure un tel événement. Le bonheur n'est donc pas seulement une affaire de gènes et d'éducation, mais aussi de circonstances, de chance ou de malheur. On sait aussi maintenant que la variation de bien-être ressentie est nettement plus importante dans le cas d'une perte de revenu que dans le cas d'un gain. Cette remarque a des implications considérables en matière de politique économique : une récession susceptible d'entraîner une baisse de revenus aura des conséquences négatives très fortes sur le bien-être d'une population. Si je résume, une politique économique soucieuse du bien-être de ses concitoyens doit chercher à maximiser la croissance tout en évitant les périodes de récession. Malheureusement, ce n'est pas toujours possible.

Et la jalousie dans tout cela ? Ne rend-elle pas la poursuite de la croissance illusoire, dans la mesure où il est difficile en théorie (et impossible dans la réalité) de s'assurer qu'elle bénéficiera exactement de la même façon à tous ? Le bien-être reçu par certains ne va-t-il pas être compensé par le mal-être envieux subi par les autres ? La réponse dépend des caractéristiques des individus étudiés et du groupe de référence auquel ils se comparent. En effet, percevoir que, dans votre environnement, certaines personnes s'enrichissent plus vite que d'autres vous envoie une double information. Première information : je réussis moins bien que les autres, ce qui signifie que je suis moins intelligent, que je connais moins de monde ou que je suis moins éduqué… Autant de prises de conscience qui affectent le bien-être. Deuxième information : si certains réussissent mieux que moi, cela signifie que je peux aussi faire mieux. Les économistes appellent cela « effet tunnel ». Quand un automobiliste se morfond au point mort dans un tunnel embouteillé, il est heureux de voir une autre file avancer. Ce n'est pas la jalousie qui prédomine alors, mais l'espoir : le tunnel se débouche enfin. Autrement dit, l'observation de la situation des autres fait naître en nous un conflit entre jalousie et ambition. La résolution de ce conflit dépend largement du contexte, c'est-à-dire des chances de promotion, ce que l'on a souvent appelé en France l'ascenseur social. Généralement, l'effet ambition l'emporte dans les pays émergents où les opportunités économiques se multiplient, et l'effet jalousie l'emporte dans les pays comme la France, où les situations sociales semblent durablement figées. Mais ce qui est vrai en France n'est pas vrai dans tous les pays développés.

Ainsi, au Danemark, les salariés faiblement rémunérés sont souvent empreints d'un sentiment d'espoir et non d'aigreur, parce qu'ils savent que le marché du travail est suffisamment flexible pour leur permettre d'espérer des promotions à un horizon temporel raisonnablement court. Les croyances ont sans doute un impact sur les institutions comme le marché du travail, mais les institutions façonnent aussi notre psychologie.

Que demain et après-demain soient meilleurs !

Une des plus belles justifications à la croissance économique se trouve non pas dans un ouvrage de spécialiste mais dans les mémoires de Stefan Zweig[1]. Zweig les a rédigés au début de la Seconde Guerre mondiale, lors de son exil brésilien. Sans doute avait-il déjà décidé, en écrivant ces lignes, de mettre fin à ses jours. Peut-être avait-il perdu cette foi précieuse dans le progrès, abattu par l'enchaînement des guerres. Le passage qui suit décrit la phase du premier grand cycle de croissance qu'a connu l'Occident (et donc son pays, l'Autriche), et qui a duré pendant l'essentiel du XIXe siècle :

> À la fin de ce siècle de paix, une ascension générale se faisait toujours plus visible, toujours plus rapide, toujours

1. Stefan Zweig, *Le Monde d'hier*, Belfond, 1993.

plus diverse. Dans les rues, la nuit, au lieu des pâles luminaires, brillaient des lampes électriques ; les grands magasins portaient des artères principales jusque dans les faubourgs leur nouvelle splendeur tentatrice ; déjà, grâce au téléphone, les hommes pouvaient converser à distance, déjà ils volaient avec une vélocité nouvelle dans des voitures sans chevaux, déjà ils s'élançaient dans les airs, accomplissant le rêve d'Icare. Le confort des demeures aristocratiques se répandait dans les maisons bourgeoises, on n'avait plus à sortir chercher l'eau à la fontaine ou dans le couloir, à allumer péniblement le feu du fourneau ; l'hygiène progressait partout, la crasse disparaissait. Les hommes devenaient plus beaux, plus robustes, plus sains depuis que le sport trempait leur corps comme de l'acier ; on rencontrait de plus en plus rarement dans les rues des infirmes, des goitreux, des mutilés, et tous ces miracles, c'était l'œuvre de la science, cet archange du progrès ; d'année en année, on donnait de nouveaux droits à l'individu, la justice se faisait plus douce et plus humaine, et même le problème des problèmes, la pauvreté des grandes masses, ne semblait plus insoluble.

Ce miracle, décrit par Stefan Zweig, peut se reproduire, et même sans guerre au bout du compte, car si la mémoire s'estompe peu à peu, les traumatismes du XXe siècle sont encore présents dans les mémoires européennes. Nous connaissons des mutations technologiques majeures qui vont élever fortement notre croissance économique ces dix à quinze prochaines années, et le niveau de revenu moyen de nos concitoyens. Les conséquences en seront largement positives : nous serons plus riches, nous ferons reculer la pauvreté, nous vivrons plus longtemps et nous serons plus heureux. Nous en distinguons déjà les prémices. Le taux de pauvreté sur la planète n'a jamais été aussi faible et l'espérance de vie à la naissance n'a jamais été aussi forte. Les indices de développement humain continuent de progresser. En conséquence, « l'humain moyen » n'a jamais été aussi heureux. La qualité de la vie humaine va gagner de nouveaux sommets, mais au prix de sacrifices et difficultés immédiats. Car pour atteindre cette sorte de graal, ce nouveau point d'équilibre supérieur en tout à l'ancien, nous aurons un chemin ardu à parcourir, fait de crises et d'inégalités, d'instabilité et de doutes, chemin de croissance néanmoins, sur lequel nous sommes heureusement déjà engagés.

III

Les origines de la croissance

Ayant observé les extraordinaires conséquences de la croissance, on comprend pourquoi son étude mobilise les économistes depuis des siècles. Dans ce domaine, la science économique continue de faire des progrès selon sa méthode expérimentale : les chercheurs modélisent au moyen d'équations les comportements des agents économiques (consommateurs, entreprises, pouvoirs publics, financiers...), puis testent leurs modèles pour les confronter à la réalité. Cette façon de faire heurte souvent les étudiants en économie, qui y voient une rebutante course à la mathématisation. Plus profonde, la critique peut être épistémologique, c'est-à-dire porter sur la méthode même. Les économistes de l'école dite autrichienne, par exemple, à la suite de Ludwig von Mises, considèrent que l'économie est une branche de la logique. Il suffit de prendre comme point de départ des axiomes propres au comportement humain (par exemple, l'homme agit pour améliorer sa situation) puis dérouler un raisonnement purement déductif pour aboutir à des conclusions nécessairement correctes. J'ai moi-même, quand j'ai commencé ce métier, été adepte de cette méthodologie dite « aprioriste[1] ». Mais dans une activité de conseil comme la mienne, la méthodologie autrichienne conduit à des résultats souvent tautologiques qui ont peu d'intérêt opérationnel pour les décideurs. C'est d'ailleurs pourquoi les économistes contemporains l'utilisent peu et sont, en revanche, portés sur les études statistiques. L'économétrie est une discipline qui a réalisé d'immenses avancées depuis une vingtaine d'années, sans doute parce que son objet, l'étude des comportements humains, est particulièrement complexe voire insaisissable. Pour aboutir à des résultats solides, elle a dû se renforcer dans des proportions considérables. La méthode expérimentale permet aujourd'hui de dégager des enseignements souvent utiles, parfois puissants, aussi bien pour ceux qui décident des politiques économiques que pour les entreprises ou les corps intermédiaires. L'un des drames de notre époque, c'est peut-être que les résultats récents de la science économique soient si peu connus.

Les recherches dans le domaine de la croissance n'ont pas permis d'élucider toutes les facettes de cet extraordinaire phénomène. Mais on en comprend de mieux en mieux les conséquences, et surtout les causes. C'est pourquoi un voyage au cœur de la théorie économique est indiqué. Ne vous inquiétez pas, il ne sera

1. J'avais même passé, étudiant, une partie d'un de mes étés à Auburn, petite ville tout américaine de l'Alabama, lieu de pèlerinage des économistes autrichiens du monde entier.

ici jamais question d'équations, de formules ou d'économétrie. Simplement, il s'agit d'interpréter en langage littéraire les contributions des meilleurs scientifiques qui travaillent sur le sujet pour vous faire partager les résultats de leurs recherches les plus récentes. Pour cela, nous devons faire un petit voyage dans le temps, et remonter jusqu'aux années 1950.

La croissance vient du progrès technique

C'est en 1956 que l'économiste américain Robert Solow formalise un modèle de croissance différent de ce que la science économique nous avait jusqu'alors proposé. Certains économistes avaient déjà tenté de modéliser la croissance. Un essai avait été tenté avant la guerre, par un Anglais, Sir Roy Forbes Harrod, et par l'Américain Evsey Domar. Leur tentative donna lieu à un petit modèle connu, à défaut d'être compris, par tous les étudiants de science économique : le modèle Harrod-Domar. Les deux économistes, très imprégnés par le climat de crise des années 1930, affirment que rien n'assure que la croissance économique soit stable et « équilibrée », c'est-à-dire qu'elle permette le plein-emploi. Compter sur les simples forces du marché relève de l'utopie. Au contraire, l'économie évolue sur le « fil du rasoir ». Il faut un hasard extraordinaire pour que la croissance soit élevée et le chômage bas. Cette configuration relève du cas d'école. Le plus probable, c'est que l'économie connaisse une situation de crise que seul l'État pourra juguler. Harrod et Domar mettent en équation les idées de Keynes, qui a démontré en 1936 dans sa *Théorie générale de l'emploi, de l'intérêt et de la monnaie*, que la croissance n'est pas toujours suffisante pour résorber le chômage. Il revient alors à l'État, en augmentant temporairement les dépenses publiques ou en allégeant la fiscalité, de « relancer » l'activité et l'emploi.

Ces idées peuvent sembler relever de la préhistoire tant on sait que, dans la réalité, les choses ne sont pas aussi simples. S'il suffisait à l'État de dépenser plus pour faire baisser le chômage, la France serait chauffée depuis longtemps par le soleil du plein-emploi. C'est loin d'être le cas. Mais l'économie, comme les autres disciplines scientifiques, avance pas à pas, travaux après travaux, les infirmations et les confirmations permettant à la théorie d'avancer et de préciser sans cesse son cap.

Revenons à Robert Solow. En quelques équations simples, il va ébaucher une conclusion d'une grande puissance : sur le long terme, la croissance économique ne peut venir que du progrès technique. Vous pouvez travailler autant que vous le souhaitez. Vous pouvez investir autant que vos revenus vous le permettent. Au bout d'un certain temps, qui peut certes être long, vous vous cognerez à un plafond de verre qui vous empêchera de vous enrichir davantage. La raison de cette perspective déprimante ? Les rendements d'échelle sont décroissants. Derrière cette expression barbare se cache une idée simple : vous pouvez investir au lieu de consommer, et acheter des machines, des bureaux, des ordinateurs… En l'absence de progrès technique, c'est-à-dire à technologie constante, viendra un moment où ajouter du capital ne servira plus à rien. Vous n'aurez pas besoin de doubler le nombre de vos ordinateurs, mais de remplacer votre ordinateur actuel par un autre plus puissant. Sans progrès technique, le PIB par habitant est borné.

Cette idée peut sembler, exposée ainsi, évidente. Pour autant, ses conséquences sont abyssales : rien ne sert de s'épuiser à investir toujours plus pour accumuler autant de capital que possible ; ce qui importe, c'est de s'arracher à ce vain effort en imaginant les outils, les procédés de fabrication, les modes d'organisation qui permettent de produire autant avec moins ou de produire plus avec autant. Plus précisément, un pays pauvre pourra s'enrichir rapidement en accumulant du capital. Mais, devenu riche, cette accumulation ne produira plus rien. Voici la légitimation d'une notion rebattue à l'envi partout dans le monde : l'innovation.

Mais si la croissance à long terme ne peut naître que du progrès technique, d'où vient le progrès technique ? Voilà la question à laquelle la science économique s'évertue de répondre depuis les années 1960 à coups d'équations, de statistiques, de grandes avancées et de petits retours en arrière. Les mathématiques et l'histoire sont mobilisées pour concevoir et tester les modèles dits de « croissance endogène ». Pourquoi endogène ? Parce que si le progrès technique est le seul déterminant de la croissance à long terme, autant le réintégrer dans nos modèles pour l'expliquer. Solow considérait le progrès technique comme tombé du ciel. Ses continuateurs vont retravailler cet aspect peu satisfaisant, réintégrer le progrès technique dans leurs équations pour identifier ses causes, ce qui va ouvrir des champs de recherche immenses : quel est le rôle de l'éducation dans l'innovation ? Quelle est la bonne politique en matière de brevets ? Certaines cultures ou religions sont-elles plus propices que d'autres à la recherche de la nouveauté ? Les entreprises qui innovent le plus sont-elles petites ou grandes ? Nouvelles ou anciennes ? Subissent-elles la concurrence ou bénéficient-elles d'une situation de monopole ? Autant de thèmes qui, dans le monde entier, mobilisent les économistes qui consacrent leur vie à ce genre de recherche.

Une revue exhaustive de la littérature sur ces sujets n'est pas indispensable. Elle est riche et passionnante mais il faudrait y consacrer un livre entier[1]. Il faut néanmoins s'arrêter sur l'œuvre d'un grand économiste du début du XXe siècle, qu'il a fallu mettre en équation pour pouvoir avancer dans la voie féconde des modèles de croissance endogène.

L'effervescence schumpétérienne

Cet extraordinaire penseur, c'est Joseph Schumpeter. Si l'on juge la qualité d'un intellectuel à la pérennité de l'utilité de son legs, Schumpeter est immense.

1. Pour ceux qui sont disposés à un effort intellectuel important, et que les mathématiques ne rebutent pas, je conseille la lecture de *L'Économie de la croissance*, de Philippe Aghion et Peter Howitt, 2009, collection Economica. C'est l'ouvrage que j'utilise le plus quand je travaille sur ces questions.

Il est une personnalité fantasque (marié trois fois et bigame), brillante et pessimiste. Il naît en 1883 dans l'actuelle République tchèque, intégrée alors à l'empire austro-hongrois, d'une famille d'industriels. Veuve, sa mère se remarie avec un noble autrichien. Élevé une cuillère d'argent dans la bouche, il accède aux meilleurs cours d'université, ce qui l'amène à étudier le droit, les mathématiques puis l'économie. Plus intellectuel que praticien, il est un éphémère ministre de l'Économie en 1919, puis un piètre banquier, menant son entreprise (la Biedermann viennoise) à la faillite en 1924. Il se consacre ensuite à l'enseignement, à Bonn puis à Harvard.

Dans son œuvre colossale, c'est le rôle de l'entrepreneur dans la dynamique capitaliste qui nous intéresse. Schumpeter fait sortir l'économie d'une vision de tranquillité et de prévisibilité pour la qualifier d'effervescente, instable et imprévisible. Pourquoi ? Parce que cette instabilité, c'est le prix du progrès. Croissance et déséquilibre sont donc intrinsèquement liés. La croissance a un coût : c'est la remise en cause permanente des situations acquises, en raison du rôle central de l'entrepreneur. C'est l'entrepreneur qui propose de nouveaux produits, de nouveaux services, de nouveaux modes d'organisation, de nouveaux processus de production. Mais ceux-ci ne viennent pas s'ajouter aux anciens, ils les remplacent. C'est bien cela qui crée ce dérangement permanent, cette « destruction créatrice », où le neuf détruit l'ancien, ou la modernité s'oppose à la tradition. Cette idée, qui peut vous sembler simple, a en réalité des conséquences d'une profondeur infinie, ce qui explique qu'un siècle après, nous en tirions toujours le fil :

• L'entrepreneur occupe un rôle central dans la dynamique du progrès. Il observe les progrès de la science, sélectionne les inventions et les transforme en produits ou en services utilisables par d'autres entreprises ou par le grand public. Sans lui, la recherche scientifique s'apparente à un exercice intellectuel. La richesse d'un pays ne vient donc pas seulement de sa capacité à découvrir, mais aussi de sa capacité à attirer une « classe » d'entrepreneurs.

• Si de nouveaux produits remplacent d'anciens produits, souvent, de nouvelles entreprises remplacent d'anciennes entreprises. Comme le disent les spécialistes de l'innovation, on n'a jamais vu un fabricant de chandelles vendre des ampoules. C'est bien là l'idée de la « destruction créatrice » qui met la survie même des organisations en péril.

• La « destruction créatrice » n'est pas la « création destructrice ». Une innovation sape les anciennes productions. L'invention de l'ampoule électrique détruit le business des marchands de chandelles. Mais cela ne signifie pas que les emplois créés dans le secteur des ampoules vont tout de suite compenser ceux détruits chez les fabricants de chandelles. Ce processus de compensation prend du temps. Il est positif pour la société car les emplois créés excèdent toujours les emplois détruits mais, avant que ce « déversement » de l'ancien vers le neuf se produise, le temps de latence génère craintes et conflits.

• La croissance est seulement possible au prix d'une redistribution des cartes permanente. De nouvelles organisations émergent, d'autres disparaissent, laissant sur le carreau des individus et des territoires. En effet, les organisations qui innovent ne font pas travailler le même profil de personnes que celles qui n'innovent pas. Géographiquement, on ne les trouve pas dans les mêmes endroits. La destruction créatrice secoue le corps social en permanence. Plus la croissance est forte, plus le corps social est secoué. Mais sans croissance, les conditions de vie ne s'améliorent plus.

Bien entendu, la déstructuration du corps social est proportionnelle à l'ampleur des vagues d'innovation. Elle atteint son paroxysme quand apparaissent ce que les Américains nomment des *general purpose technologies*, traduites par les Français en « technologies multi-usages » (TMU). Il s'agit de technologies qui ont un impact, non pas seulement dans leur secteur d'origine, mais dans l'ensemble de l'économie. C'est le cas de la vapeur, de l'électricité, de l'informatique ou des nanotechnologies. Outre les effets massifs de destruction créatrice qu'elles occasionnent, elles possèdent une autre caractéristique dérangeante : elles mettent beaucoup de temps à produire leurs effets les plus positifs et les plus visibles. Quand elles sont introduites, le grand public comprend mal leur intérêt. Ce n'est qu'après plusieurs décennies que leurs domaines d'application deviennent évidents. C'est alors aussi qu'elles génèrent des innovations secondaires, de nouveaux emplois et des salaires plus élevés. On parle alors de « synthèse créative ». La « synthèse créative » est ce moment presque magique où l'on passe des mathématiques aux coupoles florentines, de l'étude de la portance au transport aérien transatlantique, du câblage des villes à la lumière électrique dans les appartements, du laser à la correction de la myopie. Mais le passage à cette synthèse créative prend du temps, mais creuse aussi les inégalités. En effet, pour s'accaparer des technologies et les transformer en produits indispensables au commun des mortels parce qu'ils permettront de vivre mieux, de gagner du temps, de s'amuser, de se cultiver, d'être en meilleure santé, les entreprises ont besoin d'une main-d'œuvre qualifiée, ouverte à la nouveauté, capable de travailler différemment, de s'extraire des habitudes. C'est dans ces périodes qu'apparaît une « prime au diplôme » : les individus les mieux formés et les plus qualifiés sont les plus demandés. Ils ne connaissent pas le chômage et bénéficient de salaires en hausse. À l'inverse, les individus les moins qualifiés sont aussi les moins demandés. Leurs rémunérations baissent et certains sont rejetés en dehors de l'emploi. Sur le marché du travail aussi, la destruction créatrice « humaine » fait son œuvre.

Nous commençons ici à toucher du doigt l'un des paradoxes apparents de l'époque contemporaine : elle va provoquer une formidable amélioration de la condition humaine. Mais avant d'en arriver là, nous connaîtrons une période difficile, qui affectera en priorité les personnes les plus fragiles. Les macroéconomistes contemporains vont plus loin que Schumpeter lui-même en l'occurrence. Ils nous disent qu'une grande avancée technologique génère des vagues de destruction créatrice (ce que nous savons depuis Schumpeter), mais peut même déclencher une récession, c'est-à-dire une baisse de la production globale d'un pays ! Là aussi, nous pourrions penser nager en plein paradoxe. Pourquoi innover si c'est pour aboutir à une baisse de la production nationale et donc, potentiellement, du revenu des individus ? Nous avons déjà effleuré la réponse. L'arrivée d'une TMU oblige les entreprises à s'adapter. Ces restructurations peuvent être profondes et pénibles. Les économistes modernes ont développé une modélisation convaincante de ces phénomènes, en particulier sous la férule du professeur d'Harvard israélo-américain Elhanan Helpman (né en 1946 à Jalal-Abad, en ex-Union soviétique). Elhanan a toujours mêlé recherche théorique de pointe et participation aux débats publics de politique économique, surtout en Israël. Il a été l'un des économistes pionniers de la théorie de la croissance endogène, cherchant à comprendre non seulement d'où venait la croissance, mais surtout d'où venait le progrès technique, dont on sait qu'il constitue la principale source de croissance. C'est en 1998 qu'il pose la question du rôle des TMU, dans un livre fondateur qui regroupe les travaux de plusieurs chercheurs[1].

On peut saisir l'esprit de ces théories sans utiliser d'équations. Imaginez qu'une TMU radicalement nouvelle apparaisse, à l'image des nanotechnologies ou de l'intelligence artificielle. Les entreprises pressentent que les applications de cette nouvelle TMU sont colossales, mais le brouillard entoure ce que pourrait être la synthèse créative. Chacun voit que ces technologies vont changer le monde, mais les débouchés ultimes sont flous. La nouvelle TMU est inaboutie, et il faut consacrer encore beaucoup de ressources intellectuelles et financières pour produire les outils qui permettront à cette innovation d'être pleinement utilisée. Tous les

1. *General Purpose Technologies and Economic Growth*, 1998, MIT Press.

espoirs sont permis, mais rien n'est encore prêt pour satisfaire une population « en attente », qui voit la science progresser, mais pas sa vie quotidienne changer. Le résultat de tout cela, c'est que la production globale des pays qui veulent adopter cette TMU va, dans un premier temps (dont la durée est *a priori* indéterminée), baisser. En effet, une partie des moyens financiers et humains utilisés dans « l'ancienne » économie devra être détournée pour équiper cette nouvelle industrie, et pour, *in fine,* finir de mettre au point une technologie dont on ne sait pas encore à quoi elle va servir ! Cette période peut être analysée comme un pur investissement : la société se prive de revenus pour améliorer sa situation, mais plus tard et, en vérité, on ne sait pas quand. Cela peut être très long, et durant cette période intermédiaire, le chômage peut augmenter. La vie économique réelle est empreinte de rigidités qui empêchent les marchés d'être purs et parfaits. En effet, il est malaisé d'aller travailler dans les nanotechnologies quand on a été toute sa vie salarié dans la sidérurgie. En outre, plus la technologie est nouvelle, plus l'abandon des anciens modes de production est coûteux en croissance, en chômage et en inégalités. C'est seulement quand toutes les briques nécessaires à l'utilisation de cette TMU seront construites et assemblées que la croissance économique fera un grand bond en avant et que la société pourra en partager les fruits, sous forme de revenus, d'augmentation d'espérance de vie, de temps de loisir supplémentaire… Les pays qui se lancent dans ce formidable pari sont ceux où le long terme prime sur l'immédiat, où le risque a plus de valeur que la coutume, ou l'échec pénalise moins que le manque de courage. Ce sont aussi ceux où la politique économique consiste à limiter le coût social de ces changements économiques, non à les freiner : protéger les individus et non les emplois.

D'autres modèles ont apporté des explications légèrement différentes, ce qui complète les analyses précédentes. L'apparition d'une TMU démode brutalement les anciennes technologies. L'obsolescence du capital physique comme humain s'accélère car les machines des entreprises et une partie du savoir accumulé par les salariés ne valent plus grand-chose. Mais le remplacement des anciennes technologies par les nouvelles est un processus long et coûteux. Il faut réunir des financements, changer les machines, former les salariés… En attendant que les nouvelles technologies soient parfaitement utilisables, la productivité et la croissance s'effondrent. Ce processus est transitoire, mais cette transition pénible peut être longue et, pour la supporter, il faut se persuader qu'un eldorado est au bout.

Ces théories ont permis d'expliquer un phénomène connu dans les années 1990 sous le nom de « paradoxe de Solow ». Robert Solow avait noté que l'on voyait des ordinateurs partout sauf dans les statistiques. Ce qu'il voulait dire, c'est que l'informatique était très présente dans l'économie, dans la mesure où de nombreuses personnes travaillaient dans ce secteur, souvent avec des salaires relativement élevés. À l'œil nu, on voyait aussi que l'informatique pénétrait rapidement le monde de l'entreprise. Déjà à l'époque, un bureau sans ordinateur était baroque. En revanche, on ne voyait pas dans les chiffres globaux ce que l'informatique apportait. En particulier, les gains de productivité n'étaient pas plus forts dans un monde informatisé que dans le monde des années 1970. L'analyse économique moderne résout ce paradoxe : l'informatique n'était alors pas mature, dans la mesure où les systèmes informatiques n'étaient pas suffisamment au point pour être utilisés par toutes les entreprises et dans tous les secteurs. Pire : l'informatique détournait une partie des salariés de secteurs alors très productifs (l'industrie lourde par exemple) vers un secteur neuf, ne fonctionnant pas encore de façon optimale.

Le rôle du commerce international

Parlons clair : la mondialisation participe à la croissance. Par des cheminements multiples et avec des conséquences collatérales parfois délétères, qui nourrissent le sentiment altermondialiste. Mais l'essentiel est là : l'ouverture au commerce permet aux pays de déployer leur économie, ce qui doit, si les politiques publiques sont astucieusement conçues, profiter à leurs concitoyens. Voilà la règle, le reste n'est qu'exception. En revanche, n'attendez rien d'autre du protectionnisme qu'un nivellement des situations individuelles vers le bas.

Pour la théorie moderne, l'innovation constitue le principal facteur de croissance en détruisant l'ancienne économie et en déstructurant le corps social. Elle nous dit également : plus les pays sont ouverts au commerce international, plus les économies sont imbriquées les unes avec les autres, plus la croissance est élevée. Cette idée ne doit pas étonner. Elle ne constitue rien d'autre qu'une mise à jour des analyses d'Adam Smith dès la fin du XVIIIe siècle[1]. Au cœur de l'analyse d'Adam Smith se trouve la notion de division du travail. Pour Smith, les travailleurs doivent se spécialiser sur des tâches bien déterminées, pour trois raisons. Première raison : à force de répéter un même geste, on devient plus efficace. Deuxième raison : en se spécialisant sur une activité, on évite de perdre du temps en passant d'un ouvrage à un autre. Troisième raison : on perçoit mieux les manières d'améliorer son travail. Chez Smith, la grisaille de la répétition des gestes mène au soleil de la productivité, et donc à l'augmentation des salaires. Et si les salaires augmentent, la demande peut toujours absorber les nouveaux produits mis sur le marché. L'économie s'auto-équilibre ainsi.

Ce qui est vrai pour un individu l'est pour une entreprise. Celles qui se spécialisent sur un métier deviennent plus efficaces, connaissent mieux leurs marchés, les clients, les fournisseurs, le cadre juridique... Cette efficacité leur permet de dégager des économies d'échelle, c'est-à-dire de diminuer les coûts au fur et à mesure qu'elles produisent. C'est bien cette idée, en réalité ancienne, qui amène les entreprises à se concentrer sur ce qu'elles appellent leur cœur de métier.

Élargissons encore le cadre. Si la spécialisation est utile à l'individu et à l'entreprise, l'est-elle aussi pour la nation ? Assurément, répond l'économiste anglais David Ricardo. D'ailleurs, les pays ont tendance à se

---

1. On les retrouve dans son *opus magnus*, *La Richesse des nations*, publié en 1776.

spécialiser sur un type de production : l'agriculture pour les uns, l'industrie pour les autres, et dans l'industrie, le vin ou les draps, les voitures ou les avions... Cette analyse, connue sous le nom d'avantages comparatifs, ne constitue rien d'autre que l'extension à l'échelle d'un pays d'un raisonnement au niveau individuel[1]. Les personnes, institutions, pays, ont, en théorie, intérêt à se spécialiser sur leurs points forts au lieu de s'épuiser à travailler leurs points faibles, et les gains issus de cette spécialisation sont décuplés par le nombre de parties en présence. Plus nombreux sont les pays qui échangent, plus forts sont les avantages liés à la spécialisation. À la limite, si tous les pays du monde peuvent commercer librement les uns avec les autres, c'est une gigantesque optimisation des savoirs et des talents qui s'opère au niveau mondial. Pour un peu, on serait tenté de parler de fin de l'histoire.

Mais le monde merveilleux de la théorie des avantages comparatifs perd de son charme quand on passe de l'abstraction à la réalité. Les avantages comparatifs évoluent avec le temps. Rester prospère requiert de changer de spécialisation : passer de l'automobile à l'aéronautique, puis de l'aéronautique aux services... Ce qui a une conséquence pratique bien visible : en permanence, des entreprises se créent, grandissent, tandis que d'autres se recroquevillent jusqu'à disparaître.

---

1. Le terme *comparatif* s'oppose à celui d'*absolu*. Il signifie que la spécialisation est avantageuse même pour une personne qui surpasserait les autres dans tous les domaines. Un footballeur de première division qui serait très performant dans la tonte de sa pelouse aurait quand même intérêt à consacrer son temps à s'entraîner et à faire tondre son jardin par un professionnel, même moins rapide que lui.

L'économie est vivante : elle fait sans cesse sa mue, faisant des gagnants et des perdants. Les seconds manifestent leur mécontentement quand les autres, souvent, sont inaudibles. Mais la révolte contre les avantages comparatifs ne fait que résonner contre les murs. Les analyses d'Adam Smith et David Ricardo constituent toujours le cœur de la réflexion sur les liens entre croissance et commerce international parce qu'elles sont justes.

Il y a d'autres raisons de penser que le commerce international est bon pour la croissance. Ainsi, l'échange des biens et des services s'accompagne systématiquement d'un échange des connaissances et des savoir-faire. Pour prendre un exemple concret, quand une compagnie aérienne chinoise utilise un avion européen, il y a de fortes chances (c'est peu de le dire) pour que les industriels de ce pays parviennent à imiter son processus de production, devenant ainsi capables de fabriquer eux-mêmes des avions, ou de fabriquer des produits qui incorporent des technologies que l'on retrouve dans des avions (des machines, des robots, d'autres types de moyens de transport...).

Tous ces arguments débouchent sur deux conclusions qui peuvent sembler contre-intuitives, éloignées de la conception qu'a l'opinion publique de la mondialisation, plus proche du renard dans le poulailler. D'abord, l'analyse ricardienne suggère que ce sont les petits pays qui profitent le plus de la mondialisation. En effet, une entreprise d'un grand pays peut toujours amortir sa production sur un grand marché intérieur. Une entreprise d'un petit pays ne le peut pas. C'est donc elle qui bénéficiera le plus d'une ouverture internationale des marchés. Ensuite, l'échange des connaissances comme complément logique de l'échange des marchandises suggère que ce sont les pays les moins avancés qui profitent le plus de la mondialisation, car la connaissance voyage des pays riches vers les pays pauvres plus que l'inverse[1]. On peut renverser ces conclusions : le protectionnisme serait plus dramatique pour les pays les moins avancés que pour les autres. Est-ce pour cette raison que les opposants les plus bruyants à la mondialisation sont américains ou européens ?

Il y a plus. Fusionnez Ricardo et Schumpeter et vous obtiendrez le théorème suivant : l'ouverture au commerce international, en augmentant la compétition, oblige les entreprises à innover. Les sociétés les moins productives disparaissent, les plus ingénieuses peuvent au contraire amortir leurs innovations sur des marchés *quasi* mondiaux. Ricardo mène à Schumpeter. Ce qui est formalisé par la théorie se voit à l'œil nu. Une intense fréquentation des entreprises du secteur privé m'a convaincu qu'elles changent sous l'effet d'un stimulus extérieur. Celles qui opèrent sur des marchés en croissance paisible ou, plus encore, celles qui bénéficient d'une réglementation qui les protège en leur conférant une rente, s'enlisent. Une grande partie de leurs ressources est utilisée pour essayer de se protéger, par exemple en finançant un lobbying intense auprès des parlementaires nationaux et européens, pour les convaincre que les privilèges dont elles bénéficient sont

1. Les preuves empiriques peuvent être trouvées dans le remarquable *Handbook of Economic Growth*, de P. Aghion et S. N. Durlauf, publié en 2005 chez Elsevier North-Holland.

plus que jamais nécessaires pour protéger emploi et consommateurs. À l'inverse, la compétition, nationale mais, plus encore, internationale, oblige à se différencier sans cesse, soit en proposant de nouveaux produits, soit en diminuant les coûts et les prix. Dans les deux cas, le progrès technique joue un rôle : pour concevoir des nouveautés ou pour automatiser davantage la production. Si la science rend l'innovation possible, la concurrence la rend obligatoire. Voilà comment Ricardo rend schumpétérien.

Comment l'imprimerie a déstructuré l'économie médiévale

Pour illustrer les théories que nous venons d'évoquer, il est passionnant d'analyser la façon dont l'invention de l'imprimerie, considérée à juste titre comme l'une des meilleures choses qui soient arrivées au genre humain a, dans un premier temps, suscité un malaise profond dans nombre de professions officiant à la fin du Moyen Âge[1]. L'invention de l'imprimerie aura au moins fait deux types de victimes : Gutenberg lui-même, et toute l'industrie du livre qui préexistait à l'imprimerie moderne. Les déboires contemporains du marché du disque ou du DVD au début du XXIe siècle doivent être regardés à la même

1. Beaucoup des éléments qui suivent proviennent de la remarquable étude de Dominique Guellec, « Gutenberg revisité : une analyse économique de l'invention de l'imprimerie », *Revue d'économie politique 114*, 2004.

aune. La dématérialisation du livre liée aux ventes de tablettes aussi. Les mêmes causes produisent les mêmes effets : un choc technologique détruit les anciens *business models*, et les métiers doivent en réinventer de nouveaux. Entre les deux, la transition est pénible, anxiogène, socialement coûteuse. L'histoire de l'imprimerie nous apprend autre chose : la géographie de l'invention et la géographie de l'innovation ne se confondent pas automatiquement. Gutenberg était allemand, mais ce sont les Chinois qui ont inventé le procédé d'imprimerie. *In fine*, c'est l'industrie italienne qui a le plus bénéficié de cette innovation. Un autre point à méditer pour les peuples qui pensent que le savoir-faire scientifique se suffit à lui-même : une fanfaronnade démentie par l'histoire.

La vie de Gutenberg est mal connue. La législation sur les brevets n'existant pas en Allemagne au Moyen Âge, Gutenberg voulait que ses recherches soient entourées du plus grand secret. Il n'a donc quasiment pas laissé de traces écrites. Seules ont été conservées les pièces du procès qui l'a opposé à son associé, l'homme d'affaires Johann Fust. Elles sont néanmoins suffisantes pour nous permettre de comprendre la séquence qui a amené Gutenberg à inventer l'imprimerie, mais à ne pas pouvoir en tirer lui-même les bénéfices.

On peut penser que, dès les années 1430, Gutenberg s'est intéressé à l'imprimerie. C'est pendant cette période qu'il a créé à Strasbourg une entreprise de miroirs, en réalité des pièces de métal réfléchissantes, censées pouvoir conserver les images renvoyées. La fibre innovante de Gutenberg s'exprime déjà. Quand il revient à Mayence en 1448, sa technique d'impression est suffisamment avancée pour convaincre Johann Fust d'investir dans l'affaire. En outre, le prix du papier a beaucoup baissé. Après avoir mis au point plusieurs prototypes d'imprimés, Gutenberg et ses associés sont en mesure de publier une première bible, en 1454. Il s'agit du premier livre jamais publié en Occident (150 exemplaires sur papier, 30 sur vélin). Plusieurs exemplaires sont toujours visibles en Allemagne, en France ou aux États-Unis.

Pourquoi Gutenberg a-t-il été ruiné ?

Gutenberg meurt en 1468 dans de piètres conditions matérielles. Fust connaît quant à lui beaucoup de succès avec son entreprise d'édition. Que s'est-il passé ? L'association de Gutenberg et Fust aurait pu préfigurer le capital-investissement moderne si de saines règles de gouvernance avaient alors été appliquées. Un inventeur n'est pas forcément un gestionnaire ni un juriste, et il ne dispose pas toujours (et même rarement) d'un patrimoine financier à investir dans son entreprise. C'est pourquoi l'association entre entrepreneur et financier est classique et perdure de nos jours (généralement accompagnée d'au moins un avocat). Elle nécessite néanmoins une gouvernance précise et adaptée : qui porte les risques ? Qui paie le plus en cas de faillite ? Que devient le capital en cas d'échec de l'entreprise ? Qui dirige ? Qui décide des grandes orientations stratégiques ? Qui est le propriétaire de l'invention ?

Dans les faits, Gutenberg s'occupe quasiment de tout. Il invente comme un ingénieur, dirige les ouvriers comme un contremaître, administre les fonds comme un gérant. Fust anticipe le capital-risque. Il achète l'entreprise dirigée par Gutenberg avec de l'argent qu'il a emprunté. Il s'implique dans la stratégie. Fin lettré et homme de son temps, il réfléchit à la problématique de la distribution (faudra-t-il contracter avec des libraires ?) et de la clientèle (le clergé sera-t-il le principal acheteur de bibles ?). Fust est financier, il est aussi en partie stratège et directeur commercial. Mais les relations entre les deux hommes sont entamées par l'échec commercial de la bible publiée par l'entreprise.

Et puis le contrat entre les deux hommes présente deux défauts : il est incomplet et peu clair. Fust prête à Gutenberg en se garantissant sur les machines achetées par l'inventeur. À d'autres moments, il prend des participations dans l'entreprise, ce qui lui confère un pouvoir de propriétaire de la société. Mais ces opérations financières sont mal définies. Pendant le procès, Gutenberg explique que Fust a investi en fonds propres dans l'entreprise. Il n'a rien prêté, il est propriétaire. C'est donc à lui d'éponger les pertes. Fust avance au contraire que l'argent utilisé par Gutenberg a été prêté. C'est donc l'inventeur qui porte le risque. Le tribunal donne raison à Fust, mais en considérant qu'il est néanmoins le propriétaire de l'entreprise. Avec son gendre Peter Schoeffer, qu'il avait demandé à Gutenberg de recruter, il continue l'exploitation de l'entreprise et parvient à la développer. Gutenberg est ruiné, et ne peut même pas tirer profit de son invention, sur laquelle il ne possède aucun droit légal : le brevet n'existe pas en Allemagne au XVe siècle.

Quelles leçons tirer de cet épisode pathétique ? Premièrement, l'innovation a besoin d'une saine industrie financière, où les droits et les devoirs sont précisés. Deuxièmement, la législation sur les brevets doit protéger l'inventeur, sans lui conférer de droit éternel sur sa création. Il y a là un équilibre à trouver que nos sociétés cherchent encore.

Que manquait-il aux Chinois pour inventer l'imprimerie moderne ?

Darwin nous le dira : pour le naturaliste britannique, seule compte dans la survie l'adaptation au contexte. Le principe de l'imprimerie a été inventé en Chine, probablement dès le VIIe siècle. Il s'agit de xylographie, c'est-à-dire de reproduction sur du papier ou du tissu grâce à une image gravée sur une tablette de bois. C'est bien une image ou un texte qui est gravé, l'écriture par idéogrammes se prêtant peu à l'imprimerie à caractères mobiles de Gutenberg. Comprendre pourquoi, dans l'imaginaire collectif, l'imprimerie a été inventée en Allemagne et non en Chine est riche d'enseignements. Car les Chinois ont inventé la technique de l'imprimerie, mais ils l'ont aussi utilisée à grande échelle bien avant les Européens : calendriers, almanachs, textes religieux, littéraires mais aussi politiques, y compris censurés par le peu libéral Empire ! Quant à Gutenberg, il développe l'utilisation des caractères mobiles, mais il ne les invente pas. Ils apparaissent en Orient, dès la première moitié du XVe siècle. Pourquoi restent-ils d'un usage confidentiel ? La réponse se trouve encore chez Darwin : ce qui a fait votre succès fera votre échec. C'est d'être trop pointu dans l'art de la xylographie qui empêche les Chinois de devenir les maîtres de l'imprimerie moderne. Les économistes, dans leur langage parfois abscons, parlent de « dépendance de sentier ». Entendez : plus je suis performant dans un domaine, plus il est difficile de m'adapter à un changement de contexte. L'idée est née dans les années 1980 d'un économiste américain (encore) nommé Paul David. Son article avait pour titre : « *Clio and the economics of QWERTY*[1] ». David y pose la question suivante : pourquoi, aux États-Unis, presque tout le monde utilise un clavier d'ordinateur QWERTY, alors qu'il est notoire qu'un clavier DVORAK est plus ergonomique, et permet de saisir un texte plus rapidement ? Réponse : si une grande partie de la population utilise, pour des raisons historiques, QWERTY, il peut être plus efficace de ne pas utiliser DVORAK. C'est le cas si le coût du passage de QWERTY à DVORAK est supérieur au gain en efficacité qui sera retiré de l'utilisation de DVORAK. En étudiant cet exemple, David venait de résoudre un problème posé à nombre d'historiens depuis des siècles : pourquoi les meilleures technologies ne remplacent pas systématiquement les mauvaises ? CQFD. Revenons à l'imprimerie. Ce qui est vrai pour les utilisateurs l'est pour les concepteurs. Pourquoi les inventeurs de la xylographie ne deviennent pas les leaders de l'imprimerie à caractères mobiles ? Parce que cela nécessite un changement dans les méthodes de production qui serait trop coûteux. À l'inverse, les Européens travaillent sur une matière vierge pour eux. La

1. Paul David, « Clio and the Economics of QWERTY », *American Economic Review*, Vol. 75, 1985.

notion de « sentier de dépendance » est donc d'une extraordinaire puissance. Elle nous explique pourquoi l'apparition de nouvelles technologies rebat les cartes, et pourquoi les leaders d'hier ne sont plus les leaders d'aujourd'hui. Plus encore : Gutenberg, en réalité, n'invente pas grand-chose : il recombine des technologies existantes. Il n'est à l'origine ni des caractères mobiles (inventés en Orient cinquante ans auparavant), ni de l'encre, ni de la presse (utilisée dans le textile), ni des poinçons (utilisés dans l'orfèvrerie). Il imagine simplement une façon de répondre à la demande croissante de documents imprimés. Il perfectionne ce qui existe et l'adapte à son objet. Il « fait la synthèse ».

Pourquoi les Italiens sont-ils devenus les principaux producteurs de livres ?

Le premier livre imprimé, la bible de Gutenberg, l'a été en Allemagne. Le pays en a-t-il tiré les bénéfices économiques, sous forme d'emplois et de revenus ? Pas vraiment. À la fin du Moyen Âge, les coûts de transport sont élevés, y compris pour des produits peu fragiles comme les livres. Les industriels ont donc intérêt à se rapprocher de leur marché. Quel est, à ce moment de l'histoire, le marché le plus vaste pour les livres ? L'Italie bien sûr, l'Italie des richissimes cités-États du Nord. C'est là que les revenus sont les plus élevés, c'est aussi là que le taux d'alphabétisation de la population est le plus haut. Dès 1480, on dénombre plus d'ateliers topographiques en Italie qu'en Allemagne. Imprimeurs, éditeurs et libraires ont tendance à se concentrer aux mêmes endroits, près du barycentre de l'économie mondiale, à savoir les villes italiennes, surtout Venise, qui devient l'un des principaux centres industriels d'ouvrages. Susciter des vocations d'inventeurs est positif. Mais inventer ne suffit pas. Il faut produire et vendre. Encore et toujours, des institutions favorables à la croissance, un coût du travail maîtrisé, la lutte contre l'insécurité des voyages, sont des recettes qui permettent de « capter » de la valeur, y compris quand on n'est pas soi-même exagérément inventif. Certains gouvernements occidentaux ne l'ont toujours pas compris.

Comment s'est matérialisée la destruction créatrice ?

L'imprimerie, technologie multi-usages par excellence, comme Internet, modifie toutes les conditions d'acquisition, de stockage et de diffusion des connaissances. Elle va donc considérablement augmenter le potentiel de croissance de l'Occident, à tel point que l'on date parfois du début de la Renaissance l'invention de l'imprimerie. Il est vrai que ce secteur progresse rapidement. En 1480, on trouve des ateliers typographiques dans 110 villes européennes, et dans 236 villes en 1500. Pendant la seconde partie du XVIe siècle, 140 millions d'ouvrages sont imprimés dans le monde. Ce chiffre monte à 200 millions pendant la première partie du XVIIe siècle et à 330 millions pendant la deuxième moitié[1]. Très rapidement, le livre est devenu

1. Eltjo Buringh, Jan Luiten Van Zanden, « Charting the "Rise of the West": Manuscripts and Printed Books in Europe, A Long-Term Perspective from the Sixth through Eighteenth Centuries », *The Journal of Economic History*, Vol. 69, 2009.

une industrie de masse, tirée par la baisse des prix et la diversification de l'offre.

Et pourtant, suivant la logique de Schumpeter, cette merveilleuse innovation aura causé bien des malheurs économiques. La destruction créatrice aura fait son œuvre au détriment de l'Église, extraordinaire paradoxe puisque les premiers livres imprimés sont des bibles.

L'Église était une magnifique multinationale capitaliste, parfaitement organisée pour produire des livres manuscrits et enluminés, mais aussi des documents administratifs comme les indulgences. Les ateliers laïques se structurent aussi, portés par l'essor du droit, de la philosophie, des sciences et de la littérature (les romans de chevalerie). Certains livres d'heures sont tirés à 500 exemplaires. Les ateliers laïques comme religieux pratiquent la division du travail. Ils emploient jusqu'à plusieurs dizaines de copistes recopiant un exemplaire dit « étalon ». Ces ateliers sont de plus en plus rationalisés, organisés selon une minutieuse division du travail. Parfois, plusieurs dizaines de copistes y travaillent. Un copiste est généralement en charge d'un chapitre. On essaie de réaliser des économies d'échelle. L'imprimerie va tuer cette belle organisation. Dès la fin du XVIe siècle, la production de livres imprimés excède la production de livres copiés, qui s'effondre et devient nulle en quelques décennies. En l'an 1600, on ne copie quasiment plus aucun livre. Les métiers de copiste, de scribe et d'enlumineur disparaissent au profit de ceux, inconnus et inorganisés, de fabricant d'encre, d'éditeur et de libraire. La destruction créatrice détruit toujours un secteur structuré pour faire émerger un secteur plus large, mais aussi plus diffus, plus atomisé, plus complexe : on entend l'arbre tomber mais pas la forêt pousser, nous dit le proverbe touareg. L'un de nos plus grands économistes du XIXe siècle (un temps où les économistes n'étaient pas seulement économistes, et soignaient leur style), le Français Jean-Baptiste Say, a magnifiquement décrit le douloureux accouchement de l'imprimerie moderne :

> Au moment où elle [l'imprimerie] fut employée, une foule de copistes durent rester inoccupés ; car on peut estimer qu'un seul ouvrier imprimeur fait autant de besogne que deux cents copistes. Il faut donc croire que 199 ouvriers sur 200 restèrent sans ouvrage. Eh bien, la facilité de lire les ouvrages imprimés, plus grande que pour les ouvrages manuscrits, le bas prix auquel les livres tombèrent, l'encouragement que cette invention donna aux auteurs pour en composer en bien plus grand nombre, soit d'instruction, soit d'amusement ; toutes ces causes firent qu'au bout de très peu de temps, il y eut plus d'ouvriers imprimeurs employés qu'il n'y avait auparavant de copistes[1].

Dans ces périodes, le combat des modernes contre les anciens se déchaîne. Les premiers louent la diffusion de la connaissance. Les seconds, clercs ou gouvernants, brandissent la menace du désordre : on ne contrôle plus le contenu, les pires écrits pourront, grâce à l'imprimerie, circuler, du livre païen au tract régicide. On souligne la chute de qualité du produit :

---

1. Jean-Baptiste Say, *Traité d'économie politique*, 1803.

que vaut un vulgaire imprimé par des procédés mécaniques, à côté d'un livre d'heures enluminé ? Vaines et dérisoires protestations, que la censure peut à peine enrayer. La technologie est plus forte que les situations acquises, la politique et le droit. Voici ce que, à l'époque d'Internet, fabricants et vendeurs de livres comme législateurs et gouvernements rechignent à méditer.

Conclusions provisoires pour demain et après-demain

Une partie des conclusions de ce livre se devine déjà. La théorie de la croissance, d'Adam Smith à la modélisation la plus récente, mais aussi la plus absconse, nous donne les clés pour comprendre. Le monde va connaître ces prochaines années un choc de croissance, et donc de destruction créatrice, considérable. L'apparition de technologies multi-usages dans de nombreux domaines, de l'énergie à la biologie en passant par l'intelligence artificielle, s'apparente à une immense montée en puissance du progrès technique. Ce qui générera, aujourd'hui et demain, des disparitions d'activités, d'entreprises, du chômage, des inégalités et, après-demain, de la croissance, des revenus plus élevés, du bien-être supplémentaire. La croyance en un avenir meilleur (après-demain plutôt que demain) est la condition qui nous permettra de supporter la période de transition. Ce que l'on appelle la mondialisation constitue un stimulus extraordinaire à l'incorporation de ces innovations par les entreprises. Ricardo et Schumpeter vont donc s'autoentretenir ces prochaines années, pour développer l'économie en la déstructurant. Rester serein demain nécessitera d'interpréter les événements. Pour cela, la méthode la plus sûre consiste à se jucher sur les épaules des plus grands. Ainsi, pour que notre équipement intellectuel soit complet, il faut aller vers le milieu du XIXe siècle, rencontrer Karl Marx et Charles Darwin.

IV

L'outil marxiste

C'est Marx qui a le mieux analysé les conséquences politiques, juridiques, artistiques des mutations économiques. C'est pourquoi, sans Marx, l'étude du XXIe siècle qui se dessine serait partielle. Le marxisme est un magnifique outil pour les sciences sociales. Rien de plus, mais c'est déjà énorme. Pourtant, il est difficile de prononcer le nom de Karl Marx sans déchaîner les passions et sans éveiller l'incompréhension. En France peut-être plus qu'ailleurs, dans la mesure où, dans un pays très politique, le parti socialiste a eu du mal à rompre avec certains oripeaux de la pensée marxiste, ce qui contribue à cliver le débat d'idées. De Marx, on retient la dégradation de la situation matérielle des travailleurs, la prophétie sur la fin du capitalisme, le socialisme comme aboutissement naturel de l'histoire… Autant de prévisions qui ne se sont pas réalisées, bien au contraire. Mais qui peut prétendre qu'on ne peut pas faire du pertinent avec du faux ? Malthus expliquait doctement au commencement de la révolution industrielle que la population suivait une progression géométrique là où les ressources suivaient une progression arithmétique. C'est le contraire qui s'est produit. Faut-il jeter Malthus ? N'a-t-il pas fourni un cadre de pensée qui fait référence ? N'a-t-il pas posé des questions qui méritent qu'on y réponde sans cesse ? Est-ce parce qu'il a eu tort hier qu'il aura tort demain ? Marx s'est épuisé au travail, à force de lectures et d'écriture, de rencontres et de voyages. Il a sans cesse réalisé des allers-retours entre sa pensée, extrêmement puissante, et la réalité. Il ne concevait pas qu'un intellectuel n'utilise pas son travail pour améliorer matériellement le sort de l'humanité. Son analyse du socialisme a découlé de son analyse des contradictions du capitalisme, qu'il a vu se déployer. Il a permis au socialisme de passer du statut d'utopie à celui de science. Marx est l'un des rares individus dont la pensée a changé le monde, à l'instar de Jésus-Christ ou Darwin. Ils ne sont pas nombreux. Ils méritent un travail d'analyse de leur pensée sans cesse approfondi. C'est pourquoi nous n'en finirons fort heureusement jamais avec le marxisme.

L'exploitation n'empêche pas le capitalisme

L'œuvre de Marx est riche et complexe. Il faut prendre le temps de la comprendre pour utiliser cet extraordinaire outil de compréhension du monde moderne. Ce que le surmoi collectif a retenu de Marx, ce sont les contradictions du capitalisme (elles sont réelles) et le passage obligé au communisme comme fin de l'histoire (qui ne s'est pas produit et ne se produira pas). Ce que les économistes, logiquement relayés par les dirigeants d'entreprise (les « bourgeois » détenteurs de capitaux), critiquent le plus souvent chez Marx, c'est sa théorie de l'exploitation. Mauvaise pioche : elle est juste. Explications.

Marx est un contestable théoricien du socialisme, qui n'est pour lui qu'une abstraction, un fait non existant, qu'il ne peut analyser à la lumière de son matérialisme dialectique. Il est en revanche un remarquable théoricien du capitalisme et, peut-être plus exactement, du mode de fonctionnement de l'entreprise capitaliste. Là où le péché des économistes sera, longtemps encore après Marx, de concentrer leur analyse sur le marché (d'où vient le prix ? Comment se forment l'offre et la demande ? La concurrence est-elle toujours efficace ?), Marx pénètre à l'intérieur même de l'entreprise, pour comprendre comment s'articulent les rapports entre individus et comment se forme la valeur. La question à laquelle il souhaite répondre est moins la question traditionnelle : comment se forment les prix ? que la question, beaucoup plus originale et difficile : d'où vient le profit ? Qu'est-ce qui explique son existence ? Pourquoi les profits ne tendent pas vers 0 ? Pourquoi sont-ils différents selon les secteurs ?

Pour résoudre ce problème obsédant à l'époque de la montée du capitalisme industriel et du salariat, Marx distingue trois types de valeurs. Premièrement, la valeur d'*usage*, que les économistes « marginalistes » de la fin du XIXe siècle nommeront « utilité ». Il s'agit simplement de la valeur qu'un acheteur confère à la marchandise qu'il acquiert. Je n'achète pas une baguette de pain pour elle-même mais pour la manger. C'est cette vocation alimentaire qui lui confère une valeur d'usage, pour laquelle je suis prêt à payer un prix. Ce prix, c'est la valeur *d'échange*, deuxième catégorie de valeur, qui est la résultante de la confrontation entre l'offre et la demande et qui découle, notamment, de la valeur d'usage, mais aussi des conditions d'offre. Si des inondations ont fait baisser les récoltes de blé, la production de pain chute et le prix de la baguette augmente. Si le nombre d'habitants de mon village est divisé par deux, et pas le nombre de boulangeries, le prix de la baguette va baisser. Il existe donc des liens entre valeur d'usage et valeur d'échange, mais pas une correspondance parfaite, puisque la valeur d'usage est subjective, individuelle et assez stable dans le temps. La valeur d'échange, en revanche, est collective dans la mesure où elle ne s'applique en principe pas seulement à une seule personne. Troisième type de valeur : la valeur *travail* qui, comme la valeur d'usage, influence la valeur d'échange. Plus encore, c'est l'augmentation de la valeur travail qui permet d'expliquer que la production de marchandises débouche sur un enrichissement du capitaliste détenteur des moyens de production, mais aussi de la société tout entière. Chez Marx, le capitalisme naît du travail, le travail est la base de tout.

Pour Marx, la valeur travail correspond au temps de travail incorporé dans une marchandise. Certes, la plupart des objets sont fabriqués à partir d'autres marchandises, brutes ou semi-finies (des « biens intermédiaires »). En outre, dans la quasi-totalité des cas, les individus utilisent, en plus de leur propre force de travail, des machines. Mais ces machines elles-mêmes ont été produites grâce à du travail humain. D'une certaine façon, toute marchandise n'est que travail cristallisé. Marx considère donc que la valeur travail d'un objet provient du temps que les individus ont consacré à sa réalisation, ajouté au temps qu'il a fallu pour fabriquer les biens intermédiaires, les machines, et pour extraire les matières premières (ce que Marx nomme dans sa langue acérée le « travail mort »). On comprend facilement que si les capitalistes paient les salariés (que Marx appelle ouvriers ou prolétaires) à la valeur travail, ils ne réalisent pas de profit. Or, c'est bien ce mystère du profit positif que Marx cherche à éclairer. La solution, une fois énoncée, apparaît limpide : les capitalistes n'achètent pas le « travail » des salariés, mais la « force de travail » des salariés, qui correspond à un minimum vital : les salaires versés doivent leur permettre de se nourrir, de se vêtir, de se loger, juste pour reproduire leur « force de travail », ni plus, ni moins. La différence entre valeur travail et salaire est la plus-value, extorquée par les capitalistes aux travailleurs. Pourquoi les capitalistes sont-ils en mesure d'extorquer une plus-value ? Simplement parce que, détenteurs des moyens de production, ils peuvent exercer, explicitement ou non, un chantage à l'emploi, qui est également un chantage à la subsistance : ceux qui ne veulent pas travailler au salaire proposé peuvent aller voir ailleurs ! Marx appelle exploitation le processus qui consiste à payer finalement moins d'heures de travail que ce qui a été nécessaire pour produire. Pour augmenter ses profits, le capitaliste doit intensifier l'exploitation des travailleurs, par exemple en augmentant le nombre d'heures travaillées, ou alors en substituant des machines qui automatisent la production au travail, ce qui créera chômage et misère.

Cette analyse, menée au cœur du XIXe siècle, est littéralement explosive : elle signifie que le capitalisme, pour se perpétuer, doit exploiter les salariés, c'est-à-dire ne pas les payer au travail effectivement réalisé. Le capitalisme croît au détriment des salariés, ce qui n'est pas la moindre des contradictions. Si le *Capital*, livre difficile, faisant appel à un haut degré d'abstraction, devient la bible du prolétariat, c'est parce qu'il explique scientifiquement la condition des travailleurs. Marx fait passer l'exploitation capitaliste du commentaire politique à la science économique. Voilà ainsi théorisée la source de toutes les politiques socialistes qui auront pour but de rééquilibrer la relation entre le salarié et le capitaliste, notamment la création de syndicats de salariés, les salaires minimums, les congés payés et le droit du travail.

La vision marxiste de l'exploitation est logique et, dans une large mesure, juste. Elle mène néanmoins Marx à trois conclusions qui se sont avérées fausses et qu'il faut évacuer pour faire en quelque sorte « place nette ».

Conclusion 1 : le capital doit se concentrer. Le régime normal du capitalisme exige des entreprises qu'elles baissent leurs prix pour gagner des parts de marché sur leurs concurrents. Mais, pour pouvoir baisser leurs prix, les entreprises doivent investir pour réaliser des économies d'échelle. Elles ont donc besoin de capitaux financiers toujours plus importants. Selon cette logique, les plus petits font faillite, au détriment des plus gros. Le capitalisme conduit spontanément à la concentration du capital et des richesses. Sur ce point,

Marx commet une erreur manifeste. Il peut exister, dans certains secteurs, à certaines périodes (souvent pendant ou après les crises), des phénomènes de concentration où de petites entreprises disparaissent ou sont acquises par de plus grosses, mais ce n'est pas la règle. On voit aussi de grandes entreprises disparaître. S'il devait exister une loi historique, ce serait davantage celle de la malédiction des grandes entreprises qui, enserrées dans leurs procédures, leur bureaucratie, leur crainte du changement, finissent par décliner (Darwin nous fournira les éléments intellectuels pour comprendre pourquoi). La prophétie marxiste selon laquelle, au bout du compte, il ne doit rester dans chaque secteur qu'une entreprise, ne s'est jamais réalisée. De même, le degré d'inégalité de richesses évolue dans le temps. Dans les périodes d'innovation rapide, les inégalités ont tendance à s'accroître spontanément. Dans les périodes où la croissance repose moins sur la nouveauté, les écarts de rémunération se resserrent naturellement. Là encore, il n'y a pas de loi univoque, contrairement à la prophétie marxiste.

Conclusion 2 : les salariés vont s'appauvrir. Pour augmenter leurs profits, les capitalistes doivent soit augmenter le temps de travail sans augmenter les salaires (ce qui correspond à une baisse du niveau de vie « réel » des salariés), soit remplacer les salariés par des machines qui, elles, ne revendiquent rien, et les rejeter dans la misère pour alimenter « l'armée de réserve industrielle » dans laquelle les capitalistes pourront, en retour, puiser si besoin de la main-d'œuvre à faible coût. Problème pour l'intégrisme marxiste :

c'est très exactement l'inverse que l'on observe depuis le XIXe siècle, et dans des proportions à proprement parler colossales. Le temps de travail moyen a été divisé par plus de deux. Les salaires corrigés de l'inflation ont augmenté de façon presque exponentielle (à tel point que la progression n'est quasiment pas mesurable) et la pauvreté est devenue, dans tous les pays capitalistes, un phénomène minoritaire bien que non éradiqué. Le chômage a connu d'amples fluctuations, mais sans montrer de tendance à l'augmentation, sauf, depuis une vingtaine d'années, dans un petit nombre de pays (dont la France). Pour aller plus au cœur de la théorie marxiste, les salaires ne sont, bien souvent, pas simplement de subsistance. Dans les pays développés, en dépit d'une pauvreté minoritaire mais persistante, en dépit du chômage de masse, un grand nombre de salariés peuvent partir en vacances, manger et boire plus que nécessaire, vivre dans des logements confortables, porter des habits qui, non seulement les protègent du froid, mais soulignent leur apparence, consacrer du temps à leurs loisirs, pendant les week-ends, les jours fériés, les vacances, la retraite... Cela ne signifie pas que la théorie de l'exploitation soit fausse. Simplement, elle n'est pas suffisante.

Conclusion 3 : les profits issus du capital doivent baisser. Il s'agit de l'un des arguments centraux du marxisme, dont la présentation, dans les ouvrages de Marx lui-même, est souvent peu claire ; peut-être parce que le terme *capital*, qu'il emploie à l'envi, est riche de sens, et donc de malentendus potentiels. Pour Marx, la plus-value réalisée par les capitalistes émane de l'exploitation des salariés. Mais pour faire face à la concurrence, les entreprises doivent substituer continuellement des machines au travail pour automatiser la production et réaliser des économies. Problème : les machines constituent une sorte de poids mort, que les entreprises ne peuvent « exploiter » directement. Le taux de profit du capital, mesuré par le pourcentage de bénéfice que rapporte le capital investi, est donc amené à baisser. Cette baisse peut être contrariée temporairement par l'irruption d'innovations, mais si les capitalistes veulent inverser durablement le cours des choses, ils n'ont d'autre choix que de baisser les rémunérations « réelles » des salariés, en diminuant leurs salaires ou en augmentant le temps de travail. Mais dans ce cas, les salariés ne disposeront plus de suffisamment de revenus pour que les capitalistes écoulent leurs marchandises. Cette contradiction interne au capitalisme doit le mener à sa perte. Il est inutile de consacrer trop de temps à infirmer cette prédiction. Le capitalisme progresse partout dans le monde. Presque tous les pays socialistes se sont convertis à l'économie de marché. Dans les pays capitalistes au long cours, les taux de profits n'ont pas baissé, mais font preuve d'une grande stabilité dans le temps. En admettant néanmoins que la « loi » de la baisse du taux de profit soit juste, l'observation des faits devrait persuader les marxistes que les facteurs qui la contrarient (comme l'innovation technologique) reviennent en permanence. Marx est plus convaincant quand il prophétise la fin du capitalisme en raison d'une révolte de la classe exploitée qu'en raison de la baisse tendancielle du taux de profit.

Que Marx se soit trompé sur ses conclusions ne doit pas nous amener à rejeter son œuvre avec mépris comme le font certains libéraux. De grands esprits ont réfuté Marx tout en reconnaissant ses apports fondamentaux dans les sciences sociales. C'est le cas de Karl Popper, de Raymond Aron et de Schumpeter. Néanmoins, avant de passer aux aspects les plus justes du marxisme, il faut comprendre plus précisément ce qu'il a voulu expliquer, ce qui nous permettra d'établir d'utiles correspondances avec la période que nous traversons aujourd'hui, et qui est loin d'être terminée.

Marx en Chine

Marx a théorisé ce qu'il observait, tentative immensément louable. Lui qui détestait la morale, lui qui lisait les ouvrages d'économie et de philosophie comme on respire, a tenté de bâtir une science pour expliquer ce qu'il voyait.

L'analyse de l'exploitation des salariés vue comme une extorsion de plus-value est juste, mais elle ne peut s'appliquer uniformément à toutes les situations de l'entreprise. La faiblesse du marxisme, c'est de considérer que forcément le capital se concentre entre quelques mains, ce qui confère aux capitalistes un rapport de force sur les salariés et leur permet de rémunérer non pas le travail, mais seulement le renouvellement de la force de travail. Cette situation n'est possible que s'il existe, dans la terminologie marxiste, une « armée de réserve industrielle », c'est-à-dire une grande partie de la main-d'œuvre inemployée, une situation possible mais pas systématique. Dans les enchaînements historiques de Marx, le prolétariat naît dans la deuxième partie du Moyen Âge, à l'approche de la Renaissance, au moment de l'abolition du servage. Nous reviendrons dans les pages qui suivent sur l'éclatement de l'organisation féodale, car il constitue un repère important pour appréhender la période actuelle. Déjà Marx avait saisi le lien entre la liberté donnée aux serfs et les débuts de l'exploitation capitaliste. L'abolition du servage rejette des milliers de paysans dans le vagabondage, mendiants chassés des campagnes et des villes contre lesquels les lois se multiplient. Certains trouvent du travail dans les usines nouvellement nées de l'industrialisation, mais pas tous. De là naît le déséquilibre entre ceux qui proposent le travail et ceux qui doivent l'accepter. Mais comme souvent, Marx, juste sur l'analyse, se trompe dans la prospective. Car dans bien de nos économies modernes cette « armée de réserve industrielle » n'existe plus. Dans les pays scandinaves, au Luxembourg, en Suisse, dans certains *Länder* allemands, dans certains territoires français même, ce sont les salariés qui, si leurs compétences sont recherchées, dictent leurs conditions aux patrons, et non l'inverse. Un grand nombre devient même capitaliste grâce à l'actionnariat salarié ! Marx a donc raison à une condition forte, souvent vérifiée, mais pas toujours : qu'il existe sur le territoire étudié un chômage de masse, une main-d'œuvre abondante non employée. Il existe aujourd'hui au moins un pays dans lequel la notion d'armée de réserve industrielle s'applique. Il s'agit de la Chine, où des millions de personnes quittent chaque année les campagnes pour aller trouver des emplois salariés dans les villes. Ces « serfs libérés » des temps modernes sont, au sens marxiste, exploités par les patrons chinois, ce qui se traduit par des salaires qui, même en augmentation, restent faibles. La Chine, dans les faits, n'est plus communiste, mais le fonctionnement de son économie répond largement aux canons marxistes[1].

Le sombre visage du progrès

Marx est, au fond, un pessimiste. Dans l'œuvre de « destruction créatrice », il ne voit que la destruction et son horrible coût social. Si par bonheur il pouvait participer à nos débats contemporains, il nous parlerait des ouvriers exploités dans les pays émergents, des salariés qui ne sauront pas s'adapter à la révolution de la génétique ou à celle de l'intelligence artificielle, de la difficulté du droit à réguler la finance, de l'effondrement des États insolvables. Lui qui était fasciné par l'électricité de la place de la Concorde lorsqu'il vivait rue Vaneau, à Paris, entre 1843 et 1845, il adorerait

1. En visitant la maison natale de Marx à Trèves, la plus ancienne ville allemande située à quelques encablures de la frontière avec le Luxembourg, j'avais été frappé de ne rencontrer que des Chinois. Me renseignant auprès du personnel du musée, j'ai appris que cette visite faisait partie du parcours « traditionnel », pour ne pas dire obligatoire, des touristes chinois, censés vouer un culte opiniâtre à Marx. Une situation à vrai dire bien ironique, dans la mesure où s'il existe un peuple où les salariés sont exploités par les entreprises, c'est bien le peuple chinois. Peut-être, me disais-je en me baladant dans cette ville à la propreté toute germanique, que les visiteurs du musée étaient les patrons exploiteurs et non les salariés exploités.

sûrement Internet et en comprendrait l'extrême importance. Mais il mettrait l'accent sur le sombre visage du progrès. Vision partielle mais utile puisqu'elle analyse une partie de la réalité. Ce pessimisme est palpable dans l'œuvre écrite de Marx (disons, pour avoir des chiffres ronds en tête, entre 1840 et 1870). Pourtant, à ce moment, les conditions de vie des salariés se sont, en moyenne, incroyablement améliorées, et beaucoup plus en cinquante ans que pendant plusieurs siècles auparavant (seule la période que nous connaîtrons d'ici quelques années sera comparable). L'historien britannique Angus Maddison a consacré sa vie à reconstituer, à partir de sources éparses, des séries statistiques macroéconomiques, depuis l'an 0. Il a particulièrement étudié le XIXe siècle, montrant que le phénomène de croissance économique partagée, c'est-à-dire bénéficiant à l'ensemble des habitants d'un pays, est très récent. Il débute à la toute fin du XVIIIe siècle, et prend de l'ampleur à partir de 1820. C'est à compter de ce moment que le niveau et l'espérance de vie augmentent. Angus Maddison calcule qu'au Royaume-Uni, l'espérance de vie à la naissance était inférieure à 35 ans au milieu du XVIIIe siècle. Cent ans plus tard, elle a gagné environ 10 ans. Entre 1750 et 1820, le nombre de décès avant l'âge d'un an tombe de 195 à 144 pour 1 000.

De deux choses l'une : ou bien Marx a sélectionné, dans la réalité, les faits qui abondaient sa théorie, ou bien ce qu'il a observé et théorisé n'est pas contradictoire avec l'extraordinaire augmentation du niveau de vie mise en lumière par Maddison. Au regard de la rectitude de son parcours, de son dégoût du compromis intellectuel, il faut avoir de solides arguments pour penser que Marx a été malhonnête. Une interprétation alternative est plus plausible. Ce que Marx a vu au cœur du XIXe siècle, c'est très exactement ce que Schumpeter ou Elhanan Helpman ont étudié : la destruction créatrice ou, plus exactement, la destruction avant la création, les inégalités avant la formation d'un nouvel ordre social. Les écrits de Marx recèlent des descriptions des conditions de travail et de vie qui soulèvent le cœur. Dans le livre 1 du *Capital*, Marx reproduit un extrait du *London Daily Telegraph* du 14 janvier 1860 :

> *M. Broughton, magistrat de comté, déclarait comme président d'un meeting, tenu à la mairie de Nottingham le 14 janvier 1860, qu'il règne dans la partie de la population de la ville occupée à la fabrication des dentelles un degré de misère et de dénuement inconnu au reste du monde civilisé... Vers deux, trois et quatre heures du matin, des enfants de neuf à dix ans sont arrachés de leurs lits malpropres et forcés à travailler pour leur simple subsistance jusqu'à dix, onze et douze heures de la nuit. La maigreur les réduit à l'état de squelettes, leur taille se rabougrit, les traits de leur visage s'effacent et tout leur être se raidit dans une torpeur telle que l'aspect seul en donne le frisson...*

Le docteur J. T. Ardlege, toujours cité par Marx, médecin en chef de la maison de santé du North Staffordshire, rapporte :

> *Comme classe, les potiers, hommes et femmes (...) représentent une population dégénérée au moral et au*

> *physique. Ils sont en général de taille rabougrie, mal faits et déformés de la poitrine. Ils vieillissent vite et vivent peu de temps ; phlegmatiques et anémiques, ils trahissent la faiblesse de leur constitution par des attaques opiniâtres de dyspepsie, des dérangements du foie et des reins, et des rhumatismes. Ils sont avant tout sujets aux maladies de poitrine, pneumonie, phtisie, bronchite et asthme. La scrofulose, qui attaque les glandes, les os et d'autres parties du corps, est la maladie de plus des deux tiers des potiers.*

Quelques lignes plus tôt, toujours dans le capital, un autre médecin, toujours évoquant les potiers, souligne la diminution récente de la taille et du poids de ce type d'ouvriers.

Plus loin, Marx cite de jeunes salariés de tapisseries britanniques :

> *Je suis âgé de treize ans (...) Nous avons travaillé l'hiver dernier jusqu'à neuf heures du soir et l'hiver précédent jusqu'à dix heures. Presque tous les soirs, cet hiver, mes pieds étaient tellement blessés que j'en pleurais de douleur.*

Un père : *Mon petit garçon que voici, j'avais coutume de le porter sur mon dos, lorsqu'il avait sept ans, aller et retour de la fabrique, à cause de la neige, et il travaillait ordinairement seize heures ! (...)*

Bien souvent je me suis agenouillé pour le faire manger pendant qu'il était à la machine, parce qu'il ne devait ni l'abandonner, ni interrompre son travail.

Dans un autre chapitre, Marx étudie le temps de travail des ouvriers et le travail des enfants. Il cite deux fabricants d'acier, messieurs Naylor et Wickers, en 1865, dont 10 % des 700 ouvriers sont âgés de moins de 18 ans :

> *Les jeunes garçons ne souffrent pas le moins du monde de la chaleur. La température est probablement de 86 à 90 degrés Fahrenheit. À la forge et au laminoir, les bras travaillent jour et nuit en se relayant ; mais, par contre, tout autre ouvrage se fait le jour, de six heures du matin à six heures du soir. Dans la forge, le travail a lieu de midi à minuit. Quelques ouvriers travaillent continuellement de nuit sans alterner, c'est-à-dire jamais le jour. Nous ne trouvons pas que le travail, qu'il s'exécute le jour ou la nuit, fasse la moindre différence pour la santé, et vraisemblablement les gens dorment mieux quand ils jouissent de la même période de repos que lorsque cette période varie (...) Vingt enfants environ travaillent la nuit avec les hommes (...) Nous ne pourrions pas nous porter bien sans le travail de nuit de garçons au-dessous de dix-huit ans. Notre grande objection serait l'augmentation des frais de production (...) Il est difficile d'avoir des contremaîtres habiles et des « bras » intelligents : mais des jeunes garçons, on en obtient tant qu'on en veut (...)*

Marx n'est pas le seul à se faire l'écho des conditions de travail de certains salariés. Celui qui deviendra son meilleur ami, Friedrich Engels, à seulement vingt-quatre ans, est envoyé par sa riche famille pour un stage dans une manufacture anglaise[1]. Ironie de la situation, il en tire une étude défavorable aux capitalistes sur la situation de la classe laborieuse en Angleterre. Engels note qu'au-delà d'un prolétariat misérable, il existe également un sous-prolétariat, essentiellement peuplé d'Irlandais, qui déambule dans les rues en guenilles et ne se nourrit que de pommes de terre défraîchies[2]. Engels note aussi qu'à Manchester, les anciennes maisons ont été abandonnées par leurs habitants, et sont désormais habitées par des foules d'ouvriers dans des conditions de saleté inhumaines. Et Engels de rapporter qu'en 1842, 1 pauvre sur 6 en Écosse est atteint du typhus.

Adolphe-Jérôme Blanqui, le frère du révolutionnaire célèbre, antisocialiste et anti-utopiste, effectuera en 1848 un constat similaire dans le nord de la France[3].

Marx et ses amis ne sont pas les seuls à constater un décalage entre le progrès des techniques et les conditions de vie. Les médecins, les ingénieurs, les économistes chargés de réaliser des rapports sur ces sujets décrivent tous à peu près la même chose, en France ou en Angleterre. Les logements ouvriers sont petits, mitoyens pour économiser des terrains, mais donc

1. La rencontre à la fois physique et intellectuelle entre Engels, marqué par les conditions de travail des ouvriers employés par son père, et Marx, moulinant sa méthodologie historique matérialiste, aura lieu à Paris, à l'été 1844, au café de la Régence, rue Saint-Honoré.

2. Ces références et bien d'autres sont reprises dans le premier tome de *L'Histoire de l'architecture et de l'urbanisme modernes* de Michel Ragon (Casterman, 1986). Michel Ragon y analyse les conditions de vie et de logement des ouvriers.

3. Adolphe-Jérôme Blanqui, *Des Classes ouvrières en France pendant l'année 1848.*

peu lumineux, peu aérés, et humides. Les enfants sont rachitiques. Les microbes se diffusent, favorisant variole, typhoïde, scarlatine et diphtérie[1]. La littérature a d'ailleurs puisé certaines de ses meilleures pages dans ce contraste entre une Angleterre entrant dans l'ère de la croissance industrielle et les conditions de vie des ouvriers britanniques. Dans *Redburn*, Herman Melville raconte comment, en 1830, dans une Liverpool plus prospère que jamais, mais aussi pleine d'ivrognes et de putains, une mère meurt derrière un soupirail auprès de ses deux enfants dans l'indifférence la plus totale. *Oliver Twist*, le plus célèbre roman de Charles Dickens, raconte la terrible vie d'un jeune orphelin exploité, au sens marxiste, par Mr Sowerberry, fabricant de cercueils. Émile Zola dépeint dans *Germinal* (publié en 1885, mais le roman se déroule en 1866) les terribles conditions de vie dans les mines de Montsou, dans le nord de la France. Il donne chair à l'idée marxiste de contradiction entre le capital et le travail. Pour se documenter, Zola a parcouru les corons du Valenciennois, assisté à des réunions syndicales, parlé aux mineurs et à leurs femmes, fréquenté les cabarets ouvriers où la bière est mauvaise. Il a voulu vivre le cauchemar de la descente dans la fosse Renard de la Compagnie des mines d'Anzin, à Denain.

Marx a théorisé ce qu'il voyait et ce que d'autres, intellectuels, médecins ou artistes de son époque,

1. Michel Ragon cite nombre de ces rapports sur le logement ouvrier dans son *Histoire de l'architecture et de l'urbanisme modernes*, tome 1, « Idéologies et pionniers », 1986, Casterman.

voyaient avec lui : l'exploitation, la misère ouvrière, le travail des enfants. On ne peut, comme certains libéraux le font naïvement, lui faire le procès du mensonge. Marx découvre que la croissance engloutit les coutumes et les hommes avant de restituer la richesse et les années de vie supplémentaires.

Il faut s'imaginer le contexte de l'époque. Les ouvriers de la laine dans le Yorkshire ou ceux du coton dans le Lancashire ont dû voir arriver la machine à vapeur comme une immense promesse de progrès : l'être humain allait être libéré de la dureté du travail physique. Qu'ont-ils vu ? L'extraction minière du charbon, la métallurgie, l'usine, le bruit et le feu, les cadences de travail infernales et le travail des enfants. Naïvement, l'humanité crut alors que le machinisme allait tout de suite augmenter les revenus et améliorer les conditions de vie de chaque individu. Loin de ce rêve, avant le train pour tous et pas cher, il faut bâtir les rails et les locomotives, augmenter le temps de travail, se tuer au labeur dans l'enfer des usines. Et, comme toujours dans l'histoire de l'innovation, cela prend du temps. Le chemin de fer apparaît en Angleterre vers 1825, et la première ligne française (Saint-Étienne – Lyon) est inaugurée en 1837. En 1842, la France compte 1 860 kilomètres de rails, ce qui est peu. Le réseau atteint 6 000 kilomètres sous le Second Empire et le train devient alors un produit de consommation pour les masses. Dans l'intervalle, des capitalistes ont fait fortune, mais les travailleurs s'enrichissent à peine, et pour quelle vie ! Il est normal que des penseurs aient voulu comprendre pourquoi ce qui aurait dû constituer un bienfait pour l'humanité n'avait pas tenu ses promesses. Il est logique qu'ait alors commencé, pour des raisons toutes économiques, la grande aventure intellectuelle et politique du socialisme[1]. Ce passé se répétera au XXIe siècle. La génétique ou la biologie moléculaire feront d'abord naître les mêmes espoirs que le chemin de fer (l'homme immortel après l'homme rapide ?) puis, dans l'attente que la promesse se réalise, les mêmes désillusions.

La conception matérialiste de l'histoire et la lutte des classes

L'économie a tout changé au XIXe siècle. Elle changera tout encore au XXIe siècle car elle fonde les évolutions sociétales. Le socialisme ne s'identifie pas en totalité au marxisme. Les utopistes socialistes du début du XIXe siècle voulaient bâtir un monde idéal, mais leur démarche était peu scientifique. Le génie de Marx, c'est d'être sorti de l'idéalisme pour construire une méthodologie expliquant (mal, on l'a vu) l'évolution de l'économie sur le long terme : la « conception matérialiste de l'histoire », résumée dans l'une de ses phrases les plus connues : « Ce n'est pas

1. Dans son *Histoire du socialisme européen* (1974, Gallimard), Elie Halevy montre que le socialisme naît bien de la révolution industrielle en Angleterre, et non pas de la révolution française. Le socialisme est une réaction aux formes que prend l'économie, pas une idée purement intellectuelle. L'émergence du socialisme s'explique donc bien au moyen de l'analyse marxiste.

la conscience des hommes qui détermine leur existence, mais leur existence sociale qui détermine leur conscience[1]. »

Ce matérialisme débouche sur une idée originale et, sans doute pour cette raison, mal comprise : l'économie prime sur le reste. Le matérialisme est un économisme. Ce qui détermine le cours de l'histoire, ce sont les technologies, les rapports sociaux, au fond, ce que vivent les gens plus que ce qu'ils pensent. En tout cas, l'économie devance l'idéologie, et non l'inverse. Marx le dit, les idéologies sont partiales et partielles : on ne se demande jamais ni d'où elles viennent, ni quel est l'intérêt de leurs thuriféraires. On le devine ; pour Marx, l'idéologie dominante est la mise en pensée des intérêts de la classe dominante. Cette conception sera reprise avec un systématisme stérilisant chez Pierre Bourdieu, pour qui l'on ne peut pas penser différemment de ses intérêts de classe. L'idée forte de Marx, c'est de nous forcer à étudier les conséquences des conditions matérielles sur la pensée. C'est aussi parfois de nous amener à nous poser des questions dans un sens inhabituel. Dans *La Société ouverte et ses ennemis*, Karl Popper se demande pourquoi la plupart des sociétés interdisent la consanguinité[2]. Pour les idéalistes et les psychologistes, c'est par aversion naturelle des individus. Pour Marx, c'est un produit de l'éducation. Bien sûr, la réponse est difficile à trancher. Mais le matérialisme stimule pour le moins la réflexion.

1. La phrase est extraite de *La Contribution à la Critique de l'économie politique* (1859).
2. Karl Popper, *La Société ouverte et ses ennemis*, 1979, Le Seuil.

À ce stade de notre analyse du marxisme, une remarque s'impose. Le terme « matérialisme » ne doit pas s'entendre au sens vulgaire. Le réduire à l'idée selon laquelle ce sont les intérêts financiers qui guident le monde est stupide. Marx n'a jamais voulu dire cela, trop au fait des réalités pour dire pareille bêtise. Marx veut en réalité renverser la logique couramment admise et, selon lui, naïve, selon laquelle seules les idées guident le monde. Typiquement, les conditions matérielles dans lesquelles vivent les ouvriers au début du XIXe siècle les amènent à revendiquer des droits, par opposition aux intérêts de court terme des capitalistes. Cela ne signifie pas qu'ils ne s'intéressent pas à leurs amours, à leurs enfants ou à leurs passions diverses et variées. Cela signifie que la réalité concrète de leur vie les conduit à développer une conscience de classe qui les guidera vers certaines idées, en l'occurrence les idées socialistes. Plus que cela : le matérialisme bien compris n'entend évidemment pas dénier aux idées leur rôle historique. Il signifie qu'un grand nombre d'institutions n'ont pas résulté d'une volonté intellectuelle et, en retour, influencent nos pensées et nos actions. Personne n'a pensé et inventé l'État ou le marché tels qu'ils fonctionnent aujourd'hui. En retour, que l'État ait pris une place si importante dans les sociétés occidentales fait naître un certain nombre de comportements, comme la politisation du débat public. Dans certains pays, l'importance donnée au marché fait sans doute naître des comportements individualistes. Et si certains marxistes intégristes (du type Bourdieu) ont voulu croire – ou feint de croire – que la pensée individuelle ne disposait d'aucune autonomie, fermement enserrée dans des intérêts de classe, ils ont mal interprété l'œuvre originale de leur maître. Seulement, les conditions matérielles ont bel et bien une grande influence. Comme le résume de façon lumineuse Karl Popper, admirateur de Marx mais non marxiste, « les facteurs psychologiques jouent un rôle, mais souvent très secondaire par rapport à ce que l'on peut appeler la logique de la situation[1] ».

Pénétrons davantage le raisonnement historique de Marx. Le point de départ de sa pensée se situe dans ce qu'il appelle les « forces productives » matérielles, jargon qui recouvre les techniques de production : moulins, machines, ordinateurs... Ce sont ces forces productives, que Marx appelle « l'infrastructure », qui vont déterminer les « rapports sociaux » : échange de bons procédés comme sous la société féodale, salariat dans la société capitaliste, flexibilité du travail dans la société moderne... Cette idée, il la résume dans sa célèbre formule extraite de son ouvrage *Misère de la philosophie* (en 1847) : « Le moulin à bras vous donnera la société avec le suzerain ; le moulin à vapeur, la société avec le capitaliste industriel. » Aujourd'hui on dirait : « L'informatique a tué les organisations verticales et hiérarchiques. » Ces rapports de production génèrent la formation de « classes sociales ». Seuls la préhistoire (le « communisme primitif ») et l'après-capitalisme (le « communisme ») sont des sociétés sans classes, sans propriété des moyens de production. De ce point de vue, la fin de l'histoire est similaire au début de l'histoire.

1. *La Société ouverte et ses ennemis*, *op. cit.*, tome 2, p. 68.

Dans la société antique, le progrès technique dans l'agriculture, l'élevage et l'artisanat concentre la richesse dans les mains de propriétaires qui exploitent des esclaves. Dans la société féodale, la classe des seigneurs s'oppose à celle des serfs. Dans la société capitaliste, les deux classes qui se font face sont celle des propriétaires des moyens de production (les capitalistes) et celle des salariés (les prolétaires ou ouvriers). Ces classes pensent, réfléchissent, agissent en fonction de leur « conscience de classe ». La « classe dominante » (les capitalistes par exemple) met en place une superstructure qui correspond à sa propre conscience de classe. La politique, le droit, les arts, la philosophie, les religions, reflètent donc la volonté de la classe dominante. Marx développe en particulier l'idée selon laquelle l'État n'est que l'instrument oppressif de la classe dominante. Un contresens consiste à penser que le marxisme suggère un État fort. C'est exactement l'inverse. Chez Marx, l'État est manipulé et lui conférer des missions d'intérêt général ou de justice sociale est sans objet. La politique elle-même est impuissante. Au mieux, elle peut accélérer l'histoire. Au mieux, elle peut apaiser les souffrances nées des révolutions. Mais la politique n'est fondamentalement rien d'autre qu'un avatar de la situation économique et donc sociale. Évidemment, cette analyse peut sembler une outrance, et elle l'est en partie. En même temps, il aura bien fallu attendre les années 1830 pour qu'apparaisse un début de réglementation des conditions de travail. Avant cela, les capitalistes y avaient résisté avec succès.

Problème : la superstructure est inerte, car la classe dominante veut conserver son influence. Mais le progrès technique, qui détermine l'état des « forces productives », évolue sans cesse. D'importantes vagues d'innovations vont faire entrer en conflit les classes entre elles, puisque la nouvelle classe dominante voudra contrôler la superstructure à la place de l'ancienne. Le conflit se résout finalement par une révolution, qui permet de réaccorder l'état des forces productives avec les superstructures de la société. La lutte des classes puis la révolution sont donc des nécessités historiques, liées en dernier ressort aux innovations technologiques, ce qui, aujourd'hui, peut faire froid dans le dos. Bien sûr, les révolutions sociales sont sans doute évitables, mais là encore, Marx fait preuve d'une redoutable audace d'esprit et d'une géniale intuition : beaucoup des difficultés sociales que connaissent nos sociétés aujourd'hui proviennent du décalage entre des évolutions économiques rapides (l'infrastructure change vite) et des conditions politiques et juridiques qu'on dirait gravées dans le marbre. Marx vise souvent juste, et cela peut nous inquiéter.

On perçoit aisément la fécondité du matérialisme historique, à une époque où le progrès technique est sur le point de générer une vague de destruction créatrice colossale. Marx ne nous dit rien de moins que la chose suivante : l'apparition et la diffusion des biotechnologies, des nanotechnologies ou de l'intelligence artificielle vont redéfinir les rapports de production, entraîner la formation de nouvelles classes sociales, et, sans doute au prix d'une révolution, changer la politique, le droit, la philosophie et l'art !

L'art superstructure

Pourquoi parler d'art dans un livre centré sur l'économie, et dans un chapitre consacré à Marx ? Simplement parce que l'art nous aide à percer les mystères de l'économie, et parce que c'est Marx qui l'a démontré de la façon la plus limpide qui soit. Les phrases qui suivent sont extraites de l'*Introduction à la critique de l'économie politique*, écrite en 1859. Elles permettent de comprendre pourquoi l'art, qui donne à la vie bien des charmes, nous aide aussi à appréhender l'économie et donc l'histoire. Ceux qui saisissent la conception matérialiste de l'histoire (et ses limites) n'auront aucune difficulté à saisir la puissance de ces lignes :

> L'art grec suppose la mythologie grecque, c'est-à-dire l'élaboration artistique mais inconsciente de la nature et des formes sociales elles-mêmes par l'imagination populaire. Ce sont là ses matériaux (...) Mais la difficulté n'est pas de comprendre que l'art grec et l'épopée sont liés à certaines formes du développement social. La difficulté réside dans le fait qu'ils nous procurent encore une jouissance esthétique et qu'ils ont encore pour nous, à certains égards, la valeur de normes et de modèles inaccessibles [...] Les Grecs étaient des enfants normaux. Le charme qu'exerce sur nous leur art n'est pas en contradiction avec le caractère primitif de la société où il a grandi. Il en est bien plutôt le produit, et il est au contraire indissolublement lié au fait que les conditions sociales insuffisamment mûres où cet art est né, et où seulement il pouvait naître, ne pourront jamais revenir.

Ce qui nous est résumé ici de façon originale, c'est l'influence de l'économie sur l'art. L'art grec découle de la mythologie grecque, qui elle-même symbolise le faible avancement économique et social de cette société. Et si nous apprécions toujours l'art grec, dans nos sociétés modernes et opulentes, c'est en raison de sa beauté surannée. Nous l'aimons car la beauté est sans doute éternelle, mais aussi parce que les conditions matérielles qui ont présidé à son développement ne reviendront pas. Il est donc un guide parfois irremplaçable pour connaître les conditions de vie d'une époque. Cette conception de l'art n'est pas incompatible avec une définition « stable » de la discipline. Comme le rappelle Luc Ferry, de tous temps, les œuvres artistiques ont incarné dans une matière sensible une grande idée, qui peut être de l'ordre de l'éthique, de la religion, de la philosophie, de l'économie. Cette incarnation est directement perceptible, ce qui la différencie des sciences sociales, qui font davantage appel à l'intelligence et moins à la sensibilité. C'est l'évolution de cette « grande idée » qui détermine ce que sera l'histoire de l'art. Pour Luc Ferry, l'art grec incarne la perfection de l'harmonie cosmique ; l'art du Moyen Âge, la féodalité (ce qui explique que les gens importants soient plus grands que les petites gens) ; la peinture hollandaise, le début de la « spiritualité laïque », l'éloge du quotidien qui, à travers l'art, acquiert une dimension sacrée[1]. L'art italien de la Renaissance, tel qu'on peut le voir à

1. Luc Ferry, *La Révolution de l'amour*, Plon, 2010.

Florence, incarne l'innovation au service de l'humanisme, l'économie *human centric*, pour utiliser un terme en vogue dans la *Silicon Valley* et me faire comprendre malgré un épouvantable anachronisme. L'étude de l'art italien de la Renaissance ou de la peinture hollandaise du XVIIe siècle constitue les éléments utiles d'une magnifique leçon d'économie. Comme le dit Marc Giget, l'un des plus grands spécialistes de l'innovation qui a beaucoup travaillé sur la Renaissance : « L'art fait la synthèse. » La formule résume tout.

Prenons l'exemple le plus évident qui soit : celui de la Renaissance italienne. Les travaux d'Angus Maddison, déjà cités, sont les plus fiables pour l'étude de la situation historique de l'Italie à cette période. En 1500, l'Italie bénéficiait du niveau de vie le plus élevé du monde. La richesse se concentrait dans ces fameuses cités-États, qui constituent les premiers pôles de croissance économique. Aujourd'hui, on parlerait de métropoles pour évoquer Venise, Gênes, Milan ou Florence. Parmi ces villes, Florence n'était sans doute pas la plus riche, souffrant, à la différence de Venise ou de Gênes, de ne pas être au bord de la mer. L'accent mis par les historiens sur la cité florentine au détriment des autres villes du nord de l'Italie a été excessif. L'image de Florence a bénéficié du fait qu'elle a été la ville de Michel-Ange, de Léonard de Vinci, Machiavel (dont l'œuvre est marquée par les soubresauts politiques et les complots communs dans toute l'histoire de Florence) ou Pétrarque. Il n'empêche, Florence a été un centre important de production de lainages et de soieries. Elle a aussi été la ville de la banque, essaimant des filiales dans toute l'Europe. Comme Venise, Florence est le symbole du capitalisme, y compris financier, et de la mondialisation, avant l'heure. La foi dans le progrès est omniprésente. La croissance entraîne optimisme et joie de vivre. Comme Venise, elle est dirigée par une technocratie qui pratique la démocratie, mais qui fait passer les affaires avant le reste. Cosme de Médicis dirige Florence à partir de 1434. Il combat l'opposition en généralisant le redressement fiscal et pratique allègrement les conflits d'intérêt. La banque Médicis finance ses amis, des groupes de pression. Elle joue un rôle de mécène pour les artistes. L'art pictural synthétise ces données, tout en intégrant le meilleur des techniques. La synthèse est donc double : les peintres de la Renaissance italienne retranscrivent les structures de la société tout en utilisant les techniques les plus récentes. Pour Léonard de Vinci, la peinture est la plus parfaite des sciences, car elle oblige à connaître le corps humain mieux qu'un médecin ou les marbres mieux qu'un architecte. Elle nécessite d'étudier et de comprendre toute l'étendue des passions humaines.

Le Mariage de la Vierge, de Raphaël (daté de 1504), montre comment les progrès de la géométrie permettent d'utiliser la perspective et les ombres, dans ce qui préfigure la 3D contemporaine[1]. Il représente l'archi-

1. En 1500 déjà, Jacopo de' Barbari aura donné à voir des vues aériennes de Venise étonnantes de précision, de points de vue qui n'existent pas dans la réalité. Seules la géométrie et la perspective ont pu être utilisées par Barbari. Les historiens de l'art considèrent généralement que le premier à avoir réussi à peindre une perspective est Masaccio, dans les années 1420. Dans la foulée, l'architecte Filippo Brunelleschi a formalisé les lois mathématiques de la perspective. On lui doit, notamment, le dôme de la cathédrale de Florence.

tecture de l'époque et symbolise l'humanisme : la peinture de la Renaissance fait apparaître des visages qui semblent s'exprimer devant nous. Typiquement, Raphael diffuse par ses œuvres l'urbanisme, la géométrie, la perspective. Domenico Ghirlandaio, lui aussi très apprécié des riches familles florentines, bénéficie de nombreuses commandes émanant de la bourgeoisie ou de la classe politique (Laurent de Médicis fait appel à ses services, presque comme un chroniqueur pictural de son règne). Celle-ci s'intéresse aux thèmes religieux, mais aussi à elle-même ! En 1488, Francesco Sassetti, l'un des principaux dirigeants de la banque Médicis, se fait peindre avec son fils devant une ouverture sur la mer, symbole du commerce lointain. La croissance économique fait passer la peinture italienne des thèmes religieux à des thèmes plus profanes. Le portrait de Ghirlandaio d'un vieillard et d'un jeune garçon, peint en 1490, nous en dit beaucoup, et de façon émouvante, sur la société florentine. L'homme représenté ici est un patricien touché par la maladie qui échange un regard avec son enfant. Leur intimité, devant une fenêtre donnant sur un paysage, leurs beaux vêtements, traduisent l'émergence d'une bourgeoisie humaniste centrée sur le bonheur familial qui sacralise l'humain. Botticelli peint plusieurs fois Simonetta Vespucci. On la retrouve notamment dans l'un de ses plus célèbres tableaux : *La Naissance de Vénus*, en 1485. Simonetta est la première star. Surnommée la « sans pareille », elle est l'égérie des artistes, mais sa célébrité dépasse le cercle aristocrate florentin. Tous les habitants en ont entendu parler. Lorsqu'elle meurt, à vingt-deux ans, de la tuberculose, maladie ô combien romantique, son cercueil est suivi par des anonymes.

En 2011 s'est tenue au palais Strozzi de Florence une exposition sur la banque et la peinture de la Renaissance. Les responsables de l'exposition ont voulu, de façon toute marxiste, souligner la dépendance forte de la peinture et de la banque. Les banquiers sont alors les principaux mécènes. Même le très pieux Fra Angelico, qui pleure quand il peint un crucifix, représente les funérailles de Marie à la mode des enterrements florentins bourgeois. Le marchand Francesco Di Marco Datini, gros pourvoyeur de financements, sera représenté plus de quarante ans après sa mort, en 1452, par Filippo Lippi, aux pieds de la Vierge.

Les œuvres des peintres italiens de la Renaissance constituent donc à la fois un catalogue des meilleures innovations et un reportage sur la société d'alors. L'art est plus que jamais une « superstructure » qui exprime les conditions matérielles, mais qui profite aussi de la technique, que les artistes sont parmi les premiers à utiliser au service du beau.

Cette logique, nous la retrouvons avec la peinture flamande du siècle d'or. L'économie flamande se développe dès le XVIe siècle. Les entrepôts se serrent en bordure des canaux, pleins de textiles, de tabac, de sucre, d'alcools. Comme les Vénitiens en leur temps, les Hollandais développent l'industrie à partir du commerce international, en transformant pour les améliorer ces belles marchandises. L'industrie devient commerce de luxe. On ne compte plus les boutiques de bijoux, de soies, de tapis. Comme toujours, la finance est attirée par cette économie florissante. Ce n'est pas un hasard si Quentin Metsys peint son célèbre prêteur et sa femme en 1514, suivi en 1539 par Marinus van Reymerswaele, exactement sur le même thème. Au début du XVIIe siècle, le PIB par habitant des villes flamandes dépasse celui des villes italiennes. Le barycentre de l'économie mondial s'est déplacé. Comme les cités-États du nord de l'Italie, les Provinces-Unies se dotent d'une constitution qui garantit l'indépendance et la souveraineté des villes, dirigées par une oligarchie faite de grands bourgeois. Il est recommandé d'être croyant, mais la religion doit affranchir, pas opprimer. Le calvinisme est religion officielle, non religion d'État.

Le développement économique hollandais va avoir des répercussions concrètes sur le marché de l'art. La demande de tableaux commandés par des particuliers est telle que les peintres doivent constituer des stocks d'avance. Comme chez Adam Smith, pour être plus efficaces, les peintres se spécialisent. Certains font des portraits, d'autres peignent des paysages, d'autres des natures mortes. Des sous-catégories apparaissent : marines, scènes de taverne, fermes… Rembrandt, peintre universel, fait exception. La distribution s'élargit : on vend désormais des tableaux dans les boucheries et les boulangeries[1].

Le niveau de vie du nord de l'Europe est tel que l'on voit l'émergence d'une large « classe moyenne », c'est-à-dire d'une population qui peut utiliser une partie de ses revenus pour autre chose que se nourrir, se vêtir et se loger. C'est exactement ce que vont représenter Pieter de Hooch et Johannes Vermeer, qui nous

1. « L'Âge d'or hollandais de Rembrandt à Vermeer », *Connaissance des arts* HS n° 425.

offrent une étude redoutable de précision sur les conditions de vie en Hollande et qui nous montre comment la croissance change la vie. Les intérieurs de maisons sont cossus, remplis de grands meubles en bois sculpté, de coussins, de paniers. On y discerne plusieurs générations d'habitants, ce qui illustre l'augmentation de la durée de vie. On y organise des fêtes et on joue de la musique, parfois avec les instruments qui appartiennent à la famille. Chez Jan Steen, au style plus décalé que celui de Hooch, on perçoit opulence et joie de vivre, érotisme aussi dans sa *Femme à sa toilette*, saturée de suggestions. Les familles sont grandes, bien logées et elles aiment profiter des plaisirs de la vie. Frans Hals peint les politiques (les bourgmestres), la société civile (les marchands, les avocats, les musiciens…) et les fonctionnaires (militaires, greffiers…). Gerard Ter Borch peint les plaisirs bourgeois, comme une jeune fille relevant la tête, troublée par la lecture d'un poème. Comme le dit Tzvetan Todorov : « Ces peintures n'embellissent pas un monde vulgaire et laid mais parviennent à découvrir la beauté inhérente à toute chose[1]. »

Pour terminer ce survol forcément trop rapide de la superstructure artistique, je voudrais évoquer deux tableaux, qui, là encore, nous donnent des clés pour appréhender le développement économique. Le premier est l'un des plus connus de l'histoire de l'art. Il

1. *Philosophie magazine*, n° 35, décembre 2009. À lire aussi, sur ce sujet et du même auteur, *Éloge du quotidien, essai sur la peinture hollandaise du XVIIe siècle*, Seuil, 2004, et *Éloge de l'individu, essais sur la peinture flamande de la Renaissance*, Seuil, 2004.

s'agit des époux Arnolfini, peints par Jan Van Eyck en 1434, en général considéré comme le premier portrait non religieux de l'histoire de la peinture. La pose des protagonistes est encore assez statique mais l'intérêt du tableau vient des indications qu'il donne sur le style de vie d'un marchand italien émigré à Bruges pour affaires (la mondialisation, toujours…). L'intérieur de la maison, qui donne sur la ville belge, respire le confort. Donne envie d'allumer le chandelier, de saisir un fruit sur le rebord de la fenêtre et de se coucher dans le lit. Ce tableau constitue l'une des premières images de la richesse par la croissance et la mondialisation. Ernst Gombrich souligne qu'il s'apparente presque à un constat signé, quasiment légal, dont on ne sait si l'idée est née du peintre ou du marchand[1]. *Les Ambassadeurs*, de Hans Holbein, a été réalisé un siècle plus tard, en pleine Renaissance. Le tableau représente Jean de Dinteville, ambassadeur de France en Grande-Bretagne, visité par un ami à Buckingham. Posés sur une étagère sur laquelle les deux jeunes hommes sont accoudés se trouvent un globe, une horloge, un livre, une équerre, un compas, un luth, une partition musicale, une carte… Des objets liés aux quatre obsessions du moment : la géométrie, l'arithmétique, l'astronomie et l'art. Entre les personnages, sur le sol, un crâne en anamorphose rappelle que la vie passe comme un claquement de doigts. Les deux personnages nous regardent et s'adressent à nous : « Voici ce que la Renaissance nous laisse, voici le niveau d'invention et de prospérité à partir duquel

1. Ernst Gombrich, *Histoire de l'art*, Phaidon, 1997.

vous allez vous hisser. Faites-en un usage humaniste. » Les historiens de l'art pourraient nous expliquer tout ce que cette discipline nous dit sur l'économie émergeante : de la nouveauté beaucoup, des innovations plus ou moins heureuses, un caractère mondialisé (le retour de l'art chinois), la volonté de démontrer en quoi l'homme reste supérieur à des machines qui sont en passe de tout envahir, tout en allant au-delà de l'abstraction (le mouvement surfiguratif)...

Que faut-il faire de Marx ?

Faut-il avaler tout Marx sans le digérer, sans rien recracher ? Non, car à le faire on tomberait dans l'historicisme, c'est-à-dire dans l'histoire envisagée comme un flux parfaitement dirigé, sans surprise, sans détournement possible. Qui ne rêve pas de disposer d'un outil qui permette de prévoir le futur ? Mais les prophéties de Marx lui-même ne se sont pas réalisées. Le capital ne s'est pas concentré et la richesse non plus. Les profits des entreprises n'ont pas disparu. Surtout, les conditions de vie des plus pauvres se sont considérablement améliorées. Et si l'État est dominé par une classe, ce n'est pas celle des capitalistes. Dans les pays développés, l'épargne, les patrimoines et les héritages sont fortement taxés. Ce sont les dépenses sociales bénéficiant aux personnes vulnérables qui progressent le plus, financées par des impôts progressifs. Finalement, le capitalisme ne s'est pas écroulé au profit du socialisme. Il fleurit partout. Les marxistes intégristes peuvent bien nous dire que ce n'est qu'une question de temps et que le temps du socialisme viendra. Qui y croit sérieusement ? Le principe de réalité leur donne tort. Comme l'a souvent rappelé Karl Popper, le marxisme pris comme un historicisme, une science de la prévision, est une impasse intellectuelle et politique[1]. Raymond Aron a montré de son côté qu'elle menait au totalitarisme (bien que Marx eût à coup sûr exécré Staline). En effet, si l'histoire est une science, et si l'histoire est prévisible, rien ne sert de la contrarier, au contraire. La démocratie peut donc s'effacer. En revanche, considéré comme un outil de réflexion remettant au centre du jeu l'impact sur la société des technologies et des conditions matérielles, permettant de peser les rôles respectifs de l'économie d'un côté, du droit et de la politique de l'autre, le marxisme est une aide irremplaçable. C'est pour cela que nous devons utiliser Marx, l'aimer même, mais sans naïveté.

1. Karl Popper, *Misère de l'historicisme*, Press Pocket, 1991.

V

Ceux qui vont mourir : l'économie selon Darwin

Dans le trio des personnages qui ont eu le plus d'influence sur le cours du monde, Darwin fait bonne figure, juste derrière Jésus-Christ. Comme Marx, il reste controversé, parce que mal lu ou mal compris. Néanmoins, sans Darwin, la biologie n'existerait pas, la religion serait gravée dans le marbre, les sciences sociales auraient peu progressé. Darwin, en effet, va nous léguer cette idée aux ramifications infinies : seules les espèces qui s'adaptent à leur environnement survivent, les autres disparaissent. Or l'environnement change continûment, ce qui suggère que l'adaptation doit être un processus permanent, qui débouche sur une multiplication des espèces. Sans l'avoir encore analysée, on saisit les implications d'une telle idée dans les domaines économique et social, qui complètent utilement Schumpeter. Là où l'économiste nous dit que la destruction créatrice est le moteur de la croissance, Darwin ajoute : ceux qui ne s'adaptent pas au nouveau contexte vont disparaître, et ce ne sont pas forcément les plus gros ou les plus intelligents ! Une grande entreprise dirigée par des polytechniciens n'est pas à l'abri : elle est même fragile ! Pour le dire familièrement, Darwin, bien qu'il lui soit antérieur, enfonce le clou schumpetérien. Comprendre l'évolution à venir de notre société exige donc de comprendre la théorie de la sélection naturelle chez Darwin.

La sélection naturelle chez Darwin[1]

Marx aurait pu dire (sans doute l'a-t-il pensé) que la généalogie de Charles Darwin devait déterminer le darwinisme. Et c'est vrai, plusieurs éléments biographiques concrets permettent d'éclairer la genèse de la théorie de la sélection naturelle. Le grand-père Erasmus Darwin est naturaliste, et adhère aux idées évolutionnistes : il accepte l'idée, très antichrétienne, selon laquelle les espèces ne sont pas immuables. Il fréquente les entrepreneurs et les financiers de la révolution industrielle. Il est l'ami d'Adam Smith, très connu à la fin du XVIIIe siècle, dont la pensée aura une profonde influence sur le petit-fils[2]. En effet, on peut interpréter Adam Smith et sa main invisible de la façon suivante : si chacun réalise son propre intérêt

1. Pour rédiger cette partie, j'ai beaucoup utilisé les travaux de référence réalisés ou dirigés par Patrick Tort, notamment le *Dictionnaire du darwinisme et de l'évolution*, publié aux PUF en 1996.

2. Dans ses ouvrages, Darwin cite avec éloge le premier livre d'Adam Smith, *La Théorie des sentiments moraux*, publié en 1759.

personnel, en découle un équilibre favorable pour l'ensemble de la société. Des décisions individuelles, prises sans tenir compte d'un intérêt global, ont néanmoins la capacité d'améliorer la situation générale de l'humanité. Darwin ne dira pas autre chose, affirmant que de minuscules changements opérés par des êtres conscients (les humains ou les animaux), mais aussi, à la différence d'Adam Smith, par des êtres inconscients (les plantes), ont, au bout de milliers voire de millions d'années, des conséquences colossales, comme l'extinction ou l'apparition de nouvelles espèces. Darwin va appliquer la main invisible à des êtres inconscients.

Le père de Charles, Robert, est médecin et sans doute plus intéressé par la science contemporaine que par la religion. Les Darwin sont riches et respectés, et Charles vit une enfance confortable, sans doute intellectuellement stimulante, dans une famille érudite et tolérante. Son père voudrait voir Charles devenir médecin, mais une dissection de cadavre le décourage. Passionné par la botanique mais inscrit en théologie, Charles parvient à se joindre à l'équipage du *Beagle* chargé de réaliser la cartographie de l'Amérique du Sud en deux ans. Finalement, le bateau, qui laisse derrière lui Plymouth en 1831, ne revient qu'en 1836, après avoir contourné l'Amérique du Sud, l'Australie et l'Afrique du Sud, avant de regagner le Nord. Sur ces cinq années, Darwin, simple accompagnateur, en passera près de trois sur les terres, pour collecter des centaines de coquillages, d'os et de fossiles, pour étudier les plantes, analyser le pourrissement, observer la géologie. Certains épisodes du voyage sont restés célèbres, par exemple sa rencontre avec les Fuégiens, les habitants de la Terre de Feu. Il remarque que la différence entre un homme sauvage et un homme civilisé est plus grande que ce qui sépare un animal dans la nature d'un animal d'élevage. Il en déduit que la capacité d'évolution de l'homme est immense, en fonction de son environnement. Plus tard, il utilisera cette rencontre pour montrer que la civilisation humaine vient d'un stade primitif. L'épisode des pinsons est également demeuré dans la mémoire collective. Darwin s'était beaucoup intéressé aux pinsons des îles Galápagos. À son retour en Angleterre, en se penchant de nouveau sur ces vertébrés, il avait pu établir qu'à chaque île correspondait une espèce distincte, mais qui provenait d'un ancêtre commun. Cette observation lui permit de faire le lien entre l'alimentation et les caractéristiques morphologiques : un bec fin permet de se nourrir de graines molles, un bec large permet de casser et d'ingérer des graines dures. Ainsi, un épisode de sécheresse va entraîner le développement d'une espèce capable de se nourrir de graines dures, qui résistent elles-mêmes à l'absence de pluie.

Darwin rentre en Angleterre en 1836. Il publiera son ouvrage fondateur, *De l'origine des espèces au moyen de la sélection naturelle*, en 1859, soit vingt-trois ans plus tard. C'est d'emblée un succès. Le premier tirage, de plus de 1 000 exemplaires, est épuisé le jour de sa sortie. Ces deux décennies ne correspondent pas seulement à la maturation scientifique de Darwin, au temps nécessaire entre les découvertes ramenées du voyage du *Beagle* et la formalisation de sa théorie. Darwin a très tôt compris les implications révolutionnaires de sa découverte. Il a saisi l'audace extrême qu'il y avait à intégrer le hasard et une forme de déterminisme dans une théorie scientifique. C'est aussi pour cela que, pris de vertige devant son œuvre, il a mis du temps à la publier.

Qu'a-t-elle de révolutionnaire, cette théorie de la sélection naturelle ? Darwin part de ce que sait la science : les organismes vivants présentent des variations. Chacun peut le voir dans sa vie quotidienne : les humains appartiennent à une même espèce. Ils n'en sont pas moins singuliers. En outre, si nous ressemblons à nos parents, nous leur ressemblons seulement, sans en être un parfait décalque. Mais il y a aussi des variations invisibles à l'œil nu. Les êtres humains, par exemple, ont tous une résistance différente aux virus. Certains tombent facilement malades d'un rhume ou d'une grippe l'hiver. D'autres n'éternuent pas de l'année. En revanche, ils peuvent être plus sensibles aux virus gastriques. Dans l'Angleterre du XIXe siècle, où l'élevage est une activité économique considérée comme « stratégique », Darwin voit que les éleveurs pratiquent une sélection. Ils conservent les animaux jugés de bonne qualité (tuent éventuellement les autres), et les accouplent. Cette sélection artificielle prouve que la sélection des êtres vivants est possible. D'ailleurs, ce qui est pratiqué par les éleveurs l'est aussi par les horticulteurs, ce qui va emmener Darwin sur un chemin intellectuel à peine exploré : la nature pratique-t-elle elle-même ses propres sélections, indépendamment des actions des éleveurs et des horticulteurs ?

Pour commencer à répondre à cette question, Darwin va recourir à un économiste britannique très différent d'Adam Smith, beaucoup plus pessimiste que le concepteur de la main invisible : le pasteur Thomas

Malthus, qui a publié en 1798 son *Essai sur le principe de population.* Malthus, comme Adam Smith, rencontre un grand succès de son vivant, et suscite des débats passionnés comme peut-être seul le début de la révolution industrielle en a vu naître. Darwin a lu Malthus à la fin des années 1830. Il en a retenu une idée clé : les organismes vivants se reproduisent à des rythmes si rapides, y compris ceux qui, comme les éléphants, procréent relativement peu, qu'il ne leur faudrait que quelques années pour recouvrir la totalité de la surface d'un territoire. Or cela ne s'est jamais produit nulle part. Au contraire, une île ou une forêt comme Darwin les a étudiées pendant l'expédition du *Beagle* constituent des ensembles équilibrés où coexistent plusieurs types d'espèces. Il n'y a pas surpopulation, mais une apparente harmonie. Il existe donc, au sein même de la nature, un mécanisme régulateur qui élimine des organismes avant que la surpopulation n'apparaisse. Ce mécanisme que Malthus nomme la lutte pour l'existence relève surtout pour Darwin de la sélection naturelle. Certes, il existe des prédateurs qui ralentissent la prolifération d'espèces, mais c'est aussi la nature qui joue un rôle régulateur, en sélectionnant des variations qui sont dues au hasard, au pur hasard. Par exemple, si une espèce de souris bénéficie d'un pelage plus épais que ses congénères, en cas de refroidissement climatique, elle aura une probabilité plus importante d'atteindre la puberté et donc de se reproduire. *In fine*, les souris à poils épais finiront par remplacer en totalité les souris à poils fins. Sur des milliers ou des millions d'années, la somme de ces variations débouche sur l'apparition ou l'élimination d'espèces, ou sur des variations spectaculaires, comme l'allongement du cou d'une girafe. Voilà donc comment naissent certaines espèces, et comment d'autres disparaissent, dans un processus régulateur.

L'exemple de la girafe n'est pas pris au hasard. La longueur du cou de la girafe a suscité, au XIXe et au XXe siècle, d'âpres débats entre les spécialistes des animaux. Surtout, ces discussions montrent que le raisonnement biologique peut être transposé en raisonnement sociétal de façon tout à fait saisissante. Pour comprendre pourquoi les girafes ont un long cou et pourquoi c'est intéressant pour les économistes, il faut connaître un autre grand scientifique qui a beaucoup écrit au tournant du XIXe siècle, avant Charles Darwin : le Français Jean-Baptiste de Lamarck. On doit à Lamarck d'avoir identifié l'évolution des espèces, ce qui était déjà révolutionnaire à son époque (il invente le terme biologie, ce qui permet de séparer cette discipline de la théologie). Mais on lui doit également d'avoir expliqué cette évolution de façon certes erronée, mais néanmoins pertinente.

Il faut dire et répéter que l'on peut être un immense intellectuel, même en s'étant trompé car l'erreur permet la réflexion et l'avancement de la science. Encore faut-il que cette erreur soit en quelque sorte « intelligente ».

Pour Lamarck, comme pour Darwin d'ailleurs, il faut s'imaginer des girafes possédant toutes sortes de cous. Certaines, par hasard, en ont des longs, d'autres des moyens ou minuscules. Ce qui importe aussi, c'est la diversité, dans la nature comme dans la société, et donc dans l'entreprise ! C'est un autre point commun entre Lamarck et Darwin et qui, là encore, est intellectuellement fécond : la diversité maximise les chances de survie d'une espèce. À l'inverse, l'uniformité (dans l'entreprise, recruter des personnes ayant le même profil, s'accrocher à une stratégie qui eût marché par le passé) recèle bien des dangers dont celui, extrême, de la disparition de l'espèce. Imaginons, dans notre forêt africaine, une sécheresse qui modifie l'environnement : seules les feuilles perchées en haut des arbres possèdent suffisamment de nutriments pour nourrir les girafes. Pour Lamarck, les girafes vont étirer leur cou ce qui, au bout d'un certain temps, aura fait muter l'ensemble de l'espèce. La fonction crée l'organe, et le caractère acquis se transmet. On appelle cette théorie « transformisme » et on la dit « intentionnelle », car il y a bien une transformation des girafes qui est souhaitée par l'espèce. La sélection naturelle de Darwin fonctionne tout autrement. Chez Darwin, seules les girafes qui ont un long cou survivent. Les autres meurent avant la puberté, et ne se reproduisent pas. Au bout du compte, seules les girafes à long cou ont pu se reproduire. Chez Darwin, il n'y a pas d'intentionnalité. L'environnement change, et la nature sélectionne des variations avantageuses pour la reproduction des espèces, mais dont l'origine peut être totalement hasardeuse. Les sociétés et les entreprises peuvent se comporter de façon lamarckienne, c'est-à-dire s'adapter à leur environnement de façon intentionnelle. Mais la chance, facteur très présent chez Darwin, importe aussi beaucoup.

Darwin publie en 1871 *The Descent of Man* (traduit en français par *La Filiation de l'homme*), dans lequel il souligne que la théorie de la sélection naturelle s'applique non seulement aux caractéristiques morphologiques, mais aussi aux instincts. La sympathie, l'instinct de coopération, la considération de l'autre ne sont pas des innovations intentionnelles, mais ont émergé parce qu'efficaces dans le cadre de la lutte pour les ressources. C'est ce point, qui jette un pont entre biologie et société, qui n'a pas été compris par les premiers philosophes darwiniens.

Les applications sociales de la sélection naturelle

Darwin ne se doutait sans doute pas que sa théorie serait rapidement utilisée par les sciences sociales, pour le pire comme pour le meilleur. Pourtant, elle sera instrumentalisée par les libéraux et par les socialistes. Marx et Engels ont beaucoup apprécié Darwin, leur contemporain, dont la méthode se rapproche de leur matérialisme historique[1]. De la même façon que Marx fait partir sa réflexion des conditions de la production, qui correspondent à la nature des technologies utilisées, l'évolution darwinienne part d'une situation concrète, déterminée, au croisement de l'état d'une espèce et d'un environnement. L'histoire des espèces occupe une place centrale, comme l'histoire des sociétés chez Marx. Pour les marxistes, l'analogie avec le

1. *L'Origine des espèces* a été publiée en 1859, la même année que *La Contribution à la critique de l'économie politique*, qui annonce *Le Capital.* Marx a lu l'ouvrage de Darwin peu de temps après sa sortie. Il s'en ouvre à Engels dans une lettre du 19 décembre 1860.

darwinisme peut être généralisée : Darwin a découvert la loi de l'évolution des espèces ; Marx a découvert la loi de l'histoire des hommes. Seule erreur de Marx par rapport à son analyse de Darwin : un peu empêtré dans son matérialisme historique quand il vire à la prophétie, il considère, dans une lettre à Engels datée de 1862, que Darwin ne fait que projeter dans le domaine de la biologie les rapports violents qu'engendre la société capitaliste. Pour preuve : Darwin s'inspire des économistes « bourgeois » Adam Smith et Thomas Malthus. Certes, Marx ne pouvait pas savoir que dix ans plus tard, dans *The Descent of Man*, Darwin remettrait au centre de la discussion le rôle positif des instincts solidaires (et donc non violents) dans l'évolution humaine[1].

Dans une optique radicalement différente, le Britannique Herbert Spencer a été l'un des premiers penseurs à utiliser le darwinisme biologique pour étudier les faits sociaux, faisant le lien entre biologie et sciences sociales. Spencer, malgré sa mauvaise réputation en France, était un libéral défavorable au protectionnisme, à la guerre et à l'impérialisme. Il a notamment beaucoup écrit dans *The Economist.* Comme Marx, il anticipe la disparition de l'État, mais pour des raisons toutes différentes (il publie en 1850 un livre au titre évocateur : *Le Droit d'ignorer l'État*)[2]. Spencer veut ramener le fonctionnement des sociétés humaines à

1. Anton Pannekoek, *Darwinisme et Marxisme*, édition augmentée des commentaires de Patrick Tort, Arkhe éditions, 2012.

2. Pour l'anecdote, la tombe de Spencer est située juste en face de celle de Marx, dans le cimetière londonien de Highgate.

l'évolution, ce pourquoi sa théorie sera qualifiée de « darwinisme social », entendu comme l'idée selon laquelle dans un groupe humain, il est sain que les plus forts survivent au détriment des plus faibles. Qualifier Spencer de darwinien manque de précision puisqu'il commence à écrire avant la publication de *L'Origine des espèces*. À ce titre, Spencer est plus « lamarckien » que « darwinien » : l'évolution est intentionnelle et non automatique. Chez Spencer (comme chez Marx, une fois de plus), la société du début de l'Histoire est primitive, sans monnaie, sans propriété individuelle, sans marché et sans prix. C'est la libre évolution qui va lui permettre, peu à peu, de se complexifier.

Il me semble que, dans le champ social, c'est le Prix Nobel d'économie allemand Friedrich Hayek qui a le mieux su utiliser les apports du darwinisme pour l'étude des sociétés. Il y a un risque à écrire cela, surtout de France, où le nom de Hayek recèle quelque chose d'un peu sulfureux, justement associé à l'idée de darwinisme social. Or, l'idée du darwinisme social a été critiquée par d'éminents chercheurs, comme Patrick Tort, qui ont rappelé, à juste titre, que la nature avait sélectionné chez les humains les instincts sociaux, et donc une certaine forme de solidarité. De ce point de vue, Patrick Tort a raison de dire que l'on a mal lu Darwin. Mais il se trouve aussi que l'on a mal lu Hayek. Son analyse de la société comme processus évolutionniste nous ouvre de larges et utiles champs de compréhension pour la période contemporaine.

Hayek est né à Vienne en 1899 ; il a obtenu le prix Nobel d'économie en 1974 ; il est mort en 1992 à Fribourg, en Allemagne, tout près de la frontière avec la France. Peut-être l'atavisme familial a-t-il de l'importance ? Son père était un biologiste connu, spécialiste des animaux. L'un de ses frères enseignait l'anatomie à l'université. Il a été dans l'entre-deux-guerres l'un des économistes les plus connus dans le monde, grâce à la querelle qui l'a opposé à Keynes, pourtant son ami. Alors que, pour ce dernier, l'État peut et doit mener des politiques actives capables de permettre à l'économie d'atteindre le plein-emploi, Hayek démontre que les politiques publiques ne peuvent que prolonger les crises[1]. Pour Hayek, il est possible d'empêcher une crise de se produire mais, une fois qu'une récession a débuté, seule une purge du système productif permet d'y mettre fin. La politique ne peut qu'allonger la période de récession. Sa notoriété atteindra un sommet en 1944 avec la publication d'un petit pamphlet, très éloigné par le style de ses travaux théoriques antérieurs : La Route de la Servitude. Dans cet ouvrage, qui a inspiré nombre de politiques libérales menées en Occident après la guerre, notamment au Royaume-Uni à partir de la fin des années 1970, Hayek met en lumière les racines intellectuelles communes des totalitarismes communiste et nazi. Cet ouvrage, bien qu'il ait été un succès dans le monde entier, lui a sans doute donné une image de polémiste autant que de scientifique.

---

1. Une synthèse de ce débat qui a marqué la science économique se trouve dans *The Collected Works of Friedrich Hayek*, Contra Keynes and Cambridge, 1995, The University of Chicago Press Books.

Scientifique pourtant il fut, sans l'ombre d'un doute. C'est après la guerre qu'il a développé la partie la plus originale et la plus profonde de son œuvre[1]. Hayek commence alors à mettre sur pied une théorie qui explique l'émergence des institutions dans la société. Pourquoi la propriété s'est-elle partout imposée ? Pourquoi le marché s'étend-il ? Pourquoi la libre entreprise est-elle, dans de nombreux pays, plébiscitée ? Dans le cadre de ce programme de recherches, Hayek forge les notions de règles et d'ordre spontané. Dans la terminologie de Darwin, la société laisse apparaître des variations, qui sont souvent des règles morales d'actions qui diffèrent en fonction des groupes humains qui les emploient. Il s'agit par exemple des idéologies, des coutumes, des tabous... Elles émanent souvent des religions : s'abstenir de manger de la viande le vendredi ou jeûner quelques jours par an. Ces règles interdisent plus souvent qu'elles n'autorisent ou qu'elles n'obligent. Souvent, on ne sait même plus pourquoi on les respecte. Elles se situent très exactement (et cette expression est fondamentale pour bien comprendre la pensée de Hayek) « entre l'instinct et la raison ». Hayek remarque en outre que beaucoup d'institutions, comme le langage ou le marché, sont le produit de l'action des hommes et non de leur dessein. Plus généralement, les institutions sociales sont souvent le résultat non intentionnel de nos actions. Des sociétés au fonctionnement complexe apparaissent sans que cela ait été planifié. Elles sont le fruit d'un processus évolutionniste d'essais et d'erreurs, de

1. Voir par exemple *Droit, Législation et Liberté*, édité en France aux PUF en 1979.

conservation de certaines règles, de rejet de certaines autres. La sélection fait son œuvre : certaines règles sont conservées et s'étendent. D'autres tombent dans l'oubli. Les institutions qui sont constituées de règles inefficaces déclinent, soit parce qu'elles sont abandonnées, soit parce que les groupes qui les conservent disparaissent. Ce dernier point renvoie directement à Darwin (qui lui-même s'était inspiré des économistes). Le plus souvent, on ne conserve pas intentionnellement une règle morale parce qu'elle nous semble juste ou liée à un bel idéal. On la conserve car les groupes humains qui l'appliquent survivent alors que les autres disparaissent.

L'intentionnalité peut jouer un rôle quand des groupes humains imitent ceux qui réussissent, mais ce n'est pas une obligation. Par exemple, si un pays mène une politique économique qui lui permet d'atteindre le plein-emploi, il est possible que d'autres veuillent l'imiter, et adoptent certaines des règles qu'il applique, comme un droit du travail simple et stable. Mais l'évolution peut aussi se faire naturellement, sans introduire la notion d'imitation. Le pays qui adopte de mauvaises règles en matière de marché du travail verra son taux de chômage augmenter, sa croissance diminuer sur le long terme et ses habitants s'appauvrir. Son économie peut donc quasiment disparaître, au bénéfice des pays qui adoptent des règles plus adaptées. Le pays souffrant de mauvaises règles sur le marché du travail n'a rien changé à sa politique. C'est la sélection naturelle qui se charge de faire diminuer sa place dans l'économie mondiale, au profit de pays mieux administrés. La bonne politique finit donc par chasser la mauvaise, qui emporte avec elle les pays qui les appliquent.

L'ordre spontané s'oppose à l'ordre planifié, c'est-à-dire, pour parler dans le langage commun, au socialisme au sens pur du terme (pas celui des gouvernements socio-démocrates qui dirigent nombre de grands pays). En effet, découle de ce qui précède l'impossibilité de construire d'en haut une société complexe. Les sociétés complexes dans lesquelles nous vivons, qui s'opposent aux sociétés tribales, beaucoup plus simples, évoluent sans « pilote », spontanément, en fonction des actions de tout un chacun, et de leurs conséquences sur la vie et la mort des règles, des politiques, des institutions. C'est faire preuve d'une grande naïveté que de penser que l'on peut « contrôler » des économies modernes. Hayek parle d'humilité à l'égard du processus social. Dans un célèbre article de 1945 (*The Use of Knowledge in Society*), il montre qu'aucune intelligence centralisée ne pourrait reproduire la formidable complexité d'un système de marché où les prix sont libres. En effet, le prix constitue la résultante d'une confrontation entre l'offre et la demande. Toutes choses égales par ailleurs, un prix plus élevé provient soit d'une offre plus faible, soit d'une demande plus importante, pour des raisons qui peuvent être incroyablement variées et pas toujours identifiables. Pensez au prix du pétrole. Son augmentation résulte de la demande des pays émergents, des tensions géopolitiques dans les pays exportateurs de pétrole, de départs en vacances dans les pays comme les États-Unis où les voitures sont très consommatrices d'essence ou d'autres facteurs auxquels nous ne pensons pas. Le prix envoie donc un signal extrêmement riche sur les conditions relatives de l'offre et de la demande. Une augmentation nous dit : attention, l'offre est insuffisamment abondante par rapport à la demande ; les entreprises doivent produire davantage, ou les consommateurs doivent restreindre leur dépense. Le marché agit donc comme un formidable consommateur d'informations, qu'il synthétise et nous restitue dans un prix, lui-même signal entraînant une coordination des actions individuelles. Si le marché revêt, dans nos pays, une telle importance, c'est justement parce qu'il permet aux membres de sociétés complexes de coordonner leurs actions. Les règles morales qui permettent le fonctionnement du marché sont basées sur la liberté de l'échange et le respect des contrats. Elles sont apparues il y a environ trente mille ans sur les rives de la Méditerranée. Leur caractère éthique est indéniable mais la théorie hayekienne montre que si elles sont respectées, c'est n'est pas en raison de leur caractère louable. Les sociétés qui ont voulu planifier leurs économies en remplaçant le système des marchés et des prix par un système centralisé se sont quasiment toutes effondrées. La sélection a fait son œuvre.

Les préconisations libérales d'Hayek ont fait couler beaucoup d'encre. Elles ont été vilipendées en France, louées aux États-Unis ou au Royaume-Uni. Elles résultent de son évolutionnisme. Elles obligent à se poser la question suivante : quelles sont les sociétés humaines qui vont succomber à la sélection culturelle ? Est-ce que j'appartiens à l'une de ces sociétés ? Si le raisonnement hayekien est complexe, les conséquences politiques sont limpides. Les sociétés qui évoluent favorablement, c'est-à-dire qui ne disparaissent pas et qui s'étendent (parce que le nombre de leurs membres croît) sont celles qui laissent émerger différentes règles et différents comportements (les « variations » de Darwin), et qui ont une capacité à abandonner les mauvais. Ce sont les sociétés tolérantes et ouvertes, qui laissent une large place à la différence et à l'innovation. Le racisme, l'intégrisme religieux, l'obscurantisme face à la science, le rejet des marginalités, la méfiance envers les artistes sont les signes (et les causes) des sociétés arriérées. Les sociétés avancées sont capables de ne pas figer les règles dans le marbre de la loi, afin de les délaisser quand l'environnement l'exige. La nouveauté y est autant respectée que la tradition. Tout évolue dans une relation d'adaptation au contexte. Quand le contexte change, les règles doivent changer pour éviter l'extinction. Les sociétés qui connaissent le progrès sont les plus ouvertes et les plus souples. Comme le dit joliment Jean d'Ormesson : « La plus haute tâche de la tradition est de rendre au progrès la politesse qu'elle lui doit et de permettre au progrès de surgir de la tradition comme la tradition a surgi du progrès[1]. »

Il est temps de lever le malentendu qui empoisonne les débats sur Darwin et la société. Les spécialistes de Darwin, comme Patrick Tort, combattent le darwinisme social car Darwin a montré que la nature avait sélectionné les instincts humains de solidarité. Mais cette idée n'est pas contestée par Hayek. Qu'une société mette en place, pour protéger les plus faibles, des filets sociaux, assurantiels ou publics, ne pose pas de problème en soi. Que la coopération soit supérieure

1. Extrait de la *Réponse au discours de réception à l'Académie française de Marguerite Yourcenar.*

à la guerre est une évidence, constamment défendue par la science économique. Ce qui empêche le progrès, ce n'est pas la solidarité, mais l'uniformité et l'inscription dans le marbre de situations acquises. Et, de ce point de vue, force est de constater que la loi est souvent plus néfaste que le contrat.

Implications pour les organisations

Ce qui est valable pour les sociétés l'est pour les organisations, en particulier les entreprises. Qui peut le plus peut le moins. Une entreprise est elle aussi soumise à un environnement technologique, juridique, sociologique, macroéconomique, écologique, etc., changeant. Les entreprises qui ne s'adaptent pas disparaissent et, dans cette affaire, la taille est plutôt un handicap puisqu'elle complique et ralentit la prise de décision et le changement. Il y a ce passage si éclairant dans *L'Origine des espèces* que je le reproduis ici : « J'ai souvent entendu des gens exprimer la surprise que leur causait l'extinction d'animaux géants, tels que le mastodonte et le dinosaure, comme si la force corporelle seule suffisait pour assurer la victoire dans la lutte pour l'existence. La grande taille d'une espèce, au contraire, peut entraîner dans certains cas [...] une plus prompte extinction, par suite de la plus grande quantité de nourriture nécessaire. » Je provoque moi-même un immense effet de surprise quand j'explique aux dirigeants de petites et moyennes entreprises que, dans les grandes vagues d'innovations et de destruction créatrice, les grandes entreprises sont plus vulnérables que les petites. Dans le même ordre d'idées, Howard Anderson, du prestigieux MIT (Massachusetts Institute of Technology) aux États-Unis, avait fait grand bruit quand il avait publié un article intitulé « *Why Big Companies can't Invent* » (Pourquoi les grandes entreprises sont-elles incapables d'inventers)[1]. Anderson y montrait que l'innovation était peu corrélée à la taille de l'entreprise. Parmi les raisons invoquées, la plus convaincante est aussi la plus radicale : les grandes entreprises sont celles qui ont le moins intérêt à innover. Qu'est-ce que l'innovation, sinon la mise sur le marché d'un produit ou d'un service qui va bousculer les positions établies et, plus que les autres, celle des leaders d'un marché ? Dans les grandes vagues d'innovation, ce sont les petites entreprises qui ont le plus intérêt à utiliser les nouveautés scientifiques pour concevoir des produits qui vont mettre en branle la « destruction créatrice », qui heurtera, en priorité, les plus performants du monde d'avant. Ne jamais oublier ce message darwinien quand on dirige une entreprise ou même une organisation publique : l'environnement change, et ce qui a fait notre succès hier risque désormais de faire notre malheur.

Il aura fallu attendre le début des années 1980 (plus d'un siècle après la publication de *L'Origine des espèces*) pour disposer d'une théorie évolutionniste complète de l'entreprise. Cette théorie, on la doit à Richard Nelson et Sidney Winter, et à leur ouvrage fondamental : *An Evolutionary Theory of Economic Change*. Pour ces

1. « Why Big Companies Can't Invent », *Technology Review*, mai 2004.

économistes, une entreprise est faite de routines qui lui donnent son identité et qui sont liées à son histoire, à la personnalité de leur fondateur, à son pays d'origine, à sa « culture d'entreprise »... Beaucoup de ces routines sont informelles. Comme chez Hayek, certaines règles sont appliquées avec opiniâtreté sans que l'on sache pourquoi. Il s'agit de l'horaire d'une réunion hebdomadaire comme de la couleur du papier des contrats en passant par la marque des ordinateurs. Ces routines placent l'entreprise sur un « sentier de dépendance ». Autrement dit, l'entreprise n'est pas parfaitement libre dans ses choix : elle dépend de son passé. Les dirigeants d'entreprises savent bien qu'ils ne peuvent aller contre une culture établie depuis des décennies. Les salariés aiment rarement la nouveauté ; souvent, pratiquer un changement de cap stratégique violent s'avère tout simplement impossible. Mais la notion de « sentier de dépendance » peut aussi relever de la simple technologie. Une entreprise équipée en totalité en PC et qui souhaiterait fournir à ses salariés des iPad pour lire des dossiers dans le train ou l'avion se heurte à de simples problèmes de compatibilité. La liberté de mouvement d'une entreprise est donc enchâssée dans ses routines et son histoire. Or de ces routines vont découler des décisions aussi importantes que le lancement d'un nouveau produit, la fixation d'un prix ou le rachat d'un concurrent. Le différentiel de rentabilité entre les entreprises va, dans l'optique des économistes évolutionnistes, résulter de la pertinence des routines au regard du contexte. Il en va des routines de l'entreprise comme des règles en société. Celles qui permettent à l'entreprise de gagner de l'argent vont se diffuser de deux façons : d'une part en permettant aux entreprises qui les appliquent de croître, d'autre part en étant imitées par les entreprises qui ne les appliquent pas (encore). Le succès d'une entreprise a donc deux sources : la capacité à changer de routine (ce qui est souvent difficile) et la capacité à générer différentes routines et à les sélectionner. La diversité et la flexibilité entrent aussi par la porte des stratégies des entreprises.

La disparition d'une société : la France de l'Ancien Régime

Existe-t-il un fait historique qui ait reçu plus d'interprétations que la Révolution française de 1789 ? L'étude de la Révolution constitue un passage obligé pour les intellectuels, une sorte de rite initiatique. Marx clame que la révolution de 1789 est une révolution bourgeoise, qui permet au capitalisme de se substituer au monde féodal. La Révolution permet à la superstructure de s'accorder à l'infrastructure. Il l'exprime brillamment dans une phrase restée célèbre du *Manifeste du Parti communiste* : « Ces chaînes devaient être brisées, elles furent brisées. » Interprétation salutaire mais un peu trop raide car la Terreur de 1793 a succédé au libéralisme de 1789. Alexis de Tocqueville adopte une approche plus fine, en mêlant évolution économique et rôle des passions. Pour Tocqueville, tout concourt, depuis le début du monde féodal, et encore pendant l'Ancien Régime, à l'égalisation des conditions. Les commerçants, les artisans, les financiers, les agriculteurs innovent et s'enrichissent. Ceux qui réussissent forment la bourgeoisie, dont le style de vie s'approche toujours plus de la noblesse et de l'aristocratie civile. Quand la monarchie est brillante, comme sous Louis XI, elle élève le peuple. Quand elle est nulle comme sous Louis XV, elle s'abaisse elle-même. Quelles que soient les circonstances, les classes et les individus se rapprochent les uns des autres. Leur façon de s'habiller, ce qu'ils mangent, ce qu'ils lisent, tout ceci converge. Dès lors, l'inégalité de statut devient insupportable car incompatible avec cette passion de l'égalité montante. C'est ce hiatus qui va déboucher sur la Révolution et sur l'abolition des privilèges, la nuit du 4 août. Économie, classes sociales, passion de l'égalité : Marx et Tocqueville façonnent d'utiles outils pour penser l'événement.

La théorie de la sélection naturelle, formalisée par Darwin et adaptée aux évolutions culturelles par Hayek, complète utilement ces analyses « classiques ». Pour simplifier l'exposé, on peut considérer que la société d'Ancien Régime a disparu, ses structures figées n'étant pas adaptées à son environnement. Chez Darwin, les variations font l'objet d'une sélection. Pour maximiser ses chances de survie, une société doit être la plus diverse en son sein (elle présente un grand nombre de variations), et elle doit être flexible pour laisser disparaître les usages non pertinents au profit de nouveaux usages adaptés à l'environnement (elle doit autoriser la sélection). Si elle ne réunit pas ces deux conditions, le risque est grand qu'elle disparaisse sous l'effet d'un effondrement démographique, d'un appauvrissement fatal ou d'une mort violente, causée par une révolution. La France de l'Ancien Régime est à ce titre un cas d'école : dangereusement homogène et rigide.

Rigide dans la mesure où son organisation ne laisse pas l'économie respirer. Le politique tente d'imposer sa loi à l'économique. L'affectation des droits découle directement et uniquement de la volonté royale. On ne peut imaginer centralisation plus aboutie, y compris dans l'Union soviétique du XXe siècle. La vie des affaires est prise dans un corset réglementaire incroyablement serré, qui ne laisse quasiment pas de jeu à l'initiative, à l'innovation, et donc à la nouveauté. Impossible, dans ces conditions, de laisser le neuf remplacer l'ancien. Les pouvoirs publics vendent des exemptions d'impôt, des droits d'usage, des monopoles, des droits de vendre ou d'acheter, des droits d'exporter… Il est interdit de lever des capitaux pour innover si l'on ne dispose pas d'une charte royale offrant un monopole. Sans appartenance à une corporation, pas d'entreprise possible : l'économie est figée dans le marbre. On confond parfois les corporations avec nos syndicats modernes de patrons ou de salariés. Quelle erreur ! Surveillées par l'État, elles règlent dans les moindres détails les procédés de fabrication dans les secteurs, les salaires et les prix. Le respect des coutumes a force de loi : impossible d'en dévier sous peine de se détacher du savoir-faire français. Certes elles protègent parfois les salariés. Les dirigeants d'entreprises qui se plaignent aujourd'hui de la rigidité du droit du travail ne peuvent malheureusement pas, pour se consoler, faire un voyage au XVIIIe siècle pour juger par eux-mêmes de ce qu'il en était alors. Car les ouvriers n'étaient pas recrutés ou licenciés par les entreprises, mais par les guildes. Difficile, dans cette situation, d'attirer les bons et de se séparer des mauvais. Le maître de la guilde, ami du pouvoir, est le maître des entreprises. Par certains côtés, ce sont aussi les dirigeants d'entreprises bien installées et leurs propriétaires qu'elles mettent à l'abri de la concurrence. Et interdiction aux corporations de se parler ! Pas de synthèse innovante possible, puisqu'un métier ne peut pas utiliser les technologies développées dans un autre. Le Moyen Âge, si décrié, a pu inventer l'imprimerie. Deux siècles plus tard, l'Ancien Régime en aurait été incapable.

Les corporations, que Turgot avait essayé de supprimer sans succès, sont abolies à la Révolution. C'est à mettre à son crédit, mais les corporations ne constituaient que l'un des aspects d'une monarchie qui méprisait l'économie, la propriété, le marché, la liberté des prix. Dans le royaume de France, on échange des droits en contrepartie d'un engagement de loyauté politique (les nobles et le clergé sont sur-représentés dans la sphère économique). L'évolution du droit et de la réglementation s'éloigne des nécessités économiques et sociales, jusqu'à devenir parfois irrationnelle. Difficile quand on est producteur de grains de prévoir la réaction de l'État en cas de famine : confiscation, prison, guillotine… ou absence de réaction ? Nul ne sait. L'économie ne forme pas un tout, mais est divisée en de multiples compartiments, des mini-économies isolées qui ne communiquent pas, entravent la spécialisation et les économies d'échelle, rivent la France dans le sous-développement. Seules les manufactures de Colbert, portées à bout de bras par l'État, se développent un tant soit peu ; mais toujours avec en ligne de mire ce sacro-saint respect des traditions. Quant au commerce extérieur, il est aussi décrié que sous l'empire chinois au Moyen Âge : le protectionnisme est la règle. La démondialisation fait déjà recette. L'évolution darwinienne est empêchée, mais elle revient de façon invisible : l'économie souterraine se développe comme une bouffée d'oxygène, comme partout où la réglementation devient excessive, instable, imprévisible.

Pour veiller à ce que ce maillage réglementaire ne soit pas troué, ou pour que les trous ne s'élargissent pas, la monarchie avait inventé un ingénieux système : la vente des offices, c'est-à-dire des emplois de fonctionnaires. 2 à 3 % de la population adulte était ainsi employée, parfois à faire respecter la bureaucratie, parfois à ne rien faire, souvent à empêcher les entreprises de s'épanouir. Cette population, par un jeu ubuesque, était rémunérée par l'État, mais obligée de verser à la couronne un droit annuel. Les salaires étaient rarement élevés, mais le prestige exercé par le pouvoir central, drame français, compensait les faibles indemnités. Il faut rendre à César ce qui lui appartient : ce sont Henri IV et Sully, bizarrement considérés par la postérité comme éclairés, qui avaient légalisé la vénalité des offices, y voyant un commode moyen de financer les guerres tout en s'assurant le contrôle du pays, les considérations économiques passant bien après. Colbert, lui aussi sottement considéré comme un bon économiste, multipliera les ventes d'offices pour financer la guerre. Dans la seconde partie du règne de Louis XIV furent créés des offices de jurés, de procureurs du roi, de vente de bestiaux, de visiteurs de beurre frais et de visiteurs de beurre salé[1]... En 1695 furent anoblies 500 personnes contre de l'argent.

Ne croyez pas que ce maillage réglementaire soit uniquement l'objet de la volonté royale. En économie, la servitude est souvent volontaire. D'un côté, les pouvoirs publics trouvent un avantage financier à vendre des charges et des privilèges. N'oubliez pas le coût des guerres ! De l'autre, les individus qui les achètent bénéficient d'une situation quasi monopolistique, qui leur assure des profits élevés. Le drame de la concurrence, c'est que si elle conduit souvent à un optimum économique et social, personne n'y a intérêt, au moins dans le court terme, et certainement pas les dirigeants d'entreprises, qui préfèrent le confort des protections étatiques. C'est vrai aujourd'hui comme sous l'Ancien Régime. C'est le rôle des intellectuels éclairés d'être ce contre-pouvoir qui tire la politique vers la raison. Au tournant du XVIIe siècle, ce rôle est occupé par Boisguilbert, cousin de Corneille, pourfendeur de Sully et Colbert et l'un des fondateurs de la science économique. Ses dénonciations des réglementations, des droits de douanes, des charges « quatre fois plus fortes que les marchandises n'en peuvent porter » lui valent plusieurs exils.

Louis XVI aura bien tenté une libéralisation de l'économie française en plongeant les entreprises dans le bain de la compétition avec les Britanniques. C'est le traité bilatéral de baisse des droits de douane d'Eden-Rayneval, en 1786, qui vise à resserrer les liens

1. Max Gallo, *L'Âme de la France*, Fayard, 2007.

politiques avec l'Angleterre après la fin de la guerre d'indépendance américaine, comme à obliger l'industrie française à se réformer. Mais la manœuvre qui vise à imposer un rétablissement de la compétitivité industrielle de la France par la force des choses échoue, car les impôts et les réglementations n'évoluent qu'à la marge. Le chômage augmente, le libre-échange, une fois de plus, tenu pour responsable de ces malheurs.

D'où vient cette obsession antiéconomique de la monarchie française ? D'où vient cette idée saugrenue que l'économie n'est qu'un supplétif de la politique (et, dans ce cas de figure, souvent de la guerre[1]), fût-elle élevée au rang de pouvoir monarchique ? La comparaison avec la prospère Angleterre nous apporte des éléments de réponse, liés à l'organisation institutionnelle. La couronne anglaise n'est pas génétiquement plus favorable au développement économique que la couronne française. Simplement, l'histoire du pays a débouché sur l'émergence de contre-pouvoirs favorables au commerce. La Glorieuse Révolution de 1688 va entraîner la naissance d'une monarchie constitutionnelle, où la définition des politiques économiques est le résultat complexe de rapports de force entre la couronne, le Parlement et le pouvoir judiciaire. Alors qu'en France, la bourgeoisie suit pas à pas les desiderata d'un pouvoir royal ultracentralisé qui décide de

1. Dans son *Histoire de France depuis les origines jusqu'à la Révolution* (1901), Ernest Lavisse note que ce sont les manufactures qui produisent des biens destinés à la guerre, comme les vêtements des soldats, qui sont les plus prospères. À l'inverse, les industries de biens de consommation dépérissent.

tout (les états généraux ne sont plus réunis de 1614 à la Révolution, et Louis XIV a réduit au silence tous les corps intermédiaires), la bourgeoisie britannique prend son autonomie, et fait pression pour que les politiques publiques l'autorisent à s'enrichir. La politique britannique est équilibrée ; la politique française est brutale et ne permet pas aux structures économiques et légales de s'adapter à un contexte marqué par des évolutions technologiques importantes, notamment dans l'agriculture, et par le développement du commerce lointain.

L'Ancien Régime empêche l'évolution naturelle à un point inouï. Le gouvernement de Louis XIV finissant par mesurer l'ineptie du mode de financement de la guerre, le contrôleur général des finances, Michel Chamillart, imprime en 1706 des « billets de monnaie » comme un « mal nécessaire ». Hélas, la monnaie de singe est créée en telle quantité qu'elle accentue l'inflation, aboutit à la famine de 1709 et désorganise un peu plus la maigre production nationale. La monarchie tue aussi la diversité, comme l'illustre la révocation de l'édit de Nantes en 1685, peut-être la pire décision de politique publique de toute l'histoire de France. Car en dépit des contraintes et des interdits s'était formée dans le pays une bourgeoisie protestante entreprenante. Certes, sa présence ne suffisait pas à hisser l'économie française à la hauteur de la Hollande ou de l'Angleterre, mais, dans les corporations ou dans les minces interstices oubliés par la réglementation, elle produisait, réussissant même à innover. Louis XIV, pour qui économie et pouvoir étaient dissociés, avait en outre été marqué par la fronde. Avec l'obscurantiste appui intellectuel de Bossuet, il considérait que la diversité était contraire à l'unité du royaume. Il en avait conclu que le pouvoir devait être centralisé au maximum, et que la France bénéficierait d'une homogénéisation religieuse, d'autant que ces protestants à la religion déviante étaient aussi des « rebelles politiques ». Certains de ses contemporains ont aussi pensé qu'il avait voulu trouver un moyen de laver devant Dieu ses péchés d'adultère. Les dragonnades du début des années 1680 anticipent la révocation. Le mot d'ordre est « tue, tue ou catholique », en prenant bien soin d'humilier les hommes et de violer les femmes, tortures entraînant parfois la mort, outrepassant ainsi les droits qui avaient été donnés aux soldats. La conversion des enfants de sept ans est autorisée. Pragmatiques, certains pays sentent l'avantage économique qu'ils peuvent retirer de ces oppressions françaises qui virent au suicide national. Après la dragonnade du Poitou, le prince de Brandebourg propose aux huguenots de les exonérer de charges ! Les protestants ne sont pas les seuls à faire l'objet de la tentative de purification du royaume. Le seul fait d'être bohémien ou égyptien expose aux galères à perpétuité. Les Bohémiennes sont rasées. La France de Louis XIV tue la diversité en s'attaquant à l'origine des individus.

Persécutions et conversions forcées trouvèrent leur aboutissement naturel dans la révocation de l'édit de Nantes. La décision de Louis XIV piège les huguenots. Le texte de la révocation de l'édit est à relire ; sa dureté n'est pas à la gloire de la Monarchie : l'article 1 ordonne la destruction des temples protestants, l'article 3 interdit l'enseignement du culte réformé, l'article 5 exige la conversion ou l'exil des pasteurs et l'article 10 interdit aux protestants non convertis de quitter la France. Ce dernier article ne sera pas vraiment appliqué. Peu après la révocation, l'exil s'organise. D'abord, l'État laisse faire. Il réagit dans un second temps, mais les réformés ont eu le temps de s'organiser, en recrutant des guides et en fabriquant de faux papiers.

Les historiens et les économistes n'ont jamais cessé de s'interroger sur les conséquences de cet exil, qui a ajouté bien des difficultés à l'économie française, et que l'on peut replacer dans un raisonnement darwinien. En faisant fuir des centaines de milliers de protestants parmi les plus entreprenants du royaume, en voulant uniformiser le pays religieusement, on a affaibli cette diversité et on s'est privé d'une chance de voir la société sortir de la pauvreté. On a laissé l'industrie française aux rentiers, aux fanatiques des offices et des terres. Au moment où la cour de Louis XIV ne savait plus comment louer son roi, il s'est trouvé, avec Vauban, un homme plus courageux que la moyenne, au-dessus des flagorneries de Madame de Sévigné, de La Fontaine ou de La Bruyère. Vauban reste connu pour ses efficaces fortifications alors que, comme les grands esprits de son époque, c'est un généraliste : ingénieur, architecte, urbaniste, mathématiciens, il possède aussi un solide bon sens économique[1]. C'est en 1689 que le maréchal publie un petit rapport au titre explicite et à contre-courant : « Mémoire pour le

1. Provocateur ou courageux, cet homme décrit par Saint-Simon comme vertueux, doux, compatissant et obligeant publie en 1707 une proposition de réforme fiscale qui prévoit un impôt unique, payé par tous les citoyens,

rappel des Huguenots, adressé à feu M. de Louvois[1] ». Voici citée une phrase dans son intégralité, qui démontre l'habileté de Vauban à dire ce qu'il pense en prenant moult précautions : « Ce projet si pieux, si saint et si juste, dont l'exécution paraissait si possible, loin de produire l'effet qu'on en devait attendre, a causé et peut encore causer une infinité de maux très dommageables à l'État. » Dans son mémoire, Vauban signale le départ de 80 000 ou 100 000 exilés (l'historiographie récente donne des résultats variables, mais de l'ordre de plusieurs centaines de milliers de personnes, donc supérieurs à l'estimation initiale de Vauban). Il note également que ces personnes travaillaient en grande partie dans des manufactures, et qu'elles transfèrent des savoir-faire français, surtout en Hollande ou en Angleterre, puis dans des pays comme la Suisse. Vauban évoque la « ruine » du commerce. Enfin, retrouvant ses réflexes militaires, il déplore que plusieurs milliers de huguenots français soient devenus des militaires, voire des officiers, dans des pays avec lesquels la France est en conflit. Du point de vue strictement religieux, les conversions sont un échec puisque, écrit-il en homme sage, elles ont attisé la haine des protestants contre les Français et les chrétiens, et ne peuvent en aucun cas être sincères. Elles soudent ceux qui n'aiment pas le royaume de France.

---

légèrement progressif. Le roi ordonne la mise au pilon des exemplaires et interdit sa diffusion.

1. Louvois lui répond, dans le style inimitable du XVIIe siècle : « J'ai lu votre mémoire où j'ai trouvé de fort bonnes choses mais, entre nous, elles sont un peu outrées ; j'essaierai de les lire à Sa Majesté. »

Avec la révocation, la France s'est uniformisée en perdant une bourgeoisie qui aurait peut-être contribué, pour longtemps, à la conduire sur un chemin différent de celui qu'elle a emprunté : plus industriel, plus tourné vers le grand large, notamment l'Atlantique, plus tolérant vis-à-vis de l'immigration et des idées neuves. Peut-être ou peut-être pas : la sélection en aurait décidé. Darwin aurait-il considéré la révolution comme un moyen pour l'évolution de rattraper le retard perdu lorsqu'elle a été longtemps bloquée ? La révolution est-elle l'ultime réflexe de survie d'une société au bord de la disparition, qui balaie à la fois son organisation économique et politique ? En effet, l'histoire de la monarchie de Louis XV à la mort de Louis XVI est celle d'une inadaptation d'un système de gouvernance à un environnement intellectuel de plus en plus bruyant et divers : la laïcité de l'*Encyclopédie*, l'indépendance de jugement de Voltaire dans le siècle de Louis XIV, l'égalité contre l'aristocratie chez Rousseau… Le règne de Louis XVI est celui du blocage de l'économie, alors même que la révolution industrielle a commencé en Angleterre, et que les innovations qui y surgissent ne demandent qu'à être exportées et utilisées en France. Les réformes opérées par Maupeou et l'abbé Terray arrivent, en 1771, trop tard. Et le malheur de Louis XVI vient de son incapacité à voir que le système de cour à la française, avec ses dépenses et ses outrances, est incompatible avec la passion égalitaire qu'embrasse l'opinion publique et la reprise de la croissance économique en Europe qui dérange toutes les habitudes. On ne peut s'empêcher de se demander si une partie de l'Europe, dont la France, n'est pas en train de réitérer l'erreur du contrôle total de l'économie et de la centralisation, au détriment du vent agité des idées, des technologies nouvelles et de la croissance. On peut se demander si la libéralisation de l'économie ne risque pas de se faire au prix d'une révolution, donnant raison à Edgar Faure, qui déclarait : « Les Français sont toujours en avance d'une révolution parce que toujours en retard d'une réforme. »

VI

Croire

D'où vient la croissance qui participe au progrès ? Vous pourriez penser que nous avons déjà répondu à la question en étudiant Schumpeter, Solow, les théoriciens de la croissance endogène et même Marx. Pourtant, aussi précieuse soit-elle, leur réponse est incomplète. Certes, nous disposons grâce à eux de plusieurs pièces du puzzle. Le progrès technique, et donc l'innovation, occupe un rôle central dans la croissance, plus important que la sueur sans inspiration. Reste une question, non moins importante : pourquoi innove-t-on ? Pourquoi produit-on de nouveaux objets ? Pourquoi invente-t-on de nouveaux services ? Une réponse intermédiaire pourrait être : parce que les institutions sont favorables à la production. Là encore, l'analyse économique dite « institutionnelle », représentée, par exemple, par le Prix Nobel Douglass North, a accouché de solides résultats : pour qu'il y ait croissance, il faut que les individus puissent s'accaparer les résultats de leurs efforts, quitte à les redistribuer ensuite. La croissance est plus vigoureuse là où sont respectés les droits de propriété, où un État de droit garantit l'indépendance de la justice, ou la fiscalité est modérée, où l'insécurité sous toutes ses formes est contenue, où l'initiative n'est pas entravée… Ces conditions ont été réunies à la fin du Moyen Âge dans les cités-États d'Italie du Nord. Mais pourquoi à ce moment, à cet endroit ? Surtout, ces conditions sont-elles suffisantes ? Un autre élément, moins tangible, n'a-t-il pas été nécessaire ?

Au stade de notre réflexion, nous disposons d'un autre type de réponse. Nous innovons parce que cela permet de générer croissance économique et revenus. Or, les spécialistes de l'économie du bonheur nous le confirment ou nous l'apprennent : la croissance améliore le bien-être. Nous innovons donc parce que, au bout du compte, cela rend heureux ! Cela n'explique pourtant pas pourquoi la croissance économique est un phénomène, à l'échelle de l'histoire humaine, très récent. Pourquoi, à un moment donné, les humains se sont-ils donné les moyens de produire davantage pour s'enrichir ? Hasard ou nécessité ? Pourquoi ne l'ont-ils pas fait avant, ou plus tard ? Pourquoi la croissance est-elle apparue en Europe et non en Asie ? Autant de questions qui ne trouvent de réponses qu'en allant chercher dans le domaine liquide des croyances.

L'apparition de la croissance et le largage des traditions

Selon Angus Maddison, ce n'est qu'à partir de la toute fin du XVIIIe siècle que l'on assiste, pour la première fois dans l'histoire de l'humanité, à une triple augmentation : augmentation de la production, augmentation de la population, et augmentation de la production par individu. Pour la première fois, le cercle vicieux malthusien est rompu. Dans la logique malthusienne, la population suit une progression géométrique et les ressources naturelles une progression arithmétique. Le niveau de production moyen et le revenu par habitant ne peuvent donc pas augmenter, à moins d'une action volontariste visant à diminuer le nombre d'habitants sur terre. Mais ce que Malthus avait craint ne se produit plus. Le monde occidental est entré dans l'ère de l'opulence.

Est-ce à dire qu'avant le XIXe siècle, le monde n'avait jamais connu de phénomène de croissance et d'augmentation du niveau de vie ? Oui, si l'on considère les économies continentales (l'Europe, l'Amérique, l'Asie, l'Afrique…) ; non si l'on se concentre sur de petites étendues géographiques. Là encore, les travaux de Maddison ont considérablement acéré notre vision de l'histoire économique. Ce que montrent ses chiffres, c'est que l'Italie est le premier pays à connaître un phénomène de croissance au sens moderne, en particulier les cités-États que sont Venise, Gênes et Florence. Au XVIIe siècle, la croissance se déplace pour remonter vers les Pays-Bas. À la fin du siècle, grâce notamment à l'opulence d'Amsterdam, le PIB par habitant aux Pays-Bas est quasiment le double de celui de l'Italie, elle-même encore relativement riche, et plus du double de celui de la France. Existe-t-il une structure de croyances propre à ces villes ou faut-il chercher les causes de leur développement ailleurs, par exemple dans leurs dotations en ressources naturelles ou dans leur proximité avec la mer ?

PIB par habitant (dollars de 1990)

	1500	1600	1700	1820	1913	1998
Belgique	875	976	1 144	1 319	4 220	19 442
Pays-Bas	754	1 368	2 110	1 821	4 049	20 224
France	727	841	986	1 230	3 485	19 558
Italie	1 100	1 100	1 100	1 117	2 564	17 759
Royaume-Uni	714	974	1 250	1 707	4 921	18 714
Chine	600	600	600	600	552	3 117

Source : Maddison

Cette croissance avait été rendue possible par une colossale vague d'innovations, qui redorent le blason du Moyen Âge, injustement terni par l'école républicaine française. D'ailleurs, une vision économique obligerait à revoir le découpage de l'histoire en tranches presque indépendantes. Par exemple, la distinction haut Moyen Âge, bas Moyen Âge et Renaissance fait peu de sens. L'histoire est un flux continu. Le scinder en période peut éventuellement aider la pédagogie, mais au prix d'un appauvrissement du raisonnement. Considérée sur une longue période de temps, la vague d'innovations du Moyen Âge n'a pas beaucoup à envier à la révolution industrielle dépeinte par Marx, ni à celle de la Belle Époque. La chute du triste Empire romain a débouché, au contraire de la croyance populaire, sur une libération des énergies, et sur une vague d'innovations sans précédent, qui a duré près d'un millénaire, avec la Renaissance en point d'orgue. L'économie médiévale est colorée et joyeuse. En France, le niveau de vie des paysans était sans doute plus élevé en l'an 1000 qu'au siècle de Louis XIV.

Il est impossible de faire la liste de toutes les grandes innovations qui ont structuré l'économie du Moyen Âge à partir du IXe siècle et qui ont entraîné une évolution de la productivité et une augmentation, même faible mais sans commune mesure avec ce que l'on verra à partir du XIXe siècle, du niveau de vie moyen. Voici quelques exemples frappants[1]. Les Romains auraient pu utiliser l'énergie hydraulique, mais ils ne manquaient pas d'esclaves pour faire le travail. Comme souvent en économie, la contrainte génère l'innovation et fait naître la solution. Le manque de bras oblige les propriétaires à mécaniser la production. Ainsi, dès le Xe siècle, un tiers des domaines franciliens situés le long de la Seine utilisent des moulins à eau pour moudre le grain et produire de la farine. Au début du XIe siècle, on en dénombre plusieurs milliers en Angleterre. Au XIIIe siècle, dans le centre de Paris, on en trouve un tous les 22 mètres. Le moulin à eau s'avère être une véritable « technologie multi-usages », permettant de mécaniser la scie du bois, l'affûtage des couteaux ou la mise en charpie des chiffons pour fabriquer du papier. La technologie du moulin à vent se développa dans le sillage de celle du moulin hydraulique. À la fin du XIIe siècle, l'Europe en était pour ainsi dire couverte. Énergie hydraulique, énergie éolienne, énergie animale aussi : on apprend à atteler les chevaux de manière à faire reposer le poids des

1. Ces exemples proviennent de l'un des ouvrages qui ont contribué à la réévaluation économique du Moyen Âge. Il s'agit du livre de Jean Gimpel, *La Révolution industrielle du Moyen Âge*, réédité au Seuil en 2002.

marchandises sur leurs épaules, et non sur leur cou. La fixation de fers permet de limiter l'usure des sabots. L'araire, qui ne fait que griffer les sols légers, est remplacé par la charrue lourde, qui retourne les sols lourds et humides. Avec la charrue, les gains de productivité agricole doublent, et l'exode des paysans vers les villes peut commencer. C'est le début de l'industrialisation, avec la création de manufactures de draps. Et comment ne pas évoquer l'assolement triennal appris dans nos manuels d'histoire de collégiens ? Un tiers des terres est laissé en jachère, ce qui augmente leur rendement et permet de développer l'élevage, de moutons surtout, animaux qui fournissent à la fois du lait, du beurre, du fromage, de la laine (principale matière première industrielle de l'époque), du parchemin et de la viande !

Comment travailler sérieusement et longtemps si l'on ne voit pas ? L'être humain a toujours souffert de problèmes de vue, souvent dès l'enfance. L'invention des lunettes, dans la seconde partie du XIIIe siècle en Italie du Nord, va avoir des conséquences sur une large gamme d'activités : agriculture, artisanat, industrie naissante. Les lunettes augmentent le confort de travail et permettent de demeurer à l'ouvrage après quarante ans, à l'apogée de nos compétences. Très vite, cette industrie génère des dizaines de milliers d'emplois, à Florence ou à Venise[1].

Comment s'organiser sans notion précise du temps ? Presque aussi importante que les lunettes, l'horloge permet de rationaliser le commerce et l'industrie. C'est

---

1. Chiara Frugoni, *Le Moyen Âge sur le bout du nez*, Les Belles Lettres, 2011.

pourquoi les villes s'en équipent, et y attachent un système de cloches, afin que tous les habitants puissent en profiter. De façon intéressante, le sociologue américain Rodney Stark note que les horloges ne sont pas le monopole de l'Occident. Les Chinois savaient parfaitement les fabriquer. Mais inventer n'est pas adopter. Les Mandarins, hostiles aux principes de la mécanique, les firent détruire. L'Islam refusa leur utilisation car elles sécularisaient le temps. En économie, l'adoption importe autant que la technique. La foi dans le progrès et le goût du commerce comptent aussi.

Le commerce a toujours été affaire de bateaux. Là où la Grèce et Rome nous avaient laissés avec les rames de direction, le Moyen Âge nous propose le gouvernail d'étambot : un homme suffit à diriger un bateau, quelle que soit sa taille, quel que soit le temps. La boussole, inventée au XIe siècle, flanquée d'une rose des vents, permet de savoir où l'on va, y compris la nuit, y compris en haute mer. Les galères sont équipées de canons, ce qui permet de tenir les navires ennemis à distance, et de ne pas mobiliser la totalité d'un équipage pour se battre.

Il est temps de distinguer invention et innovation. L'invention est une notion technique, l'innovation une notion économique. L'invention concerne un nouveau procédé technologique, l'innovation inclut une composante applicative : il s'agit d'une invention susceptible de trouver un marché potentiel. Ce point est central tant il convient de rappeler que la croissance économique émane de l'innovation et non de l'invention, bien que l'invention soit son préalable. Plus encore, on observe souvent dans l'histoire une déconnexion entre les territoires d'invention et les territoires d'innovation, comme si certains peuples étaient doués pour la technique et d'autres pour l'économie. Le génie européen du Moyen Âge, c'est d'avoir innové tant et plus, mais en ayant, en réalité, peu inventé. La roue hydraulique a été pensée par les Romains. Les lunettes ont été inventées à Pise, mais c'est Venise qui en a tiré économiquement avantage. Ce sont les Chinois qui ont inventé le papier puis l'imprimerie, ainsi que la poudre à canon, la boussole et la porcelaine, peut-être même la sidérurgie. Mais en Chine, l'invention restait dans le domaine scientifique et ne débouchait pas sur l'effervescence de la destruction créatrice. Pourquoi ? De multiples raisons sont à mobiliser pour apporter une réponse, qui relève à la fois des institutions et des croyances. L'État chinois était interventionniste, totalitaire même, interdisant certaines activités, nationalisant les plus lucratives et manipulant autoritairement les prix, empêchant l'évolution darwinienne de laisser les nouvelles activités, les nouvelles entreprises et les nouveaux procédés de fabrication remplacer ceux qui auraient dû ne plus avoir cours. L'État chinois a en outre longtemps manifesté une grande méfiance vis-à-vis du commerce maritime international, préférant mener une politique tournée vers l'intérieur (ce trait caractérisera aussi la politique française, notamment sous les rois capétiens). La dynastie des Ming, en particulier, considérait l'intérêt de certains Chinois pour le commerce lointain comme un signe de désintérêt pour le pays profond, et comme une source d'inégalités et d'émigration. Mais la politique d'un État ne tombe pas de nulle part. Elle agit toujours en relation avec les croyances d'un peuple. La servitude, fût-elle simplement économique (ce qui n'est pas le cas au Moyen Âge chinois, où le totalitarisme cercle tous les aspects de la société), est, au début du moins, volontaire. La société chinoise médiévale place en haut de ses valeurs la coutume, l'ordre, le traditionalisme et la conservation. Des choix peu compatibles avec l'esprit de créativité et la destruction créatrice. L'invention est possible, mais l'innovation n'est tolérée que tant qu'elle ne dérange point l'ordre établi[1]. Le consensus chinois ne croit guère au progrès, alors que l'idée de progrès, d'abord portée par le christianisme puis laïcisée, notamment par Pic de la Mirandole, illumine l'esprit européen. Comme l'écrit l'historien David Landes : « Ce fut une ère de méthodes nouvelles d'activité et de fabrication, qui firent de l'innovation une vertu et un objet d'émerveillement, une ère d'utopies qui se plaisaient à imaginer des lendemains qui chantent plutôt qu'à regretter les paradis perdus[2]. »

La croissance, comme presque tous les phénomènes économiques, est la conséquence de multiples causes. À chaque phénomène, il existe plusieurs raisons qui, ce n'est pas contradictoire, peuvent être hiérarchisées. De nombreuses causes existent, mais d'importances diverses. Ces causes réagissent les unes sur les autres. Il existe depuis des siècles un débat pour savoir si la croissance a des causes intellectuelles (ces fameuses croyances) ou matérielles. À cela, le Prix Nobel Dou-

1. David Landes, *Richesse et Pauvreté des nations*, 2000, Albin Michel.
2. David Landes, *op. cit.*

glass North nous répond : les deux. Plus précisément, ce sont les interactions entre les croyances et les événements tangibles qui vont amener les individus à mettre en place des institutions favorables à la croissance[1]. En effet, une structure de croyance comme une religion va amener les individus à interpréter les événements d'une certaine façon, et à adopter un certain type de réactions. Ce qui a permis le développement économique de la fin du Moyen Âge et du début de la Renaissance dans certains territoires européens, c'est d'une part le cadre religieux chrétien et d'autre part le contexte géographique, économique et politique de l'époque. Les facteurs immatériels et les facteurs matériels importent tous deux.

L'aristocrate rentier

Instrumentaliser Jésus-Christ, l'ami des pauvres, pour en faire un originateur de la croissance capitaliste, quel blasphème pour les catholiques, quelle provocation pour les autres religions, quel non-sens pour les athées ! Pourtant, l'étude soigneuse du début de l'ère chrétienne conduit à un diagnostic économique qui peut passer pour de l'anachronisme : le Nouveau Testament propose un terreau de croyances qui rend possibles et même nécessaires le progrès et la croissance, un terreau dont on pourrait peut-être s'inspirer à

1. Douglass North, *Le Processus de développement économique*, Éditions d'Organisation, 2005.

nouveau aujourd'hui, nous citoyens de vieux pays qui ne croyons plus à rien.

Évoquer le rôle fondateur du christianisme sur le développement économique moderne fait prendre un double risque. En premier lieu, celui de passer pour un prosélyte. Absurde dans mon cas puisque je suis non croyant. Je n'ai pas la foi et je le regrette, car ce doit être, par bien des aspects, réconfortant. Mon approche de la religion catholique est donc purement intellectuelle. En second lieu, celui de paraître ethnocentré, pour ne pas dire raciste. En effet, démontrer que l'extension du christianisme est l'un des facteurs qui ont permis l'apparition du phénomène de croissance moderne, c'est affirmer en creux que les autres religions n'ont pas été capables de tenir le même rôle. C'est vrai mais, là aussi, il semble que la chose se démontre assez bien scientifiquement, ne serait-ce que parce que, en effet, la croissance économique est apparue sur un territoire de tradition catholique et pas ailleurs. Bien sûr, il serait vain de vouloir clore par la seule raison le débat concernant un sujet aussi passionnel. Les thèses de Max Weber au tout début du XXe siècle concernant les conséquences de l'éthique protestante sur le capitalisme suscitent d'ailleurs encore beaucoup de discussions de salon alors même qu'elles ont été abandonnées par les historiens faute de preuves[1]. Weber soutenait que la réforme protestante, en mettant l'accent sur la frugalité et donc l'épargne, sur la responsabilité et donc le travail, avait ouvert la voie au développement du capitalisme et de la crois-

1. Max Weber, *L'Éthique protestante et l'esprit du capitalisme*, Champs-Flammarion, 1999.

sance. Mais ni l'un ni l'autre n'ont attendu la Réforme ! Et les familles flamandes les plus riches n'étaient pas protestantes ! Faire du christianisme un facteur de la croissance économique moderne, cela pourrait sous-entendre également que les autres religions sont antinomiques avec l'idée de développement économique. Une telle idée, sur le fond, serait absurde. Chacun voit bien que la croissance économique est forte dans des pays à tradition taoïste ou bouddhiste (la Chine), hindouiste (l'Inde), musulmane (l'Indonésie ou les pays d'Afrique du Nord). La croissance est donc, dans le monde contemporain, largement indépendante de la religion, et c'est très bien ainsi[1]. Mais la question posée ici n'est pas : certaines croyances religieuses empêchent-elles le développement économique, mais plutôt pourquoi, après l'effondrement de l'Empire romain, est-ce le monde catholique qui s'est développé en premier ? Il ne s'agit aucunement d'établir une hiérarchie intemporelle entre les religions mais de comprendre, à un moment donné de l'histoire, en quoi la structure de croyance attachée à la religion catholique a formé un socle favorable à l'établissement d'institutions favorables à la croissance.

Il faut se rappeler que les religions ou les grandes philosophies antérieures au christianisme considé-

1. La croissance est aujourd'hui indépendante de la religion pratiquée. En revanche, elle n'est pas indépendante du fait de croire. En 2003, Robert Barro, l'un des plus grands économistes américains, a montré que si la croissance entraînait une diminution des pratiques religieuses, croire en l'au-delà est favorable à la dynamique de l'économie. Voir R. Barro et R. McCleary, « Religion and Economic Growth », National Bureau of Economic Research, *Working Paper 9682*, 2003.

raient que le rôle de l'homme était de se fondre dans la nature[1]. Selon la philosophie stoïcienne telle qu'elle était enseignée à Rome, la nature est harmonie. L'air est pur, se baigner dans la mer est un plaisir, les oiseaux chantent de la musique et la rotation des planètes est régulière. La peur de la mort n'a pas de raison d'être car un être humain fera toujours partie du cosmos éternel, fût-ce au prix non pas de sa disparition pure et simple mais du passage d'un état conscient à un état définitivement inconscient (ce qui ne suffit sans doute pas à éloigner définitivement notre insatisfaction quant à notre état de mortels) ! L'univers est tout à la fois parfait, rationnel et divin, dans la mesure où il n'est pas le résultat des actions de l'homme[2]. En dehors de quelques catastrophes naturelles, qui sont des accidents, le monde est merveilleux en un sens quasiment magique. Or, si la nature est merveilleuse, les hommes doivent l'utiliser comme modèle, notamment dans les domaines de l'art, du droit et de la politique. Voilà donc, dérivée de l'admiration et de l'observation du monde tel qu'il est, la justification de la morale aristocratique et de ses conséquences politiques et juridiques. Il existe spontanément des individus plus beaux et plus intelligents que les autres. Ce sont eux qui doivent dominer ce qu'un marxiste appellerait les « classes » inférieures. L'aristocratie est un mode

1. Comme l'explique Luc Ferry, la philosophie a toujours laïcisé les messages religieux. C'est le cas des stoïciens par rapport à la mythologie grecque et des républicains par rapport au christianisme.

2. Je m'inspire notamment des nombreux ouvrages de Luc Ferry, surtout *Apprendre à vivre*, Plon, 2006.

d'organisation de la société qui, pétris que nous sommes sans le savoir de valeurs chrétiennes, nous choque aujourd'hui. Mais l'organisation sociale aristocratique correspond à une certaine vision du monde, et donc de l'économie : l'harmonie avec la nature, y compris dans ses grandes inégalités, que les Grecs et les Romains considèrent comme justes, au contraire de nous. En effet, dans un monde aristocratique, le rentier qui fait travailler les autres sans travailler lui-même, sans générer de « valeur ajoutée », occupe la position la plus haute dans la société. Il guerroie, s'adonne au sport, joue, mais le travail est réservé aux esclaves. Une telle éthique n'est pas favorable à la croissance. Certes, on a pu observer, avant Jésus-Christ, des périodes d'innovation (par exemple l'invention de l'agriculture il y a environ 10 000 ans), mais jamais de matérialisation, sur un territoire donné, d'une croissance économique partagée qui améliore le sort du plus grand nombre. Pour qu'une telle croissance soit possible, il faudra tout simplement que l'Occident change son système de valeurs. Il faudra le passage d'une éthique aristocratique à une éthique de la raison et du travail. Il faudra aussi que la sagesse réside dans la volonté de surmonter la nature, et non pas dans une sorte de résignation par rapport à ce que le monde nous propose, qu'il s'agisse de la beauté d'une fleur ou de la douleur d'une maladie.

Le rôle du travail

Le christianisme a fait passer le monde occidental d'une éthique aristocratique à une éthique du mérite. On a peine à imaginer ce qu'a dû être, à l'époque, ce renversement des valeurs. Un moyen d'y arriver est de se rappeler à quel point les Romains ont dû persécuter les premiers chrétiens pour tenter de leur retirer de l'esprit, par la force, leur vision de l'homme-Dieu par opposition à l'absence d'incarnation humaine des dieux. Les premiers chrétiens sont accusés pêle-mêle d'avoir incendié Rome, d'être responsables des dérèglements climatiques et de crucifier des ânes. Les chrétiens sont des avant-gardistes au milieu d'une foule romaine largement hostile, habituée à satisfaire sa multitude de dieux désincarnés, scandalisée qu'un homme, le Christ, puisse prétendre enterrer tout un panthéon, et dont la vie sociale est enchâssée dans une organisation aristocratique.

Dans les cosmologies grecques, la hiérarchie des animaux et des hommes est naturelle. La nature confère aux individus des dons, ces dons confèrent une place immuable dans la société. Il y a ceux qui commandent et ceux qui obéissent. Il existe, tout en bas de la société, une place naturelle pour les esclaves. Par définition, l'aristocrate n'a pas besoin de travailler puisqu'il est pétri de dons. Il peut faire la guerre ou la fête, prier, mais pas travailler[1]. Dans l'éthique chrétienne, ces dons existent, mais ils n'ont pas de valeur en eux-

1. Luc Ferry, *La Révolution de l'Amour*, Plon, 2010.

mêmes. Seul compte leur usage, c'est-à-dire la capacité et la volonté que l'on a d'utiliser correctement son libre arbitre. Voilà donc, avec les chrétiens, un bouleversement philosophique total. L'homme est individu, libre, et sa grandeur ne vient pas de ses talents mais de ce qu'il en fait. Nous sommes donc tous égaux, puisque nous sommes doués de libre arbitre. La liberté importe plus que la nature. Nous sommes égaux dans notre capacité à travailler beaucoup ou peu, à faire le bien ou à faire le mal. On a vu des paysans analphabètes cacher des Juifs pendant la guerre, et des normaliens incapables de choisir entre la résistance et la collaboration. Le péché est une affaire personnelle et non collective. On est responsable de ses propres actes. Dans l'optique chrétienne, tous les hommes se valent *a priori*. Seul l'usage des talents, certes inégalement répartis mais peu importe, compte. Le travail est donc une vertu en lui-même, et saint Benoît écrit : « L'oisiveté est l'ennemie de l'âme. » Dans l'Ancien Testament, ce n'est pas Dieu qui sauve Noé mais le travail : « Fais-toi une arche en bois résineux », lui commande Dieu. Dans le Nouveau Testament, l'Évangile selon Matthieu contient la parabole des Talents, où un maître récompense ses serviteurs courageux et blâme le plus paresseux.

Le lien entre christianisme et croissance est fort. Si fort que Rodney Stark[1] développe la thèse selon laquelle les prêtres ont été les premiers entrepreneurs capitalistes. On savait qu'il était inconcevable de ne

1. *Op. cit.*

pas travailler dans les abbayes. Le champagne, les confits d'oie, de nombreux vins (beaucoup de Bourgogne, car les monastères sont nombreux dans la région), la bière, mais aussi, leur nom est évocateur, le Cointreau, la Chartreuse ou la Bénédictine sont nés de cette volonté de produire en cultivant la terre et de lutter contre la paresse[1]. Dieu donne l'exemple, qui ne se repose que le dimanche. Les domaines monastiques ont, comme les exploitations agricoles, bénéficié des gains de productivité issus de l'utilisation de la charrue ou de l'assolement triennal. Leur « cœur de métier » s'est donc naturellement déplacé des activités paysannes vers les activités productives. Un développement à la Adam Smith s'ensuit : là où les domaines monastiques avaient pris l'habitude de vivre en autarcie, produisant leurs denrées alimentaires, leur bois et leurs draps, progressivement, la spécialisation fait son œuvre. Certains domaines produisent exclusivement du vin, d'autres des céréales, d'autres de la viande... Les domaines s'urbanisent et deviennent de véritables petites villes comprenant ateliers, commerces, administrations et écoles. L'usage de la monnaie s'y répand. Les domaines accumulent les profits et les réinvestissent pour accroître leur activité. Les liquidités non dépensées sont prêtées. L'Église conduit aussi des activités bancaires : Cluny prête aux nobles bourguignons ! Elle fait crédit en contrepartie d'une garantie hypothécaire, et saisit les biens hypothéqués (des terrains) en cas de non-remboursement. Elle peut ainsi considérablement agrandir les surfaces qu'elle possède.

1. Marc Ferro, *Des Grandes Invasions à l'an 1000*, Plon, 2007.

Disons-le clairement : dès le IXe siècle, les églises sont de grandes entreprises. Cluny préfigure L'Oréal. C'est grâce à l'économie que l'Église devient le principal propriétaire terrien de l'Europe, avec des revenus excédant ceux de la plupart des rois. Le sociologue américain Randall Collins va jusqu'à affirmer que le « dynamisme de l'économie médiévale fut principalement celui de l'Église[1] ».

Produire est une chose, vendre en est une autre. Encore une fois, il convient de corriger certaines idées reçues. L'Église ne condamne pas le commerce (elle le pratique !), mais l'amour de l'argent, ce qui est différent. Le commerce est éthiquement neutre. Saint Augustin souligne que chacun, quelle que soit sa profession, peut faire le bien comme le mal. Saint Augustin comprend également que le prix ne dépend pas des coûts de production, mais du rapport entre l'offre et la demande. Simplement, l'acheteur ne doit être ni trompé ni forcé. Il démontre ainsi la compréhension de l'Église et son acceptation des mécanismes du marché. Certes, il y aura, pendant plusieurs siècles, des résistances théologiques au développement du commerce et de l'accumulation des profits. Mais à partir du XIIe siècle, l'essentiel de ces objections est levé. L'Église, au contact des réalités économiques, les a pleinement acceptées. Plus, elle a fourni une impulsion décisive au développement du capitalisme occidental.

---

1. Randall Collins, *Weberian Sociological Theory*, Cambridge University Press, 1986.

Le rôle de la raison

Il est courant d'opposer la foi et la raison, l'une se substituant à l'autre. En effet, s'il suffit de croire, il n'est point besoin de raisonner. À l'inverse, l'existence de Dieu, comme sa non-existence, sont indémontrables. La foi religieuse nous tombe dessus, parfois brutalement, sans prévenir, comme Pascal, qui connaît son illumination mystique suite à son accident de carrosse :

> « L'an de grâce 1654,
> Lundi, 23 novembre, jour de saint Clément, pape et martyr et autres au martyrologe,
> Veille de saint Chrysogone, martyr et autres.
> Depuis environ 10 heures et demie du soir jusqu'à environ minuit et demi,
> Feu. »

À quoi sert la raison alors ? Ce sophisme fait peu de cas de la finesse de la pensée chrétienne. Car la religion catholique laisse, peut-être sans le vouloir, une grande place au raisonnement et valorise la complémentarité entre la foi et la raison parce qu'elle est religion de la parole et non du livre. Le Christ s'exprime par des paraboles qui requièrent un effort d'interprétation, c'est-à-dire d'usage de la raison. Jésus n'a rien écrit. Il a donc fallu reconstituer son enseignement à partir de paraboles écrites par d'autres. Pour les premiers théologiens, seul l'exercice toujours plus intense de la raison permet d'interpréter la volonté de Dieu.

C'est l'objet de la somme théologique de saint Thomas d'Aquin, publiée à la fin du XIIIe siècle, de montrer que seule la raison peut permettre d'aborder l'essence des choses. Pour lui, la théologie doit utiliser les outils de la logique et de la philosophie pour fonder cette discipline de l'esprit qu'est la scolastique. Dieu est lui-même un être rationnel. L'univers, sa création, est donc rationnel également. Le rôle de la science est à cet égard central. Il s'agit rien moins que d'expliquer les secrets de la Création, une démarche qui guidera Newton, Kepler et Galilée. Les écrits chrétiens sont en quelque sorte plus vagues que ceux des autres religions. Ils suscitent donc de fécondes interrogations, auxquelles les universités vont s'efforcer de répondre[1]. Car c'est bien l'Église qui fonde l'université, dès le XIIe siècle, d'abord à Paris et Bologne, puis à Toulouse, Orléans ou Salamanque. Cette dernière verra naître une véritable école de pensée économique, mise en lumière par Schumpeter dans sa monumentale *Histoire de l'analyse économique*. Elle mettra en avant le rôle moralement neutre et économiquement efficace de la propriété privée.

La raison, c'est aussi l'acceptation du temps linéaire, là où la plupart des autres religions et croyances considèrent le temps comme cyclique, avec des retours et de nouveaux départs incessants. L'histoire n'a donc pas de sens. Le temps linéaire, au contraire, suggère une

1. Ceux qui visitent la cathédrale de Chartres peuvent voir, sur l'un des vitraux, les quatre évangélistes postés sur les épaules des prophètes de l'Ancien Testament : la connaissance du monde s'acquiert en s'appuyant sur les recherches de ceux qui nous ont précédés et qui ont, avant nous, fait usage de leur raison.

direction vers le bas (le déclin) ou vers le haut (le progrès). La conjugaison du travail, de la raison, de la lutte contre la nature et du temps linéaire forme un terreau favorable à la croissance libératrice qui s'oppose aux fatalités de la vie.

Le progrès contre la nature

Réfléchissions à la question suivante : quelle est la croyance chrétienne qui a permis aux individus de l'ère médiévale de mettre en place des institutions (éducation, sécurisation des routes commerciales, protection des droits de propriété, abandon progressif du servage...) favorables à la croissance économique ? La réponse est, semble-t-il, l'idée selon laquelle l'homme est capable de s'élever contre les lois de la nature. Pour comprendre cette idée qui a fait son chemin pendant plus d'un millénaire, et qui est peut-être en train de quitter les pays développés, il est nécessaire de partir de la notion d'individualisme. Il existe des milliers de thèses sur l'origine de l'individualisme. Ce qui est certain, c'est que l'individualisme, au sens non de l'égoïsme mais de la croyance dans les capacités de l'individu, est favorable à la croissance. Pourquoi entreprendre si l'on ne s'estime pas capable d'améliorer sa propre condition et celle de ses proches ? Sans foi dans l'individu (ce qui n'exclut pas les solidarités interindividuelles, mais en constitue au contraire un fondement), il n'est point de croissance possible, point de progrès possible. Or la naissance de cet individualisme est facilitée par l'incarnation de Dieu en un humain qui aime et souffre. Là encore, il faut imaginer l'extraordinaire rupture que constitue le christianisme. Le Christ est plus humain que n'importe quel dieu jusqu'alors. Jean exprime en une phrase l'incroyable : « Il a planté sa tente parmi nous[1]. » Le divin n'est plus incarné par l'ordre cosmique, mais par une personne ! Les Romains moquent ce dieu qu'on pourrait croiser dans la rue. Pourtant, le christianisme va emporter les religions qui lui sont antérieures, pour de nombreuses raisons, mais notamment parce qu'il valorise l'homme, il lui confère un rôle qui va au-delà de la réalisation régulière de rites. La personnalisation du Christ va de pair avec la valorisation de l'individu, y compris en tant que *homo economicus*, y compris en tant qu'entrepreneur. Il y a là un point de rupture essentiel par rapport à la période qui a précédé l'ère chrétienne : non seulement l'homme n'a pas à conserver passivement la place que la nature lui a donnée à la naissance (opposition à l'idée d'harmonie avec le cosmos, et donc à la morale aristocratique), mais le rôle de l'être humain est valorisé en tant que tel et « supérieur » à la nature puisque Dieu est lui-même homme. En découle une véritable morale favorable à l'innovation. Ce grand économiste qu'est saint Augustin écrit ainsi au début du Ve siècle :

> « Le génie de l'homme n'a-t-il pas en effet inventé d'innombrables et d'étonnantes techniques et trouvé leurs

---

1. Cité par Lucien Jerphagnon dans sa conférence « Pourquoi le christianisme », dans Lucien Jerphagnon et Luc Ferry, *La Tentation du christianisme*, Grasset, 2009.

applications, en partie comme résultat de la nécessité, en partie comme celui d'une inventivité exubérante ? »

D'ailleurs, de toutes les innovations déjà citées dans cet ouvrage, aucune n'a été remise en cause par les théologiens, et les partisans de la décroissance auraient été moins audibles dans le Moyen Âge européen qu'ils ne le sont aujourd'hui.

La sortie du système féodal et les heureuses conséquences économiques de la peste

Pour comprendre les interactions entre croyances, réalités matérielles et institutions, l'étude de la grande peste du XIVe siècle remplit un rôle pédagogique difficile à égaler. On l'a dit, depuis le IXe siècle, une vague d'innovations sans précédent avait permis d'augmenter la productivité dans le secteur agricole. Les domaines monastiques en avaient largement profité, et des villes avaient commencé à se constituer dans toute l'Europe. Le féodalisme, malgré tous ses défauts, avait en outre réussi à rétablir un semblant de sécurité, après les invasions antérieures à l'an 1000. Après la chute de l'Empire romain, l'Europe avait été assaillie de toutes parts : du nord par les Vikings, du sud par les Maures, de l'est par les Magyars et les Hongrois. À force de batailles, d'embuscades, mais aussi d'escortes des convois d'Européens et surtout de structuration militaire, les envahisseurs s'assagirent, s'installant même parfois pacifiquement en Europe. La croissance démographique avait repris au début du deuxième millénaire.

Néanmoins, il faudra attendre le XIe siècle pour voir les premières traces d'un phénomène de croissance économique au sens moderne. En effet, la croissance ne peut se diffuser que si les droits de propriété sont définis, afin de permettre à ceux qui innovent de conserver les bénéfices de leurs investissements. La croissance est ainsi affaire d'institutions. Dans l'organisation féodale, l'incitation à innover est réduite au strict minimum. Le régime féodal se base sur la définition d'obligations réciproques, qui relèvent de l'échange en nature, et non de l'échange monétisé comme dans nos économies modernes. La noblesse féodale fournit les services publics régaliens, c'est-à-dire la sécurité et la justice (elle doit elle-même assurer la sécurité du seigneur ou du roi, ce qui prend souvent la forme d'un nombre annuel de jours de combat). En échange, les serfs cultivent les terres communales, qui ne leur appartiennent pas, afin de répondre aux besoins alimentaires de la noblesse. Il s'agit d'un système d'imposition en nature, qui doit être distingué de l'esclavage. En effet, les serfs sont parfaitement libres de quitter les terres qu'ils cultivent. Ils disposent en outre d'un temps libre qu'ils utilisent pour cultiver des terres pour leurs propres besoins et ceux de leur famille. L'organisation entre roi, vassaux et serfs est donc basée sur un contrat implicite, qui entraîne des obligations réciproques en nature. Dans une telle configuration, chacun est incité à faire le strict minimum. Les paysans ont peu d'intérêt à innover. N'étant pas propriétaires de leurs terres, ils ne peuvent « capter » individuellement le fruit de leurs investissements, les rentabiliser comme ils le souhaitent. Ils produisent juste suffisamment pour nourrir la noblesse, le seigneur et sa cour et leur propre famille. Il n'y a pas de raisons de réaliser des surplus qui, par exemple, pourraient faire baisser les prix des denrées et générer des gains de pouvoir d'achat partagés par tous.

La sortie progressive du système féodal au profit d'un système de propriété, accélérée par les grandes épidémies du XIVe siècle, va mettre en place les conditions d'un développement des institutions favorables à une croissance économique forte et partagée. Dès le XIe siècle, les prémices d'un système de propriété privée apparaissent. Une grande partie des terres de bonne qualité ont déjà été exploitées, ce qui, en dépit des innovations précédemment citées, tire vers le bas les rendements agricoles. Les seigneurs féodaux voient mécaniquement se détériorer le rendement de leurs revenus en nature. Ils vont donc rechercher des moyens de taxation plus souples et monétisés. C'est la naissance de l'impôt moderne, qui prend la forme d'une taxe annuelle forfaitaire[1]. En l'occurrence, l'impôt libère puisque le serf paie au lieu de produire pour les autres. Mais cette liberté a une face peu agréable : les paysans doivent produire et, si possible, vendre une partie de leurs productions. Pour cela, ils ont besoin de terrains. Ils vont donc demander aux seigneurs de leur louer des terres qu'ils pourront exploiter librement et exclusivement. C'est la naissance de la rente. Une véritable classe de paysans entrepre-

1. Henri Lepage, *Demain le capitalisme*, Pluriel, 1978.

neurs va alors se développer. En effet, les paysans les plus entreprenants, ceux qui sont le plus enclins à utiliser les procédés techniques les plus récents pour cultiver leurs terres, vont demander à voir leur propriété mieux protégée. On retrouve ce phénomène dans toute l'histoire économique : ce sont ceux qui investissent le plus pour valoriser leurs biens (ici des terrains agricoles) qui ont le plus intérêt à bénéficier d'une protection juridique précise. À ce stade, les seigneurs sont toujours propriétaires de leurs terres, et les paysans n'en sont que les locataires. Mais des locataires qui exigent de voir leurs terrains soigneusement délimités et le produit de leur travail (les récoltes) protégé. Se met donc en place un système de protection juridique qui préfigure le droit moderne, mais qui est incompatible avec la notion de propriété collective que l'on trouve dans de nombreux villages au Moyen Âge. L'extension du droit et de la contractualisation va amener l'apparition de nouveaux instruments juridiques : garantie, codes commerciaux, partenariats. Cette « révolution commerciale » conduit aussi les rois et les princes à raisonner en termes économiques. Ceux-ci, pour augmenter leurs richesses, vont vouloir « importer » de la base fiscale, attirer dans leurs fiefs des producteurs. Se crée une concurrence entre les souverains qui limite les charges imposées aux paysans : pour rester attractifs, les territoires doivent assurer la sécurité, fournir des « services publics » de qualité, mais en conservant une fiscalité modérée. Les échanges se développent sur une base géographique de plus en plus large permettant, dans la logique d'Adam Smith et de Ricardo, la réalisation de gains liés à la spécialisation. Pour faire venir les paysans et les artisans les plus entreprenants, les souverains doivent aussi assurer un certain nombre de libertés politiques, afin que la créativité, en tous domaines, puisse s'exprimer. L'absence de résurgence de grandes structures politiques centralisées après la désintégration de l'Empire romain (et à la différence de l'empire chinois, où le mandarinat étouffe toute velléité de changement) empêche l'oppression et limite les charges fiscales. L'arrangement institutionnel européen décentralisé (ah, si l'on pouvait retenir ce que la décentralisation politique a fait dans l'histoire pour la croissance...) devient compatible avec un développement économique soutenu.

Encore fallait-il, pour que l'économie occidentale aborde ce nouveau stade de son développement, que le besoin de progrès, comme lutte contre la nature, se fasse jour. Rien ne dit que le simple stimulus de la propriété aurait suffi. L'explication technique est irremplaçable, mais pas suffisante. Le christianisme apportait ce substrat culturel, avec ses valeurs d'individualisme et de raison, voire d'exploration scientifique. Encore fallait-il que la propriété privée soit moralement justifiée. Elle l'est par saint Augustin dès le Vᵉ siècle puis, avec une grande clarté, par saint Thomas d'Aquin au XIIIᵉ siècle. Plus tard, au tournant du XIVᵉ siècle, Guillaume d'Ockham affirme que le droit de propriété est supérieur au droit du souverain, lequel ne saurait imposer, par exemple, des mesures d'expropriation arbitraires. L'histoire va montrer que l'association des valeurs de progrès et la souplesse des institutions précapitalistes donnent à l'économie une résilience inattendue. En particulier, les catastrophes du XIVᵉ siècle vont déboucher sur une amélioration tout à fait exceptionnelle et inattendue de la situation économique, et elles vont accélérer la transition vers un système capitaliste.

L'épisode de peste du milieu du XIVe siècle frappe une économie qui aura connu une première phase de croissance, même si, du point de vue quantitatif, elle demeurera très inférieure à celle du XIXe. Il n'empêche : la situation des habitants de l'Occident est nettement meilleure au milieu du XIVe que quatre siècles plus tôt. On a du mal à imaginer le choc qu'a pu être l'épidémie de peste à l'époque. Cette maladie, avatar de la mondialisation et de l'urbanisation[1], venue du Proche-Orient et entrée en Europe par la porte génoise, à une époque où la science ne permettait de comprendre ni les causes ni évidemment les moyens d'en venir à bout, aura tué en cinquante ans un tiers de la population européenne ! Des villages entiers disparaissent, et certaines villes comme Sienne ou Florence voient la moitié de leur population succomber. Alors qu'on aurait pu penser que l'économie occidentale serait durablement affectée par un tel choc démographique, il n'en sera rien.

Bien sûr, pendant le temps de l'épidémie, les commerces ferment, les voyages s'interrompent et la misère progresse (il faut lire le *Décaméron* de Boccace, qui a vécu la grande peste à Florence). Mais la reprise éco-

1. La mondialisation des échanges de marchandises et donc de la circulation des individus a toujours été un vecteur d'épidémies. Couplée à l'urbanisation, elle rend difficile l'arrêt de leur propagation. C'est vrai pour la peste comme pour le SRAS. Sans médicaments efficaces, c'est la catastrophe assurée.

nomique qui s'ensuit est rapide et forte. La diminution du nombre de travailleurs fait décoller les salaires. Les rois et les princes se croient du coup obligés de limiter les rémunérations pour protéger les entreprises. La naïveté (ou l'incompétence ?) était visiblement déjà la règle au sein des gouvernements. Ce n'est évidemment pas une mesure réglementaire qui pourrait modifier les rapports entre l'offre et la demande qui, eux seuls, déterminent le niveau des prix et des salaires. Après l'épidémie, les nobles ne parviennent pas à conserver sur leurs terres le niveau de production d'avant le drame. Ils se disputent donc la main-d'œuvre paysanne, qui bénéficie d'un véritable rapport de force et va donc « extorquer » de nouvelles concessions à la noblesse[1]. Il s'agit d'une application de la théorie marxiste de l'exploitation, mais avant l'heure et à l'envers, au détriment de la classe dominante ! Les agriculteurs vont demander un allongement considérable de la durée des baux, et *in fine,* ils vont parvenir à obtenir des baux à vie, transmissibles de génération en génération. Et voilà comment les paysans entrepreneurs du Moyen Âge, aidés par de terribles événements, ont mis fin au servage et obtenu la propriété de leurs terres[2]. La rareté de la main-d'œuvre par rapport aux terres dis-

1. J'emploie à dessein un langage marxiste pour souligner que le rapport de force n'est pas toujours défavorable à ceux dont on pourrait penser qu'ils sont les plus faibles (les paysans en l'occurrence). Encore une fois, la grille de lecture marxiste est intéressante, mais son application sans discernement mène au fourvoiement.

2. C'est un processus en bien des points comparable qui aboutira en Angleterre aux XVIe et XVIIe siècles à l'extension du mouvement des enclosures, qui a permis de délimiter physiquement la propriété dans les campagnes.

ponibles les oblige à substituer la force des animaux et celle des machines à la force des muscles. Au même moment, la Chine est techniquement plus avancée que l'Europe. Mais elle n'utilise pas ses machines. La population est abondante. Elle n'en a pas besoin. Ce luxe est impossible en Europe : la peste a rendu l'innovation technologique indispensable. Elle condamne au progrès.

L'histoire des conséquences économiques de la peste du XIVe siècle ne s'arrête pas là. Le rétablissement de la production agricole permet d'augmenter considérablement les rendements par personne. La production devient supérieure à la demande, ce qui permet une baisse du prix des denrées alimentaires et une augmentation du pouvoir d'achat des Européens. Cette hausse du pouvoir d'achat est utilisée en vêtements et notamment en produits lainiers. L'industrie connaît une nouvelle ère de prospérité, matérialisée par l'essor des manufactures et par une reprise de l'urbanisation[1].

Néanmoins, ce sont peut-être les conséquences psychologiques de l'épidémie de peste qui sont à la fois les plus intéressantes et les moins connues. La peste souligne que la vie est courte, ce que l'homme médiéval, souvent en guerre, souvent tiraillé par les souffrances du corps, sait. Surtout, la peste rappelle que la vie peut s'interrompre à tout moment, sans prévenir. La maladie tue au maximum en cinq jours, parfois en une demi-journée. Elle n'épargne personne, riches ou pauvres, lettrés ou analphabètes. Des serviteurs héritent

1. Rodney Stark, *op. cit.*

d'un patrimoine mobilier et immobilier, à la mort de la totalité de la famille pour laquelle ils travaillent. La peste génère en quelque sorte une formidable redistribution des situations acquises, à une époque où l'impôt sur le revenu et les impôts sur les successions n'existent pas encore. En dehors des fuyards, qui sont d'ailleurs souvent rattrapés par la mort, deux types de comportements émergent : le fatalisme, qui conduit à la jouissance présente ; l'héroïsme, qui amène les individus à se dépasser. Point commun entre les deux : ils accouchent d'une sorte de dynamique entrepreneuriale. C'est ce que montrent les données démographiques de l'époque, qui font apparaître, après chaque vague de peste, une remontée du taux de natalité et du taux de fécondité. Après les épidémies, on se remarie et on se remet à faire des enfants, comme un défi lancé à la mort. Si la vie est courte, si le moment de la mort est inconnu, mais peut-être proche, il est nécessaire de bien l'occuper, et de lui donner un prolongement en créant, en entreprenant, en enfantant. C'est le temps des chaussures à poulaine qui permettent, avec leur bout pointu, de soulever les robes des femmes. Le temps est aussi venu d'un art pictural plus coloré, où l'or et l'argent tiennent les premiers rôles, un art qui illustre l'optimisme et la joie de vivre. C'est aussi le temps de l'art macabre, qui met en scène les morts et les vivants et abolit les distinctions sociales : la mort est terriblement égalitaire et renforce le sentiment anti-aristocratique, parfois antireligieux. L'art macabre flirte avec l'humour noir, se moque de la mort et tend vers l'hédonisme. L'Église apprécie peu cette idée de la jouissance dans la vie avant le néant de l'au-delà. Le christianisme avait monté l'homme contre la nature. La peste dresse l'homme contre la religion. Chaque fois, c'est l'homme qui est célébré. On peut se demander comment les pays développés réagiraient aujourd'hui à une catastrophe naturelle qui emporterait un tiers ou la moitié de la population. S'ensuivrait-il un abattement général ou un sursaut conquérant ? En tous cas, il serait déraisonnable de condamner l'homme médiéval et ses croyances : il nous montre le chemin du progrès et de la croissance.

Par une ironie de l'histoire, l'Église, qui a permis d'ancrer l'idée de raison et même de science au cœur de l'individu occidental, est remise en cause par les épidémies. Le salut proposé par le christianisme n'est plus capable de calmer l'angoisse des humains face à la mort[1]. S'ensuit une volonté de renouveau et de liberté qui va favoriser l'esprit de réforme, mais aussi l'esprit entrepreneurial. Cette idée va atteindre un sommet au moment de la Renaissance italienne, quand le Florentin Pic de la Mirandole posera les premiers jalons d'une nouvelle philosophie humaniste, fondée sur la liberté des hommes, par opposition notamment aux animaux, guidés par leur seul instinct. En 1485, âgé de vingt-trois ans, Pic de la Mirandole décide de convoquer l'ensemble des connaissances connues en Europe. En 1486, il en publie la préface, un *Discours sur la dignité humaine* qui éclaire d'un jour nouveau ce qu'est le genre humain : l'homme n'est rien, le néant sartrien, influencé par ses instincts mais pas prisonnier d'eux, « libre d'inventer son futur », prêt à

1. Vincens Hubac, « La Peste, la Mort et la Réforme », *Cahier Évangile et Liberté*, avril 2005.

écrire une histoire, à dessiner une culture, à concevoir une politique[1]. Voilà philosophiquement justifiée, dans une expression pleine de clarté, la possibilité du progrès humain contre tous les déterminismes. Fondée sur de telles bases philosophiques, l'économie peut aller très loin.

Des milliers de pages méritent d'être consacrées au passage d'une économie féodale à une économie capitaliste. Il s'est agi de montrer ici, en isolant certains événements comme les grandes épidémies du XIVe siècle, comment des événements exogènes (comme des épidémies) interagissent avec des systèmes de croyance. En effet, il est erroné d'affirmer, comme certains marxistes fanatiques du matérialisme historique, que seules les conditions matérielles et la conscience de classes déterminent les comportements. Quand on réfléchit à l'économie médiévale et aux débuts du capitalisme, on voit que les systèmes de croyance (en l'occurrence le christianisme) filtrent la perception qu'ont les individus de leurs conditions matérielles (le système de classe généré par l'organisation féodale de la société). Typiquement, la croyance dans le progrès fait apparaître une classe de paysans entrepreneurs qui va, aidée par des événements comme la grande peste, liquider le monde féodal pour faire naître les institutions, propices à la croissance, du monde capitaliste. Les anciennes classes sociales (serfs, nobles, seigneurs...) vont laisser progressivement la place au système de classes capitaliste (propriétaires du capital et salariés).

1. Luc Ferry, *La Révolution de l'amour*, Plon, 2010.

Il est tentant de faire le parallèle avec l'évolution, dans la période contemporaine, de ceux que l'on nomme les « pays émergents », gagnés par l'esprit pionnier des innovateurs de Moyen Âge, pour qui le progrès est l'outil qui permettra de vaincre la grande pauvreté, d'éduquer les masses, de rendre la planète plus propre. Cette croyance filtre des événements structurants comme la catastrophe de Fukushima. Après ce drame, l'Allemagne, la Suisse et l'Italie ont entrepris de diminuer la part des énergies nucléaires. La Chine, le Brésil et l'Afrique du Sud n'ont pas renoncé à l'augmenter, mais ont décidé de rendre plus stricts les autorisations et les contrôles.

Le temps des cathédrales

Les cathédrales résultent du choc entre un objectif ultime grandiose (servir la gloire de Dieu) et des possibilités techniques inégalées, rendues possibles par la vague d'innovations du Moyen Âge. Exemple : l'invention du harnais et des rênes permet d'atteler les bœufs. Ainsi, pour construire la cathédrale (romane) de Conques, en France, on attacha 26 paires de bœufs pour déplacer les blocs de marbre. Les cathédrales gothiques illustrent ce qu'a pu être, il y a plus de 1 000 ans, la foi dans le progrès[1]. Marc Giget rappelle

1. Georges Duby, *Le Temps des cathédrales (980-1420)*, Gallimard, 1976.

qu'une cathédrale gothique contient plus de mille innovations techniques. L'Europe et une partie du monde développé manquent aujourd'hui de cathédrales. Nos possibilités techniques sont immenses, mais nous avons des difficultés à les mettre au service d'un objectif ultime placé très haut. Les pays émergents veulent sortir de la pauvreté, quitte à y laisser une partie de leur passé. Les pays riches ne veulent plus rien, juste conserver l'existant. Leur temps des cathédrales ne reviendra pas de sitôt.

Le passage du roman au gothique s'est réalisé rapidement, signe du dynamisme intellectuel et économique de l'Europe du Nord. C'est notamment la période des grandes foires de Champagne et de l'essor économique de l'Île-de-France. Ces deux grandes régions de passage sont en même temps des territoires où les étrangers et les Français se rencontrent, et où ils échangent leurs idées. Les maîtres du domaine royal et les clercs ont la possibilité de rencontrer les maçons allochtones. Ils en usent. Le passage rapide du roman au gothique montre aussi que l'homme valorise la nouveauté. L'historien de l'art Ernst Gombrich note : « À peine les architectes eurent-ils réussi à voûter leurs églises, à peine eurent-ils inventé une manière grande et neuve de disposer l'ornement sculpté que des recherches nouvelles vinrent donner à toutes ces églises normandes et romanes quelque chose de démodé[1]. » La croissance économique entretient des rapports croisés avec la nouveauté, marquant au fer ce qui ne change pas et qui, dès lors, se remarque.

1. Ernst Gombrich, *op. cit.*

L'art roman en deviendrait presque un signe d'obscurantisme.

Ainsi, dès la seconde moitié du XIIe siècle, en pleine révolution commerciale, le nord de la France s'orne de ces cathédrales gothiques construites comme des serres, soutenues par des piliers, des croisées d'ogives, des arcs-boutants, et laissant largement pénétrer, par les vitraux, la lumière. L'abbé Suger théorise la cathédrale qui rend perceptible, presque sensible, la lumière divine. 80 cathédrales gothiques sont érigées en France aux XIIe et XIIIe siècles. Au XIVe siècle, une grande partie de l'Europe occidentale en est couverte. Les églises gothiques illustrent et entretiennent l'orgueil des villes, elles-mêmes avatar des gains de productivité agricole et de la croissance. Avec l'augmentation des revenus, la palette des goûts s'enrichit de couleurs. La cathédrale d'Exeter, dans la seconde partie du XIVe siècle, est loin d'être austère comme pouvaient l'être encore les premiers édifices gothiques. Le style gothique se transmet aux édifices publics (hôtels de ville, écoles et universités – Cambridge –, portes, palais de justice – Rouen) comme privés (les palais des premiers grands bourgeois).

C'est toute une économie que nous donnent à imaginer ces cathédrales[1]. Économie urbaine certes, mais aussi économie de la pierre et du bâtiment qui a réalisé d'énormes progrès. La taille de la pierre a permis de

---

1. La lecture économique est aussi légitime que la lecture politique, qui veut que les cathédrales gothiques soient nées de la volonté des Capétiens d'affermir le pouvoir de l'État. Cette idée, dont s'échappent quelques vapeurs nationalistes, est tenable pour le XIIIe siècle. Elle est plus difficilement défendable pour le XIIe.

paver les rues. L'augmentation des revenus a permis, dans la construction des maisons, la substitution progressive de la pierre au bois, moins onéreux car plus facile à extraire et à transporter, mais plus fragile. Le métier de maçon fait son apparition. La confection des charpentes a permis de rendre les bâtisses plus résistantes. Elles peuvent désormais soutenir les toitures d'ardoise. Sur les chantiers, on utilise les premières grues et des tenailles métalliques qui permettent de lever à 80 mètres de hauteur des blocs de 500 kilos[1]. Déjà on surexploite les ressources. Les carrières parisiennes sont épuisées dès la fin du XIIe siècle. L'historiographie récente a aussi permis de mettre l'accent sur un fait souvent passé sous silence : le rôle du fer, qui vient renforcer les structures[2]. Ce sont les tirants qui empêchent que la poussée des voûtes n'entraîne un écartement des murs. Ce sont aussi les chaînages qui retiennent les pierres entre elles. Quant aux vitraux, ils sont retenus à la structure en pierre par plusieurs éléments métalliques qui consomment la moitié du fer total utilisé pour chaque édification. Plusieurs dizaines de tonnes de fer sont nécessaires à la construction d'une seule cathédrale, plusieurs centaines pour le Palais des papes d'Avignon. Contrairement à la pierre, le fer reste d'origine locale, au plus régionale. Mais son prix est très élevé (même s'il représente généralement moins de 10 % du coût total de la construction d'une cathédrale). On réutilise le fer des bâtiments

1. Sylvain Gouguenheim, *Le Moyen Âge en questions*, Tallandier, 2009.

2. Maxime L'Héritier, Philippe Dillmann, Paul Benoît, *L'Emploi du fer dans la construction monumentale à la fin du Moyen Âge : production et utilisation*, Mimeo, 2007.

détruits. Voici donc l'apparition de l'économie du recyclage, que notre époque essaie de se réapproprier. Pour construire les barres de fer, on utilise un marteau hydraulique, actionné par la force de l'eau. Un procédé technique seul n'est rien. C'est la convergence des techniques qui compte.

L'économie des cathédrales, c'est aussi une économie de services. L'architecte n'est plus un bâtisseur. Entendez, il ne dessine plus à même le sol. Souvent, il ne vient même pas sur le chantier. Les architectes dessinent, construisent des maquettes, étudient les forces, les contraintes, les équilibres. Pour un peu, on parlerait de géométrie dans l'espace. C'est une économie financière où les meilleurs architectes et maîtres d'œuvre se vendent au plus offrant. Le coût de construction d'une cathédrale dépasse la capacité financière de l'Église. Les rois et les princes doivent contribuer, mais aussi, souvent, les bourgeoisies locales, comme à Rouen. Des financements originaux doivent être imaginés, permettant à des projets de très long terme de prendre corps. La construction d'une cathédrale gothique s'étale souvent sur plus d'un siècle, où des interruptions de plusieurs années succèdent à une décennie de travail. Il n'existe malheureusement pas d'étude qui quantifie précisément l'impact de la construction d'une cathédrale sur une économie locale. Mais on imagine sans peine combien il dut être important. Conséquences sur l'emploi, sur les revenus, conséquences sur l'innovation, émergence de nouveaux métiers et développement des services, ouverture de routes, accélération de l'urbanisation et donc de la concentration spatiale… Mettez-vous à la place d'une famille paysanne qui voit arriver, à quelques kilomètres de chez elle, un tel chantier.

Pourquoi le fait de penser au temps des cathédrales, en dehors d'un évident plaisir, conserve-t-il un quelconque intérêt ? Parce que ce temps synthétise quelque chose de fondamental : la croissance économique a besoin à la fois de liberté (elle est permise au Moyen Âge par la dislocation de l'Empire romain), de solides institutions (la sécurité s'est rétablie, notamment dans le nord de la France, ce qui a permis le développement des foires), d'idées nouvelles (la mondialisation commerciale permet les échanges intellectuels) et d'une croyance qui laisse une grande place à la raison et à l'espoir que demain sera meilleur (le christianisme l'autorise). Ce qui était vrai aux temps des cathédrales le reste au début de la génomique ou de la reprogrammation cellulaire. Souvenons-nous de la définition de l'œuvre d'art chez Hegel : une grande idée dans un matériau sensible. La cathédrale gothique équilibre les forces et fait entrer la lumière. Elle donne une impression de simplicité, ce qui est aussi l'objet de la scolastique. Comme le dit Sylvain Gouguenheim, elle réalise ainsi la synthèse de la raison et de la foi, recherchée par la scolastique du Moyen Âge.

VII

La peur du progrès

La croissance économique nécessite une telle foi dans le progrès qu'elle amène le corps social à accepter des institutions (notamment un environnement juridique) favorables à la croissance. Et seule la conviction que demain sera meilleur qu'aujourd'hui pour la très grande majorité d'une population permet d'accepter les conséquences concrètes de la destruction créatrice. Voilà tout le problème des pays développés aujourd'hui, surtout en Europe, surtout en France : comment croire à nouveau pour accepter le coût de la croissance ? Marx a raison de théoriser l'impact de la situation économique sur les idéologies. Mais il est au moins une idée qui doit précéder le progrès, qui doit être autonome : la foi dans l'avenir ou, plus exactement, le sentiment que la croissance économique peut résoudre les principaux problèmes posés à l'humanité. Cette foi dans l'avenir ne doit pas se confondre avec un optimisme niais, comme on a essayé de le pratiquer en France. L'optimisme revient souvent à nier les réalités. À la limite, c'est un trait de caractère qui remplace le raisonnement. De ce point de vue, il n'est pas supérieur au pessimisme. Il lui est même peut-être inférieur, dans la mesure où il peut empêcher l'instinct de survie de s'exprimer. La foi en l'avenir, c'est penser que demain sera meilleur qu'aujourd'hui, que nous vivrons dans de meilleures conditions, plus longtemps, que nos esprits seront mieux éduqués, que nous disposerons de ressources abondantes pour réaliser ce qui nous tient à cœur : lutter contre la pauvreté, les maladies des enfants, la guerre, les pollutions. C'est penser que nos valeurs nous protégeront contre les maux du progrès... La foi en l'avenir, c'est se remettre à croire que l'économie peut nous apporter un bien-être supplémentaire. C'est au fond faire confiance à une humanité qui vivait il y a quelques millénaires dans des cavernes et qui, aujourd'hui, a pour projet d'envoyer tous ses enfants à l'école et qui se bat pour que chacun vive longtemps, dans un logement éclairé et chauffé. Voilà qui peut sembler naïf. Cette idée a pourtant été évidente pour les Occidentaux au cours de la quasi-totalité de ces deux derniers millénaires. Elle le devient pour les milliards d'individus qui vivent aujourd'hui dans ce qu'on appelle les pays émergents et qu'il faudrait peut-être, pour certains, nommer « nouvelles puissances ».

Le monde de la technique, quand les moyens devancent les fins[1]

Dans les pays riches, l'idée de progrès ne fait plus recette. Pour retrouver l'espérance, il faut essayer de trouver la source ultime de ce désenchantement. Chez les philosophes, c'est sans doute Martin Heidegger qui, dans *Le Dépassement de la métaphysique*, a le mieux disséqué cette désillusion. Cette réflexion avait débuté avec les travaux sociologiques de Max Weber, au début du XXe siècle[2]. Weber pointait un désenchantement du monde dû à la substitution de la science aux croyances religieuses et magiques. La technique et la prévision remplacent l'irrationalité mais, ce qui peut sembler paradoxal, les peuples développés utilisent les techniques sans les comprendre. Aujourd'hui, tout un chacun utilise un Smartphone pour téléphoner, écouter de la musique, jouer ou regarder la télévision. Mais qui comprend les rudiments du fonctionnement d'un tel appareil ? Presque personne en dehors des individus qui participent à sa conception et à sa fabrication.

Heidegger fait avancer cette réflexion d'un grand pas. Le capitalisme accouche d'un « monde de la technique ». « Technique » signifie que les moyens devancent les fins, ce qui ne correspond à rien de moins qu'une trahison de la promesse démocratique. En effet,

---

1. L'analyse qui suit tient beaucoup aux conversations que j'ai eues avec Luc Ferry. On trouvera son interprétation des thèses de Martin Heidegger dans *Apprendre à vivre*, Plon, 2006.

2. Par exemple *L'Éthique protestante et l'esprit du capitalisme*, publié en 1904.

si la démocratie nous permet de prendre collectivement en main notre destin en nous fixant des objectifs partagés, l'économie libérale nous en dépossède puisqu'elle ignore, selon Heidegger, la notion d'objectif partagé. La concurrence oblige les entreprises à rationaliser leurs coûts, à innover, à former leurs salariés, mais cette efficacité et ce renouveau permanent sont dénués de sens. Il est en outre facile de voir que plus les marchés sont larges, plus l'économie est concurrentielle, plus la dépossession démocratique est accentuée. Finalement, les peuples se détournent d'une économie dont la substance n'est plus qu'instrumentale. À la limite, même l'accumulation des richesses, notre confort, l'augmentation de la durée de vie ne servent plus que nos petits intérêts individualistes mais n'ont pas de contenu collectif. Tout cela n'est rien d'autre que la condition de la survie puisque, dans une logique toute darwinienne, ceux qui n'innovent pas ne survivent pas. L'innovation n'est plus au service d'un but humaniste. Elle n'est qu'un simple moyen. La critique de la croissance capitaliste d'Heidegger est sans doute la plus profonde. Elle a en tout cas plus de portée que celle de certains altermondialistes qui ânonnent, sans avoir regardé les chiffres, que le monde s'appauvrit, ce qui est factuellement faux. Le monde s'enrichit, mais d'une façon qui nous éloigne du sens collectif que nous aimerions voir lié à l'économie.

Heidegger lie le monde de la technique au développement du capitalisme. Autrement dit, on trouverait des traces de cette dépossession collective dès la révolution commerciale du XIe siècle, qui marqua le début de l'effondrement du système féodal. Il semble néanmoins que cette absence de finalité au profit des moyens soit plus récente, et circonscrite à certaines parties du monde. En effet, le christianisme diffuse la croyance selon laquelle l'homme est un être anti-nature qui doit s'élever par le travail. La finalité de l'économie est de montrer que l'homme, qui incarne Dieu et qui est la créature de Dieu, est supérieur à la nature, contrairement aux croyances des anciens. Cette idée atteint son apogée au moment de la Renaissance italienne, où les innovations technologiques sont mises au service de la beauté, comme en témoignent les cathédrales, les palais, les œuvres d'art ou les textiles représentés par les peintres. Certes, une économie commerciale et financière très développée gravite autour de ces industries, mais elle est structurée autour d'un objectif supérieur implicite, qui est lié à l'idée de progrès humain. Cette idée de progrès humain, nous la retrouvons sous une forme non religieuse à partir de la fin du XVIe siècle, suite aux ouvrages de Copernic, Newton et Galilée. Le projet collectif reste le même : il s'agit de contrôler la nature face à la sauvagerie de phénomènes naturels comme les maladies, les inondations ou les tremblements de terre. Descartes va prendre le relais des théologiens chrétiens en théorisant la domination de la nature par l'homme grâce à la science et en lui assignant les plus hautes fins : la liberté et le bonheur des hommes. Cette idée semble aujourd'hui incroyablement naïve. Quelle entreprise dans un quelconque pays riche se vanterait de travailler et de vendre ses produits pour la liberté et le bonheur des hommes ? Elle serait la cible de tous les quolibets, et ni ses dirigeants ni ses employés n'y croiraient.

Reste à comprendre comment nous en sommes arrivés là. Heidegger suggère que la croissance capitaliste instrumentalise mécaniquement les fins pour en faire des moyens, que le monde de la technique devient forcément incontrôlable. Il dépasse puis tue nos ambitions communes. Historiquement, cette idée est critiquable puisque l'entrée dans le monde de la technique au sens philosophique est postérieure à l'entrée dans le monde de la technique au sens économique, que l'on peut dater du milieu du Moyen Âge. Le désenchantement du monde est récent. La critique de Heidegger est néanmoins forte et tirer ce fil est fécond. Car en effet, le cycle économique actuel se réalise sans idéal commun. Sans ambition commune, sans croyance qui forme le terreau favorable à la croissance, le progrès est-il encore possible ? La croissance peut-elle exister *ad vitam aeternam* pour elle-même ?

Depuis le Moyen Âge, il existe des voix qui s'élèvent pour critiquer la croissance. Mais contrairement à l'analyse d'Heidegger, ce n'est pas la croissance capitaliste qui nous fait spontanément entrer dans un monde de la technique sans idéaux collectifs. Ce sont plutôt les coups de boutoir répétés contre l'idée de croissance qui ont fait progressivement perdre foi dans le progrès, du moins dans certains pays. Retrouver cette confiance-là est peut-être le plus important combat intellectuel à mener désormais.

Des valeurs morales au bûcher des vanités

La croissance et le progrès donnent naissance à des contre-forces. Tous les faits économiques et sociaux génèrent, à des degrés divers, leur antidote. Mais parfois, le médicament risque d'être administré à des doses trop concentrées, et met la survie du patient en jeu.

On a vu à quel point l'extension du christianisme avait posé les bases intellectuelles de la croissance économique et du progrès. C'est ce même christianisme qui va tenter de renverser, ou tout au moins d'ébranler la croissance économique pendant l'épisode du bûcher des vanités. Il s'agira là de l'une des premières tentatives pour arrêter le progrès.

Rodney Stark rapporte que, dès le XIIe siècle, les *humiliati*, qui étaient catholiques mais sans pour autant constituer un ordre, furent sans doute les premiers à pratiquer une sorte de pauvreté volontaire[1]. Fortement minoritaires, ils n'en étaient pas moins visibles dans les villes du nord de l'Italie. Parler d'anticapitalisme précurseur serait faux, puisque nombre d'entre eux étaient tisserands ou commerçants et non « prolétaires ». Comme le suggère l'esprit grinçant de Stark, pour vouloir être un *humiliati*, il ne fallait pas avoir faim. Les *humiliati* reversaient leurs profits aux pauvres et avaient fait de l'austérité un mode de vie. À partir de la toute fin du XIIIe siècle, ces comportements vont se muer en lois contre les dépenses somptuaires : à Venise par exemple, seuls les nobles ont le

1. Rodney Stark, *op. cit.*

droit de porter certains types de vêtements. Pour les autres, les dépenses « ostentatoires » ou « inutiles » sont réglementées. À Florence, l'autorégulation pour raisons religieuses est la règle. Encore aujourd'hui, les touristes peuvent s'étonner de la différence de magnificence entre les bâtiments publics et les bâtiments privés, somme toute assez sobres. C'est que les marchands catholiques, obsédés par l'argent, conservent un fond de culpabilité. Le clergé florentin ne les aide pas, incapable de leur dire si leurs actes sont moraux ou pas, incapable d'établir une théorie éthique de l'économie. Le philosophe Leonardo Bruni vient néanmoins à leur secours en soulignant que la richesse des marchands permet de financer l'État, et qu'elle donne envie aux citoyens florentins de s'élever. La moralité n'est donc pas liée au fait d'être pauvre ou riche, mais à l'usage que l'on fait de sa richesse.

À la fin du XVe siècle, la sobriété tend à céder la place à des comportements plus décomplexés. La consommation devient plus luxueuse et la grisaille de l'épargne le cède à l'investissement dans l'immobilier ou dans les œuvres d'art. Un renversement s'opère, par lequel on passe d'une situation où les riches vivent comme des pauvres à une situation où les pauvres vivent comme des riches. Les marchands et les banquiers endossent la notion de magnificence. Il s'agit, notamment par la construction des palais, de montrer son statut social, de faire preuve de puissance et de prendre date pour la postérité : que les générations qui suivent comprennent qui nous étions ! C'est le moment où Strozzi commence à faire édifier sa maison. C'est le moment où Jérôme Savonarole s'empare du pouvoir.

En 1494, Florence est conquise par Charles VIII. Le roi de France, qui vénère les sermons sans concession du moine italien, se laisse séduire. Savonarole lui demande, au nom de Dieu, de laisser Florence libre. Choisi par des Florentins reconnaissants, il peut diriger la cité-État, et en faire une ville où les préceptes catholiques les plus stricts ont force de loi. L'usure ou la sodomie sont réprimées. La dirigeance de Savonarole est placée sous le sceau du salut des âmes, en réaction contre l'idée de Cosme l'Ancien, qui voulait qu'on ne « dirige pas avec des *pater noster* ». Il prêche pêle-mêle contre le luxe, l'orgueil et l'avidité, qu'il assimile à l'Église officielle comme à l'économie florentine. En 1496, il nomme Jésus roi de Florence. L'une des cités les plus ouvertes et les plus libres du monde se referme sur elle-même sous le joug de l'intégrisme religieux. C'est en 1497 que la haine de l'un des avatars les plus critiquables de la croissance, le luxe ostentatoire, atteint son apogée. C'est alors qu'est mis en place le bûcher des vanités sur la place de la Seigneurie. Le bûcher des vanités vise à expurger Florence des objets qui ne servent pas la cause de Dieu. Déjà, depuis quelques mois, les jeunes disciples de Savonarole pénétraient dans les maisons pour y briser les objets d'art. On brûlait des instruments de musique, des cosmétiques, des poèmes, livres, tableaux païens et humanistes. Fernand Mourret rapporte que, quand le bûcher des vanités s'enflamma, les cloches sonnèrent et « un formidable cri de triomphe sortit de toutes les poitrines, comme si l'empire de Satan venait d'être anéanti[1] ».

1. Fernand Mourret, *Histoire générale de l'Église, La Renaissance et la Réforme*, Bloud et Gay, 1929.

La contre-force anticapitaliste déclenche à son tour une autre contre-force, citoyenne et bourgeoise. La classe moyenne florentine n'apprécie peut-être pas le luxe ostentatoire, mais elle souffre encore plus de l'absence de liberté et de confort. Elle rejette la décroissance de Savonarole. Les marchands s'inquiètent de la lutte contre les vanités, qui met à mal l'industrie du luxe, fer de lance de l'économie florentine. Une chanson populaire dit : « Oh peuple ingrat, tu te laisses prendre à des cris, et tu suis un guide plein d'hypocrisie[1]. » Avant l'été 1497, les jeunes se révoltent contre le pouvoir et les tavernes rouvrent. On peut à nouveau boire, chanter et jouer. Savonarole finit pendu, puis son corps est brûlé en public, à l'endroit même où avait été dressé le bûcher des vanités. Les Médicis peuvent diriger la ville de nouveau, dans l'intérêt d'une économie dynamique. Une fois encore, l'économie a dicté sa loi, et mal en a pris à celui qui ne l'a pas respectée.

Le christianisme qui a servi de terreau au progrès se retourne, par l'une de ses voix les moins modérées, contre le progrès. Mais les prêches de Savonarole et son audience favorable ne tombent pour ainsi dire pas du ciel. Ils sont une réaction à la montée du luxe ostentatoire dans la Florence de la fin du XVe siècle. Il est arrivé que l'espoir de lendemains meilleurs cède la place à l'exhibition du présent. Ces comportements débouchent sur des réactions qui, en retour, peuvent nuire à la volonté de progrès. Voilà pourquoi les acteurs du capitalisme doivent, dans leur propre inté-

1. Fernand Mourret, *op. cit.*

rêt, rester sobres. Le goût du progrès passe par le goût de la simplicité. L'ostentation joue contre son camp.

Le socialisme révolutionnaire

Le socialisme n'est pas en soi une force antiprogrès. Il le devient quand, poussé dans ses retranchements, il se révolte contre les sources mêmes de la croissance. Parfois, en effet, le progrès technique génère une contre-force : la révolte des salariés, le socialisme révolutionnaire et, pourquoi pas, le terrorisme. De façon assez amusante, c'est le matérialisme historique de Marx qui constitue le meilleur outil pour expliquer l'histoire du socialisme. Marx avait coutume de rappeler que la révolution industrielle avait engendré le marxisme. Karl ne serait pas devenu Marx si la machine à vapeur n'était pas venue bouleverser l'économie européenne. Le socialisme, qu'il soit doux (social-démocrate) ou dur (socialisme révolutionnaire voire tentation terroriste), serait resté une vague idée politique, sans fondement scientifique concret. Sans progrès technique, la tentation de « briser les machines » serait restée enfouie dans des esprits isolés. Déjà, au Moyen Âge, des tisserands flamands détruisaient les métiers à tisser dans les villes, pour protester contre ce que l'on appelle aujourd'hui improprement les « délocalisations »[1]. À partir du

1. Improprement car, littéralement, « délocalisation » signifie « déplacement dans le néant ». Ceux qui emploient ce terme veulent dire « déménagement » ou « déplacement d'activité ».

XIIIe siècle, les tisserands urbains faisaient travailler des paysans temporairement inactifs en raison du caractère saisonnier des activités agricoles. Dans un premier temps, ils leur permirent de travailler chez eux, à la campagne. Dans un second temps, ils les employèrent en ville. Cette compétition devenue visible aux yeux des urbains fit naître la notion de « concurrence déloyale » et déboucha aux Pays-Bas sur de « petites » actions terroristes.

À la fin du XVIIIe siècle, la machine à vapeur détruit et crée : elle fait des artisans des ouvriers, le travail manuel devient du travail à la machine, le monde rural s'urbanise, l'entreprise, avec son organisation hiérarchique et ses rapports de classe, s'étend… Comment penser qu'un tel changement, même s'il débouche sur une amélioration des conditions de vie pour tous, s'écoule comme un bruit de ruisseau ? À partir de mars 1811, des patrons d'usines de coton anglais reçoivent une lettre de menace signée Ned Ludd, résidant de la forêt de Sherwood (celle de Robin des Bois !). Mise en scène destinée à se parer de vertu, Ned Ludd n'ayant sans doute jamais existé. Peu après l'envoi des lettres, de petits commandos s'introduisent dans les usines de coton la nuit pour briser les machines. La menace ne reste jamais lettre morte. L'histoire n'est pas anecdotique. Le mouvement prend de l'ampleur. Des usines complètes sont détruites et des industriels exécutés. Pas question de laisser l'obscurantisme mettre à bas la révolution industrielle. Le gouvernement britannique n'hésite pas à mobiliser les moyens les plus brutaux : les déportations et les pendaisons se multiplient. Les attentats s'arrêtent en 1812.

Notre réflexe contemporain pourrait être de railler ces ouvriers qui ne comprennent pas que le progrès économique va les servir eux, autant que les patrons assassinés. Cette posture serait néanmoins fautive. La réaction luddite est rationnelle. Il ne faut pas trop demander à ceux qui subissent la destruction créatrice dans leur chair. L'introduction des filatures de coton déstructure la société, surtout dans la décennie 1810 où le blocus napoléonien empêche l'Angleterre d'écouler normalement sa production, soumettant le pays au chômage de masse. Le luddisme est avant tout une réaction au chômage, fût-il transitoire. Il est aussi réaction contre l'organisation pyramidale de l'entreprise : l'artisan est libre, l'ouvrier répond aux directives d'un contremaître. Toujours, le progrès économique modifie la forme des hiérarchies. Fait moins connu, le luddisme est aussi une réaction affective à l'amour du produit : les textiles fabriqués par les machines sont de moins bonne qualité que ceux conçus par des mains humaines[1].

Quand sont envoyées les premières missives de la forêt de Sherwood, le mot socialisme n'a pas encore été inventé. Le terme commence à se diffuser en France et en Angleterre dans les années 1830. Le bris de machine ne peut donc être porté au débit ou au crédit d'un mouvement intellectuel à peine naissant, et sans structuration politique.

Le syndicalisme révolutionnaire et le terrorisme sont en revanche peu présents en Angleterre pendant la

1. Une bonne synthèse du luddisme se trouve être celle de Nicolas Chevassus-au-Louis, *Les Briseurs de machines, de Ned Ludd à José Bové*, Seuil, 2006.

seconde partie du XIXe siècle. Les gains liés à la croissance compensent enfin les coûts liés à la destruction créatrice schumpétérienne et à l'évolution darwinienne. En Allemagne, la tentation de la révolte sera anesthésiée par la politique sociale de Bismarck, visant, justement, à affaiblir le besoin de socialisme. Bismarck mène une politique sociale pour que les Allemands n'aient pas l'idée de le demander à un autre ! Cette ficelle politique devenue classique (appliquer le programme de l'opposition pour lui couper l'herbe sous le pied) est efficace. C'est en France, moins avancée économiquement que l'Angleterre ou l'Allemagne, que se développe le plus le socialisme révolutionnaire[1]. La fièvre syndicale contraste avec la modération du parti socialiste. C'est un Français, le géographe Élisée Reclus qui, avec le prince russe Kropotkine et un disciple radical comme Jean Grave, reprend le flambeau laissé par Bakounine, résumé dans cette phrase cinglante : « Que chacun prenne sur le tas ce dont il a besoin. » Les anarchistes français, guidés par la croyance que la violence fait prendre conscience au peuple de son pouvoir contre les classes dominantes, vont multiplier les attentats : Ravachol en 1892, Vaillant contre la chambre des députés en 1893, Henry contre l'hôtel Terminus, proche de la gare Saint-Lazare, en 1894. Enfin, le 24 juin 1894, le président de la République Sadi Carnot, qui avait refusé de gracier Vaillant, est assassiné à Lyon par l'anarchiste italien Sante Geronimo Caserio. Lors de son procès, Caserio déclarera : « En un mot, nous devons faire notre possible pour détruire

1. Elie Halevy, *op. cit.*

la bourgeoisie et les gouvernements. Vous qui êtes les représentants de la société bourgeoise, si vous voulez ma tête, prenez-la[1]. » Ce qui sera fait sur l'échafaud.

Comme l'intégrisme chrétien, le socialisme révolutionnaire a toujours mené dans une impasse. Il n'a jamais véritablement menacé les véritables forces de progrès.

L'extrême droite de la régression

Les extrêmes s'accommodent mal de l'économie, discipline glissante qui leur échappe des mains. Le volontarisme s'y heurte rapidement à des murs. C'est pourquoi la science économique a souvent été considérée comme une science bourgeoise pour les uns, une science juive pour les autres. Plusieurs auteurs ont rapporté qu'Hitler lui-même considérait l'économie moderne comme un produit de la volonté des Juifs.

Aujourd'hui, les programmes des partis d'extrême droite européens sont clairement opposés à la croissance et au progrès. Pour le comprendre, il faut en saisir l'esprit profond et non la surface.

Le programme des extrêmes droites est aujourd'hui à la fois réactionnaire et cohérent. Pour l'extrême droite, l'essentiel de nos maux, chômage, insécurité, pauvreté, a essentiellement deux sources : la mondialisation et l'immigration. L'obsession anti-immigra-

---

1. Jean-Denis Bredin, Thierry Lévy, *Plutôt la mort que l'injustice : au temps des procès anarchistes*, 2009, Odile Jacob.

tionniste ne repose sur aucun fondement économique. Au contraire, les économistes ont depuis longtemps montré que l'immigration constituait un facteur de diversité et de croissance économique, et cette théorie a été largement validée par l'histoire. En revanche, l'instauration d'un protectionnisme européen voire français constituerait en effet un réducteur d'inégalités. J'ai montré ailleurs que la mondialisation jouait un rôle important dans l'agrandissement des écarts de revenus depuis une dizaine d'années[1]. Mais cette politique d'autarcie ne serait acceptable que si l'on veut bien en payer le prix : un appauvrissement généralisé lié à l'augmentation du prix des produits importés (ce sont les consommateurs et les entreprises qui paient les droits de douane) et une forte contraction des débouchés qui s'offrent à nos entreprises. En effet, il est naïf de penser que le protectionnisme ne réduit que les importations. Les mesures de rétorsion adoptées par les pays tiers se traduisent aussi par une diminution des exportations. Finalement, le protectionnisme génère l'autarcie. L'économie se contracte, et tout finit par se réduire : la croissance, les profits, les salaires, les investissements... On n'est pas très loin des effets de la décroissance, délétères pour le corps social. L'extrême droite propose la régression, mais la régression dans une plus grande égalité. Dans un pays comme la France où l'on se méfie plus qu'ailleurs du marché (dont la mondialisation est la traduction à l'échelle de la planète), ces thèses reçoivent une forte audience. Néanmoins, dans aucun pays

1. Nicolas Bouzou, *Le Chagrin des classes moyennes*, 2011, Lattès.

développé, la montée de l'extrême droite n'a conduit à une inflexion nette des politiques économiques. Il s'est agi jusqu'à maintenant d'une menace plus que d'une réalité. L'extrême droite combat, sans le dire, le progrès. Mais ce combat est, pour l'heure, resté sans conséquence.

« Le Premier Mot qui traversa l'océan[1] »

La technicisation du monde, le militantisme d'extrême gauche, les forces réactionnaires ont peut-être parfois bousculé la foi des peuples occidentaux dans le progrès. Ils ne l'avaient jamais abattu avant la Première Guerre mondiale. Pour saisir la relation des peuples au progrès, les artistes sont de meilleurs guides que les intellectuels. Ils captent mieux l'air du temps, et le retranscrivent avec davantage de véracité, bien que leur art soit celui de l'invention. C'est par exemple le génie de Stefan Zweig de mélanger avec bonheur observation des techniques, description des réactions des peuples et, bien sûr, perfection de la langue. Dans ses *Très Riches Heures de l'humanité* figure une petite nouvelle intitulée *Le Premier Mot qui traversa l'océan*, riche d'enseignements quant à l'état d'esprit de l'opinion face au progrès technique et à la croissance au XIXe siècle. Il y distingue deux types d'innovation. Celles qui, comme le chemin de fer et le bateau à

1. Titre d'une nouvelle de Stefan Zweig extraite du recueil disponible en livre de poche intitulé *Les Très Riches Heures de l'Humanité*.

vapeur, simplifient et accélèrent l'existant. Il fallait plusieurs jours pour traverser un pays en diligence. Quelques heures sont désormais nécessaires. C'est un triomphe, mais qui demeure concevable par l'esprit. Il en est différemment des progrès liés à l'électricité, invisible source d'énergie, dont les applications semblent relever de la magie, alors qu'elles ne sont que le produit du « monde de la technique ». Zweig écrit alors : « Jamais, nous qui sommes venus plus tard, nous ne pourrons retrouver l'étonnement de cette génération face aux premières réalisations du télégraphe électrique, l'immense ébahissement et l'enthousiasme qui furent les siens en découvrant que cette même petite étincelle électrique à peine perceptible, qui hier encore parvenait tout juste, au sortir de la bouteille de Leyde, à parcourir en crépitant quelques centimètres jusqu'au bout du doigt, avait acquis d'un seul coup la force diabolique de franchir des pays, des montagnes et des continents entiers. » À la même minute, il est désormais possible de savoir ce qui se passe dans les différentes capitales européennes continentales. Nous sommes en 1837. Pour parfaire la communication intra-européenne, encore faut-il relier l'Angleterre au continent. Mais l'eau aspire le courant électrique. Il faut donc trouver un isolant qui permette de faire courir un câble dans la Manche. Ce sera chose faite en 1851, après une tentative ratée (un pêcheur avait arraché un morceau de câble, le confondant avec une grosse anguille !). Cette réussite a des conséquences sur la psychologie des peuples européens. Zweig raconte : « Il est évident qu'un succès aussi énorme en l'espace de si peu d'années – une décennie est-elle plus qu'un battement de cils dans l'histoire de l'humanité ? – ne peut qu'éveiller chez cette génération un courage sans bornes. » Mais justement, l'homme ne veut pas que le progrès s'arrête aux portes de l'Atlantique. Un nouveau défi est désormais posé : relier l'Amérique à l'Europe. C'est alors que Zweig établit une distinction classique entre technicien et entrepreneur, les premiers pointant les obstacles au projet, les seconds arguant que si le besoin existe, à force de recherches, d'essais et d'erreurs, la technique arrivera bien à suivre[1]. Les ingénieurs partent du possible. Les entrepreneurs partent du besoin et d'un idéal. La réussite survient quand les deux se rejoignent.

Au départ se posent mille questions irrésolues : quelle est la profondeur de l'océan ? Y circule-t-il un courant magnétique ? La pression sera-t-elle supportable ? Comment trouver un bateau capable d'emporter un câble aussi long et lourd ? Le défi sera relevé, non par un ingénieur, mais par un jeune entrepreneur fils de pasteur, un Américain nommé Cyrus Field qui n'entend rien, ni à l'électricité, ni à la technique du câblage. L'économie entrepreneuriale se met en branle, qui utilise les connaissances de la science et l'énergie et la vision de l'entrepreneur. Les gouvernements britannique et américain fournissent, chacun, un navire. Pour que le projet aboutisse, il faut des financements.

1. Le débat sur les énergies non polluantes se pose aujourd'hui quasiment dans les mêmes termes. Les ingénieurs considèrent que, les énergies renouvelables n'étant pas stockables, elles ne peuvent représenter qu'une part infime de la production totale. Ceux qui se basent sur un raisonnement économique et historique comme l'auteur de ces lignes considèrent que le besoin est tellement fort qu'il constitue un stimulus qui finira bien par réveiller un miracle technologique.

Ce sera fait sans difficulté au moyen d'une souscription qui réunit les plus riches négociants des grandes villes britanniques. La foi dans le progrès plus que la recherche de la rentabilité anime ces personnes, qui estiment que leur investissement contribuera, en rapprochant les continents, à façonner un monde meilleur. Mesure de l'ampleur du projet : le fil tressé pour concevoir le câble permettrait de relier treize fois la Terre à la Lune.

Zweig décrit la ferveur populaire qui entoure ce prodige technique, ferveur à peine concevable vue de nos pays tristement blasés au début du XXIe siècle. Le premier départ du bateau britannique a lieu le 5 août 1857 dans un port irlandais. Des centaines de barques de compatriotes entourent le navire. Le gouvernement est présent et le prêtre implore Dieu « d'écarter les obstacles qui pourraient nous gêner dans l'accomplissement de cette tâche importante ». Mais Dieu n'entend pas. Le 11 août, le câble s'échappe du bateau. Le 10 juin 1858, l'expédition repart, pleine d'ardeur. Au bout de quelques jours, une tempête endommage le matériel à tel point que l'équipage, la mort dans l'âme, rebrousse chemin. Field doit user de toute sa force de persuasion pour convaincre les actionnaires de financer un nouveau départ, le 17 juillet 1858. Cette troisième tentative est la bonne, et plonge l'Amérique et l'Europe dans un état d'euphorie qui n'épargne personne. Le *Times* écrit qu'il s'agit de l'événement le plus considérable depuis Christophe Colomb. C'est la reine Victoria qui envoie le premier message. En Amérique, la foule envahit la rue et Field devient un héros. Le 31 août, le président des États-Unis accompagne Field dans un cortège réputé être le plus grandiose que le Nouveau Continent a jamais connu. Mais la liesse est de courte durée : le câble cesse de fonctionner. Aussi vite qu'il est devenu un héros, Field devient un paria, à peine mieux considéré qu'un criminel, accusé d'avoir tu la panne pour vendre ses actions au sommet de leur valeur. Pendant six ans le câble se tait. Pendant six ans Field se terre. Mais pendant six ans, l'électricité bénéficie de nombreux progrès et, ce qui relevait de l'exploit dix ans auparavant, entre désormais officiellement dans le champ des possibles. Pour réitérer l'expérience, manque néanmoins un maître d'œuvre capable de réunir des financements. Ce sera Field, encore et toujours, équipé d'un bateau neuf rutilant. Après un nouvel échec, la seconde tentative réussit. Et Stefan Zweig de terminer sa nouvelle par une phrase d'une profondeur inouïe : « Et l'humanité serait merveilleusement unie à jamais, grâce à sa victoire sur l'espace et le temps, si elle ne se laissait troubler sans cesse par l'idée folle et funeste de détruire cette unité grandiose et d'utiliser précisément les moyens qui lui confèrent la puissance sur les éléments pour s'anéantir elle-même. »

La perte de la foi dans le progrès, guerre et réchauffement climatique

La Première Guerre mondiale est l'événement qui a brisé cette confiance dans la croissance et le progrès, qui n'a pas encore été totalement reconstruite, et qui ne le sera jamais. Rien n'avait jusqu'alors pu ébranler cette foi. Ni les accidents industriels, qui sont nés avec les usines et qui ont été considérés comme le prix à payer de la croissance, ni la pollution qui empestait les rues des villes du Moyen Âge. Ni le socialisme révolutionnaire, qui s'est quasiment éteint tout seul, ni la religion, dont les esprits éclairés savent qu'elle s'accommode d'une économie prospère. Dans ses mémoires rédigés juste avant son suicide, Stefan Zweig rappelle que « le XIXe siècle, dans son idéalisme libéral, était sincèrement convaincu qu'il se trouvait sur la route rectiligne et infaillible du meilleur des mondes possibles[1] ». La foi dans le progrès avait commencé à remplacer la foi en Dieu et le confort des maisons, la lumière des rues, les avancées de la médecine, la rapidité des transports, la facilitation des communications avaient fini par convaincre qu'une guerre était impossible, le monde ayant trop à y perdre. Norman Angell publie *La Grande Illusion* en 1910, confortant les opinions publiques dans ce sentiment : l'économie et la finance mondiale sont trop imbriquées et développées pour qu'une guerre éclate. Si par malheur cela devait arriver, elle serait courte. Le poids des intérêts avait fini par faire de la morale la conséquence logique du progrès.

Cette naïveté, la guerre en est venue à bout, montrant qu'un tel conflit ne trouvait pas nécessairement sa source dans les difficultés économiques des peuples. C'est un sophisme bien éculé que de croire que la faim fait nécessairement prendre les armes. Les révolutions sont parfois bourgeoises et la guerre une occupation

---

1. Stefan Zweig, *Le Monde d'hier*, Belfond, 1993.

de riches. Aussi, les économies allemande et française étaient déjà bien avancées au début du conflit. Attention néanmoins, l'inverse est aussi difficile à soutenir : la croissance ne mène pas forcément à la guerre. Ce serait un bien sinistre déterminisme que de penser cela. Ce que démontre la Première Guerre mondiale, en revanche, c'est que la croissance n'empêche pas la guerre. Le progrès matériel ne s'identifie pas au progrès moral. La guerre peut elle-même consommer d'innocentes innovations civiles : la chimie n'a-t-elle pas enfanté le gaz moutarde et la physique atomique Hiroshima et Nagasaki ? Et pour qualifier les camps de concentration, n'a-t-on pas parfois parlé « d'usines de la mort » ? Les guerres du XXe siècle nous apprennent le caractère définitivement neutre de la technologie, qui peut être utilisée, au choix, pour le meilleur ou pour le pire. Le problème, c'est que les effets cumulatifs du progrès permettent de faire un bien de plus en plus grand, comme un mal de plus en plus grand. C'est aujourd'hui terriblement clair. La technologie permet tout à la fois de soigner chaque jour de nouvelles maladies jusqu'alors incurables, mais elle a aussi conféré à l'homme la capacité de sa propre destruction. Ainsi, la technologie nucléaire mondiale peut anéantir l'espèce humaine, et rien ne dit que cela ne se produira pas. Chacun est juge du fait que, y compris dans les États les plus parfaitement démocratiques et les moins belliqueux, aucun consensus sur la question n'a pu émerger : faut-il un désarmement ou au contraire continuer d'investir dans la dissuasion ? Faut-il continuer de développer le nucléaire civil, au risque de nouveaux accidents avec Tchernobyl et Fukushima, mais aussi de la prolifération ? L'autre menace, pour reprendre les termes du biologiste américain Jared Diamond, est celle de « l'holocauste écologique[1] ». Dans ce domaine, les termes du débat font désormais consensus : il y a bien une élévation des températures et une diminution de la biodiversité dues à l'activité humaine. Mais les solutions font encore largement débat, alors que le temps presse (c'est pourquoi certains parlent aussi de « suicide écologique »). Ces deux menaces, rendues possibles par les progrès des technologies, sont les seules à mettre en cause la survie de l'espèce. Comme le suggère Jared Diamond, comparé à ces problèmes, celui des épidémies industrielles, de l'obésité ou des cancers est mineur car il ne peut concerner la totalité des êtres humains en même temps. Guerres et problèmes écologiques ont fait descendre la science et l'économie de leur piédestal. De façon prosaïque, la relative désaffection des jeunes des pays développés par rapport aux carrières scientifiques en témoigne. Si le nombre d'étudiants inscrits dans des disciplines scientifiques dans les pays de l'OCDE continue d'augmenter, leur part dans le total des jeunes scolarisés diminue nettement, au profit d'autres disciplines comme, jusqu'à un passé récent, la finance[2]. Les disciplines traditionnelles comme les mathématiques et la physique sont les plus affectées. Ce phénomène est partiellement lié à des considérations financières, les métiers d'ingénieurs n'étant plus les plus rémunérateurs. Mais la science n'est plus ce modèle de vertu qu'elle a pu être.

1. Jared Diamond, *Le Troisième Chimpanzé*, Gallimard, 2000.
2. « *Declining Enrolment in S&T Studies. Is It Real ? What Are the Causes ? What Can Be Done ?* », OCDE, 2005.

Il s'en faut de peu pour que la mort de la naïveté face au progrès ne se transforme en une peur invalidante du progrès. C'est le pas malheureux qu'a franchi le philosophe allemand Hans Jonas en publiant en 1979 son ouvrage le plus connu : *Le Principe responsabilité.* Ce livre a eu une grande influence sur les mouvements écologiques mais aussi sur les opinions publiques, en introduisant la déculpabilisation de la peur face au progrès. Jonas y souligne que l'humanité a, grâce aux techniques modernes, acquis la capacité de se détruire. Cette observation n'est pas contestable. La pensée de Jonas commence à dériver lorsqu'il déclare que la promesse du progrès s'est transformée en menace, tel Frankenstein ne maîtrisant plus sa créature. La technique s'émancipe du contrôle humain puisque la complexité du monde interdit tout calcul fiable de probabilité d'anéantissement de l'espèce humaine. Jonas défend également l'idée selon laquelle l'homme doit absolument exister car il possède, en tant qu'espèce vivante, une valeur intrinsèque qui justifie sa préservation et sa protection. La conjugaison de ces trois idées, obligation de préserver l'espèce humaine, possibilité d'auto-anéantissement de cette espèce et impossibilité de prévision rationnelle, conduit Jonas à cette conclusion : la peur est notre meilleur guide, elle est nécessaire et vertueuse. L'inquiétude, qui pénètre notre corps et nos esprits, ne doit pas en être extirpée. Jonas développe une déculpabilisation de la peur, élevant la crainte au rang de sagesse. Les prophètes de malheur doivent donc être écoutés attentivement et même prioritairement. Sous une teinture philosophique, Jonas offre aux gouvernements un nouveau rôle d'intervention. Là où Keynes leur a dit : l'État doit intervenir pour relancer la croissance et le plein-emploi, Jonas leur dit : il doit aussi protéger les citoyens des conséquences potentiellement néfastes du progrès. Cette philosophie, qui ne relève pas d'une élucubration intellectuelle sans lendemain mais qui a eu une grande influence sur nos modes de pensée, contient en germes, outre la critique du progrès, la mise à égalité de la nature et de l'homme, dont on a vu qu'elle s'opposait à une croyance instillée par le christianisme, et qui a constitué un vecteur de croissance économique depuis le Moyen Âge. Elle suppose aussi que la baisse dirigée de la population peut constituer un moyen aussi légitime que l'innovation pour régler nos problèmes écologiques. D'ailleurs, Jonas n'est pas forcément opposé à un gouvernement autoritaire. Comme l'illustre aussi Heidegger, pris de sympathies nazies, le rejet du progrès s'accommode mal de la démocratie, système politique dans lequel la critique de la croissance peut trouver des oreilles attentives, mais ne parvient pas à muer en programme alternatif de gouvernement crédible.

Croissance ou décroissance ? Essai sur le terrain écologique

Il faut revenir sur la question de la décroissance, en la prenant, encore et toujours, au sérieux. Les humains aspirent à la croissance et non à la décroissance et les solutions aux problèmes qui se posent à l'humanité, y compris écologiques, ne peuvent trouver des solutions que dans la croissance. Pour les partisans de la décroissance, cette idée est saugrenue puisque les difficultés écologiques viennent de la croissance. La thèse centrale de Jonas est bien celle selon laquelle le progrès autrefois considéré comme libérateur menace aujourd'hui l'humanité.

Le point de départ des partisans de la décroissance est parfaitement juste : la croissance de l'économie mondiale, dans sa configuration actuelle, est incompatible avec les ressources de la planète et le maintien de la biodiversité. Elle entraîne en outre un réchauffement climatique plus rapide que lors des cycles climatiques précédents. L'assertion selon laquelle la croissance économique est incompatible avec ce que la terre peut fournir s'appuie sur les notions « d'empreinte écologique » et de « biocapacité »[1]. L'empreinte écologique est définie par l'OCDE comme « la mesure en hectares de la superficie biologiquement productive nécessaire pour pourvoir aux besoins d'une population humaine de taille donnée ». Pour la population européenne, par exemple, on consomme les ressources naturelles nécessaires au maintien de son niveau de vie, qui vont de l'eau au pétrole en passant par les produits agricoles, les pierres ou les métaux. On ajoute à cette consommation les déchets qui vont, en retour, endommager l'environnement, et

1. Un économiste doit, sur ces sujets, se sentir en terrain familier. Comme je l'ai montré ailleurs (*Le Capitalisme idéal*, Eyrolles, 2010), les problèmes écologiques sont des problèmes de ressources rares face à une demande croissante, qui se traduisent par des prix de matières premières structurellement en augmentation.

qui sont liés à la production nécessaire à satisfaire cette population. Pour disposer d'une unité de mesure homogène et évocatrice, on convertit cette consommation et ces déchets en « hectares globaux » par personne et par an. L'empreinte écologique nous informe donc de la surface de terres et d'eau nécessaire au maintien d'une population et d'une capacité de consommation. La biocapacité d'une zone correspond à ce qu'elle est capable de produire en ressources renouvelables et d'absorber en déchets, compte tenu des technologies connues et du mode de gestion des ressources. Si, pour un territoire donné (mais cela peut aussi être calculé pour la terre entière), l'empreinte est supérieure à la biocapacité, on parle de « déficit écologique ». Dans un tel cas de figure, la consommation de biens naturels excède la capacité de l'écosystème à renouveler les ressources consommées et absorber les déchets produits. L'économie a alors besoin de diminuer le capital géologique de la terre, accumulé depuis des milliards d'années, essentiellement composé de matières énergétiques fossiles comme le pétrole ou le charbon. Ce capital n'étant pas renouvelable (on parle de « déplétion » du stock naturel), vient forcément un moment où il sera épuisé.

Quelques ordres de grandeur permettront de saisir la surconsommation écologique à laquelle les humains se livrent. En 2008, d'après le WWF, la biocapacité mondiale par personne s'élevait à 1,8 hectare. Au même moment, l'empreinte écologique par personne montait à 2,7 hectares. Notre niveau de vie consomme donc en un an 50 % des ressources naturelles que la terre produit sur la même période. C'est ce calcul qui a donné naissance à une expression souvent utilisée par les journalistes et certains politiques (et qui est correcte si elle est énoncée en totalité) : pour ne pas entamer son capital naturel, c'est-à-dire dans une perspective de développement durable, 1,5 planète serait nécessaire pour soutenir la consommation des humains. La ventilation géographique de ces chiffres est riche d'enseignements. L'empreinte écologique d'un Européen est de 4,7 hectares et celle d'un Nord-Américain de 7,1 hectares. 4 planètes seraient nécessaires pour rendre la consommation des Américains écologiquement soutenable à long terme ! Au Moyen-Orient, en Asie centrale, en Chine et en Amérique latine, l'empreinte est déjà supérieure à la biocapacité. Seules l'Asie, hors Japon et Chine, et l'Afrique ne surconsomment pas les ressources naturelles, en raison de la faiblesse de l'activité économique et des revenus.

On voit aisément l'immense difficulté politique qui surgit derrière ces chiffres : le niveau de vie des pays riches est, en l'état actuel des technologies disponibles, incompatible avec l'équilibre écologique de la planète. Si l'Europe, les pays développés et certains pays émergents comme la Chine ne réduisent pas drastiquement leur empreinte écologique, le monde se dirige vers des catastrophes écologiques dont certaines sont déjà en germe : explosion des prix de matières premières, raréfaction de l'eau potable, catastrophes naturelles liées au réchauffement climatique, diminution de la biodiversité.

La réduction de la biodiversité est déjà enclenchée et a même tendance à s'accélérer. Jared Diamond rappelle que, selon toute vraisemblance, les derniers épisodes d'extinction des espèces sont liés à l'homme, par le biais de l'augmentation de la population qui accroît les besoins nutritifs totaux, de la colonisation progressive par l'homme de tous les territoires de la planète, et par le perfectionnement des techniques de chasse au cours de l'histoire[1]. La responsabilité des changements climatiques « exogènes » dans les extinctions d'espèce apparaît bien secondaire. Aujourd'hui, d'après l'International Council for Bird Preservation, ce sont 20 % des espèces d'oiseaux qui sont menacées. Pour Jared Diamond, la vague d'extinction actuelle affecte plus d'espèces que la collision de l'astéroïde avec la terre qui a mis fin au règne des dinosaures. En effet, elle touche toutes les espèces, animées (mammifères, oiseaux, poissons, insectes…) ou non (végétaux). Finalement, sur 30 millions d'espèces présentes sur terre, 150 000 disparaissent tous les ans. Si l'on se dégage du sentiment de tristesse dû à la disparition d'espèces que l'on peut trouver belles ou sympathiques, pourquoi s'en inquiéter ? Parce que nous en avons besoin. Beaucoup d'espèces ont un rôle qui contribue au maintien de l'homme sur terre en fournissant de l'oxygène ou en absorbant du gaz carbonique. L'exemple des abeilles est bien connu : leurs effectifs chutent rapidement dans certaines régions du monde, ce qui met en danger la pollinisation et la fécondation des fleurs, des fruits et des légumes. C'est donc notre alimentation qui est menacée. Et pour Diamond, il est illusoire d'effectuer une discrimination en sauvegardant celles qui nous seraient utiles et pas les autres : c'est impossible en l'état actuel de nos connaissances.

1. Jared Diamond, *op. cit.*

Le réchauffement climatique nous promet également quelques surprises désagréables. Le climatologue français Jean Jouzel affirme disposer à ce sujet de trois certitudes[1]. Première certitude, le climat se réchauffe. En témoignent non seulement les températures mesurées mais aussi la fonte des glaciers et la dilatation des océans. Deuxième certitude : le climat va continuer de se réchauffer ces prochaines années car les émissions de gaz à effet de serre excèdent ce que végétations et océans peuvent absorber. Pour limiter le réchauffement à 2 degrés d'ici la fin du siècle, il faut diviser les émissions de gaz à effet de serre par près de trois d'ici 2050, ce qui est colossal. Il est donc possible que la température moyenne gagne d'ici 2100 3 voire 4 degrés, ce qui est considérable pour une période de temps aussi courte. Troisième certitude : une large partie de ce réchauffement est due aux activités humaines depuis le début de l'ère industrielle. Et alors, quel est le problème ? N'aura-t-on pas le temps de s'adapter à ce réchauffement ? Pas forcément, selon Jouzel. Une telle élévation des températures va diminuer la biodiversité, déplacer les foyers de précipitation et obliger à d'importantes restructurations agricoles, voire à des déplacements de populations. Avec 3 ou 4 degrés de plus, la vie dans les métropoles sera plus difficile, et le potentiel de propagation de certains virus plus important. La fonte des glaciers et la dilatation des océans vont faire disparaître des villes côtières et des

1. Voir le rapport du Conseil d'analyse de la société, auquel Jean Jouzel et plusieurs spécialistes ont contribué, intitulé « Querelles écologiques et choix politiques », publié par Odile Jacob en 2011.

îles. Ce ne sera pas la fin du monde, mais l'adaptation aura un coût financier et humain plus élevé que la plupart des gens ne l'imaginent.

Extinction des espèces et réchauffement climatique sont susceptibles de déclencher des catastrophes telles qu'elles entraîneront un changement radical de l'opinion et des comportements. L'accident nucléaire de Fukushima en 2011 a conduit les Japonais à diminuer spontanément leur consommation d'électricité. Mais qui peut souhaiter que l'histoire se déroule de cette façon ? Sans compter que les conséquences politiques de tels événements sont imprévisibles. Un drame écologique peut susciter une réaction rationnelle, mais il peut aussi jeter une partie de la population dans les bras d'extrémistes de tout poil, comme l'hyperinflation de Weimar a jeté les Allemands dans les bras d'Hitler.

Cette hypothèse est possible mais pas souhaitable. Alors que faire ? L'empreinte écologique totale supportée par la planète résulte du produit de trois facteurs : le nombre d'individus vivant sur terre, le PIB mondial par habitant et l'empreinte écologique par unité de PIB par habitant. C'est évidemment cette troisième variable qui doit diminuer fortement. Diminuer l'empreinte écologique par la baisse de la population (c'est la répression démographique) ou du niveau de vie (c'est la décroissance) relève, au mieux de la candeur, au pire de la tentation antidémocratique comme chez Jonas. Il est d'ailleurs piquant d'entendre les partisans de la décroissance voire les ingénieurs railler les économistes sous prétexte de leur supposée naïveté. Car ce qui est naïf, c'est de penser que les peuples des pays riches et a fortiori des pays émergents peuvent accepter un projet de décroissance. Prenez la Chine : sa consommation d'énergie croît de plus de 15 % par an. Ce seul pays consomme annuellement 50 % des métaux mondiaux[1]. Le taux d'équipement en voitures et camions est de 40 véhicules pour 1 000 contre 600 véhicules en Europe et pas loin de 800 aux États-Unis. Il est facile de comprendre que le salut viendra moins de la diminution de la consommation de voitures que de la substitution d'énergies peu polluantes au pétrole. La confiance dans l'innovation constitue la seule solution raisonnable. Elle commence d'ailleurs à produire ses effets positifs, alors même que, dans le domaine de l'énergie, le cycle d'innovations démarre à peine. Tandis que la croissance économique mondiale est relativement forte depuis le début des années 2000 (à l'exception de la crise de 2009), les émissions mondiales de CO2 sont à peu près stabilisées, ce qui signifie que le monde progresse dans la voie de l'efficacité énergétique. Les émissions de CO2 rapportées au PIB ont diminué de 15 % depuis le milieu des années 1990. En Chine, ce ratio reflue depuis 2007. Ce résultat est très insuffisant, puisque le CO2 forme un stock qui doit diminuer. Les émissions ne doivent donc pas être stabilisées mais considérablement réduites. Ces résultats montrent que le monde est néanmoins engagé sur la bonne voie.

1. Ces quelques chiffres rappellent au passage que, contrairement à ce qu'on entend souvent, les hausses des cours de matières premières ont peu à voir avec la spéculation (en dehors du segment des matières premières agricoles). Souvent, les marchés de métaux sont frustes et ne permettent pas les transactions de produits financiers complexes.

On parle bien, dans le domaine de l'énergie, d'innovation radicale et non de substitution d'une énergie fossile à une autre, comme cela a été fait depuis la révolution industrielle du XIXe siècle. Cette innovation est à concevoir au sens large, en y incluant innovation technique et organisationnelle. Elle recouvre trois champs :

1/ La production de ressources naturelles

La production de ressources naturelles concerne notamment (mais pas seulement) ce que l'on nomme habituellement les « énergies renouvelables ». La production d'électricité par des éoliennes en fait partie, comme les productions issues des panneaux photovoltaïques, qui utilisent l'énergie solaire. De même, le jour où l'on saura, à un coût raisonnable, dessaler l'eau de mer, l'un des principaux problèmes qui se posent à l'humanité aura été résolu. Aujourd'hui, l'énergie renouvelable représente une part infime de la production totale d'électricité, car l'électricité ne se stocke pas. L'énergie qui alimente l'appareil branché à une prise de courant vient d'être produite dans une usine à charbon ou une centrale nucléaire. Mais les éoliennes ou les panneaux photovoltaïques sont tributaires des conditions climatiques. Que le vent cesse de souffler ou que les nuages voilent le soleil, votre lampe s'éteint en quelques instants. Moins connu : un gros coup de vent peut entraîner une surproduction d'énergie qu'il est nécessaire de brûler, ce qui renchérit le coût d'exploitation de l'éolien, aujourd'hui prohibitif comparé, par exemple, à celui de l'électricité d'origine nucléaire.

Aujourd'hui, les énergies éoliennes ou solaires ne peuvent donc être utilisées qu'en complément des sources d'énergie fossiles. Mais à partir du moment où l'on sera capable de stocker l'électricité produite, les énergies renouvelables pourront percer. Cette avancée n'est peut-être pas si éloignée, si l'on en croit les travaux de chercheurs comme le professeur Donald Sadoway, au MIT, qui, avec son équipe et le soutien financier de grandes entreprises, construit des batteries géantes susceptibles de conserver de tels stocks.

2/ L'économie circulaire

L'une des façons de diminuer notre empreinte écologique consiste à réutiliser plusieurs fois ce que la terre nous a donné. C'est le cœur de l'économie « circulaire », notion qui s'oppose à celle d'économie « linéaire » et qui s'étend au-delà de celle, plus connue, de recyclage. Un exemple qui m'a été donné par Juliette Bouzou (ma femme, en effet) qui travaille beaucoup sur ces questions est éclairant : le cas du cycle de vie d'un jouet (une poupée).

« Dans l'économie linéaire, lorsqu'un enfant a envie d'une poupée, ses parents la lui achètent – souvent fabriquée en Chine, elle ne coûte d'ailleurs pas très cher. Au bout de quelques mois ou années, elle est un peu ternie, car elle n'est pas forcément facile à laver. L'enfant l'a tachée d'encre, l'un de ses yeux ne se ferme plus très bien quand on la couche, les parents n'ont d'autre choix que de la jeter. Dans l'économie circulaire, la poupée est "écoconçue". Elle est un peu plus chère à l'achat, mais elle est facile à nettoyer. Si l'un de ses yeux se bloque, il suffit de le faire réparer dans le magasin d'achat ou chez un réparateur spécialisé. L'une des parties de la poupée est irrémédiablement endommagée ? Ce n'est pas un problème, car les différents éléments sont facilement démontables et peuvent être remplacés. Quand l'enfant a grandi, les parents portent la poupée en dépôt-vente, ou la revendent sur Internet. Au bout de plusieurs années, la poupée est maintenant très abîmée : un réparateur peut encore récupérer les éléments réutilisables (yeux, bras ou jambes…). Les autres éléments retourneront en usine pour être recyclés : le produit ayant été éco-conçu, toutes ses parties sont aisément recyclables. La réparation des jouets par des boutiques spécialisées était chose courante en France jusque dans les années 1960. Dans cet exemple, une seule poupée est produite dans l'économie circulaire quand dix poupées l'étaient dans l'économie linéaire. Mais les poupées de l'économie circulaire sont de meilleure qualité. Par ailleurs, le schéma circulaire fait apparaître de nouvelles activités de services : réparation (logée au sein du réseau de distribution ou séparée), vente d'occasion, collecte du produit usagé. »

Le recyclage n'avait pas attendu le tri sélectif ou la dépose d'appareils électroménagers dans des déchetteries organisées avec des bacs bien différenciés.

Depuis longtemps, le vieux fer est réutilisé et les eaux usagées récupérées, dirigées vers des stations d'épuration puis traitées. On boit quasiment toujours la même eau. Mais cette idée d'une « économie circulaire » est nouvelle par son systématisme et sa largeur de vue. Elle constitue l'un des éléments qui permettent, toutes choses égales par ailleurs, de diminuer l'empreinte écologique sans être puni par la décroissance. C'est pourquoi elle est promise à un grand avenir.

3/ La destruction de ce qui détruit les ressources naturelles

L'empreinte écologique inclut les « maux », par exemple ces rejets de CO2 dans l'atmosphère alimentant un stock qui altère la couche d'ozone, et qui sont pour partie la conséquence de l'activité économique. Ainsi, le transport aérien porte une grande part de responsabilité dans la dégradation de notre environnement et dans le réchauffement tendanciel de la planète. Depuis 1960, ce secteur a crû de 8 % en moyenne chaque année, ce qui est considérable. Une tonne de fret aérien consomme 49 fois plus d'énergie au kilomètre qu'une tonne transportée par bateau[1]. Pour l'économiste américain Jeffrey Sachs, l'unique solution consiste à capter le CO2 avant son entrée dans l'atmosphère et à le séquestrer dans les sols où il sera moins nocif[2]. Cela permettrait entre autres de limiter les dommages causés à l'environnement par les usines à charbon chinoises qui produisent l'électricité du pays le plus peuplé de la planète. Jeffrey Sachs, qui a consacré beaucoup de recherches à ces sujets, estime que, dans ce domaine, la science est notre seul espoir, même si rien n'assure que cet espoir soit satisfait.

1. Dominique Viel, *Écologie de l'apocalypse*, Ellipses, 2006.
2. Jeffrey Sachs, *Common Wealth : Economics for a Crowded Planet*, Penguin, 2008.

Il n'y a pas d'assurance et encore moins de déterminisme dans ces domaines. Ce n'est pas parce qu'un problème se pose à l'humanité qu'elle y répondra correctement et suffisamment vite. L'extinction de l'espèce humaine est donc possible, plus probable même qu'une acceptation de la décroissance dans un cadre démocratique que nous voulons pourtant, peut-être avant toute chose, sauvegarder. Faut-il alors se résoudre, au mieux, à une catastrophe écologique qui imposerait la décroissance comme les Japonais acceptent d'éteindre les lumières la nuit, volontairement, sans contrainte autoritaire ? Non. L'innovation, qui va nous permettre de diminuer drastiquement notre empreinte écologique, demeure le scénario le plus vraisemblable.

S'en convaincre nous ramène à cette question lancinante des origines de la croissance : pourquoi ici et maintenant, et non ailleurs et à un autre moment ? Pour montrer que l'innovation naît des besoins ou, pour le dire autrement, que des problèmes humains accouchent des solutions, demandons-nous si l'innovation est généralement tirée par des besoins nouveaux ou par des hasards technologiques. Pour reprendre un exemple déjà traité dans ces pages, l'imprimerie est-elle apparue en Europe à la fin du XVe siècle grâce au génie de Gutenberg ou parce que la prolifération des actes juridiques et des romans païens exigeait un mode de production des livres moins coûteux que la copie ? Cette question a trouvé des éléments de réponses dans les travaux d'un professeur de Harvard, Jacob Schmookler, dans les années 1960[1].

1. Jacob Schmookler, *Invention and Economic Growth*, Harvard University Press, 1967.

Schmookler rappelle qu'une innovation se situe à l'intersection d'un besoin et d'une nouvelle possibilité technologique. Les facteurs de demande se combinent donc aux facteurs d'offre. L'idée est quasiment tautologique. Ce qui importe, comme précédemment souligné, c'est pourquoi maintenant ? Pour répondre à cette question simplement, Schmookler suggère de classer, à un moment donné, les inventions, en réalisant deux listes. Sur une première liste, les inventions sont classées par ordre de coût de réalisation, coût qui dépend essentiellement des technologies en vigueur. Sur une seconde liste sont classées les innovations en fonction de ce qu'elles sont susceptibles de rapporter (leur « revenu espéré »). Une invention va devenir une innovation si elle connaît un glissement dans l'une de ces deux listes, sans être trop mal classée dans l'autre. Autrement dit, une invention devient innovation si une découverte technologique permet d'en abaisser fortement le coût, alors même qu'il existe un besoin (mais qui, lui, n'a pas forcément besoin d'évoluer beaucoup). Autre cas de figure : une invention devient innovation parce que le besoin se fait plus pressant. Dans ce cas, une innovation peut apparaître même si la technologie évolue peu ; encore faut-il, évidemment, qu'elle soit disponible. Une fois la théorie exposée, reste à savoir si l'innovation est le plus souvent la conséquence d'un choc technologique (on parle dans ce cas de *technology push*) ou de besoins plus pressants (on parle alors de *demand pull*) ? L'innovation est-elle davantage guidée par le désir ou par le possible ? D'après les études réalisées par Schmookler, le désir a généralement un poids plus important que la technologie. Attention, il ne s'agit pas de dénier le rôle de la technologie. Simplement, elle devient une condition nécessaire (une invention est toujours un préalable à une innovation) mais, le plus souvent, elle ne constitue pas le déclencheur. Elle va être induite par un changement dans les besoins.

L'analyse de Schmookler est celle qui, depuis longtemps, a été privilégiée par la théorie économique standard, celle qui est le plus utilisée par ceux qui réfléchissent à ces questions. Les économistes ont développé, depuis les années 1970, des modèles dits de « soutenabilité faible » où l'intelligence humaine et les capitaux ont la capacité de se substituer à la nature[1] ! Le raisonnement sous-jacent est simple : quand une ressource s'épuise, son prix augmente, générant une rente pour ceux qui l'exploitent. Par exemple, l'augmentation rapide des prix des métaux bénéficie à ceux qui les extraient et les commercialisent. Si cette rente est réinvestie dans la recherche, des substituts vont apparaître qui vont préserver l'équité intergénérationnelle : une génération aura consommé des ressources jusqu'à l'épuisement, mais elle aura fourni la solution aux générations suivantes. Poussés au bout de leur logique, ces modèles soulignent qu'il n'existe jamais de contrainte naturelle : les deux seules ressources rares sont, d'une part l'intelligence humaine, d'autre part le capital nécessaire pour financer les innovations. L'écologie serait donc avant tout affaire de talent, de formation, d'appétit pour la

1. Par exemple Robert Solow, « The Economics of Resources or the Resources of Economics », *American Economic Review*, 1974.

recherche et la nouveauté, et d'affectation de l'épargne à des investissements de long terme. C'est pour cette raison que, pour un pays, les émissions de CO2 par rapport au revenu dessineraient une courbe en *U* inversé : un pays pauvre émet peu de CO2 car sa production et sa consommation sont faibles ; les émissions s'accroissent avec son développement. Elles finissent par diminuer lorsque les ressources naturelles déclinent et que la technologie permet de substituer des ressources « propres » à ces anciennes ressources fossiles[1].

Ces analyses sont séduisantes. Elles comportent néanmoins plusieurs faiblesses. Rien n'assure que la rente dégagée par l'épuisement des ressources rares soit réinvestie dans la recherche. Rien n'assure que les ingénieurs trouveront forcément la réponse aux problèmes posés. Rien n'assure que, s'ils la trouvent, la mise en œuvre des nouvelles technologies sera suffisamment rapide pour empêcher une dégradation durable de l'environnement (après tout, l'appauvrissement de la biodiversité est déjà engagé). Une étude soigneuse de l'histoire et de la théorie nous montre néanmoins que la solution aux problèmes de l'humanité est toujours venue de l'investissement et de l'innovation. Il n'y a aucune raison pour qu'il n'en soit pas ainsi cette fois-ci. Le désastre écologique

1. Une telle courbe est dénommée « courbe environnementale de Kuznets ». Simon Kuznets, économiste américain d'origine russe, Prix Nobel 1971, avait mis en évidence une relation en cloche entre les inégalités de revenus et le niveau de développement d'un pays. Depuis, les noms de quasiment toutes les courbes en forme de cloche font référence à Kuznets !

trouvera son dénouement heureux grâce à la solution économique. En tous cas, c'est le plus probable. Une condition est nécessaire pour que cela advienne : y croire.

Le sens plutôt que la peur

La prophétie d'Heidegger s'est réalisée : la croissance économique va au gré de la concurrence, dénuée d'objectifs élevés qui prendraient leur source, non pas dans une planification dirigée par l'État, mais dans un objectif commun. Ce désenchantement n'est pas consubstantiel à l'économie de marché. Pendant la Renaissance, le progrès économique servait l'humanisme et la beauté des choses. On n'entreprenait pas un grand projet sans qu'il comporte une dimension esthétique. À la Belle Époque, comme dans les ouvrages de Zweig, la croissance et le progrès étaient au service de l'élévation de l'être humain, à la fois sur le plan physique et spirituel. Il s'agissait de vivre mieux, plus longtemps et de s'élever moralement. On sait ce qu'il en fut finalement. Aujourd'hui, la croissance, dans les pays riches, vogue au gré des vents économiques.

On doit et on peut pourtant redonner un sens à la croissance. On le doit pour s'opposer aux forces antiprogrès qui n'ont jamais été aussi audibles qu'aujourd'hui, surtout dans les pays développés qui raisonnent autant, et parfois plus, en termes de protection de leur confort que de progrès. La Première Guerre mondiale a éloigné les peuples de la foi aveugle dans le progrès ; les extrêmes politiques, à droite comme à gauche, ont asséné des coups de boutoir dans la confiance en la croissance capitaliste. Les philosophes allemands des années 1970 comme Jonas sont allés plus loin, trop loin, en faisant de la peur du progrès une condition nécessaire de la survie de l'espèce. Ils sont allés trop loin car, énoncée ainsi, la peur ne peut conduire qu'à la décroissance, soit volontaire soit subie, via la stérilisation de l'innovation et la destruction créatrice. La décroissance volontaire est un programme politique inacceptable dans une démocratie, sauf, éventuellement, a posteriori, en cas de catastrophe écologique coûteuse en vies humaines. Un tel événement est possible, mais les philosophes auront du mal à démontrer qu'il serait souhaitable. La décroissance subie est, à l'inverse, un scénario hautement probable dans certains pays, où il a même déjà commencé à se réaliser. C'est le cas en France, pays particulièrement rétif au capitalisme et à sa prolongation internationale, la mondialisation, où un arsenal de réglementations toujours plus sévères rapproche les structures de l'économie française de ce qu'elles étaient pendant l'Ancien Régime[1]. La France est la Chine du Moyen Âge. Elle accepte l'innovation si elle ne bouscule pas l'ordre établi. Ces dispositifs réglementaires et législatifs sont complétés depuis 2005 d'un « principe de précaution » inscrit dans la Constitution, se situant au

---

1. La culture française fournit un réceptacle favorable à la philosophie anti-progrès allemande. Dès 1947, Georges Bernanos, dans son pamphlet *La France contre les Robots*, soutenait que la civilisation française était (selon lui heureusement) incompatible avec la société industrielle et libérale anglo-saxonne qui pervertit le mode de pensée des hommes.

plus haut niveau des normes juridiques, et faisant l'objet de son interprétation la plus stricte. Le Principe de précaution est une notion juridique apparue en Allemagne dans les années 1970, qui surplombe désormais toutes les réunions internationales et les traités en matière d'environnement. Il stipule que « lorsque la réalisation d'un dommage, bien qu'incertaine en l'état des connaissances scientifiques, pourrait affecter de manière grave et irréversible l'environnement, les autorités publiques veilleront, par application du principe de précaution, et dans leurs domaines d'attribution, à la mise en œuvre des procédures d'évaluation des risques et à l'adoption de mesures provisoires et proportionnées afin de parer à la réalisation du dommage ». Il faut bien comprendre les implications profondes de ce principe, dérivé de la philosophie de Jonas, quand il est appliqué avec la plus grande rigueur, ce qui est le cas en France. Gouvernement et parlement peuvent désormais interdire une activité, non plus en se basant sur les scénarios les plus probables, mais en se fondant sur des événements dont la probabilité est proche de zéro, dans la mesure où leur réalisation peut avoir des conséquences graves. Si en tant qu'individus nous raisonnions de cette façon, nous resterions enfermés chez nous car traverser la rue, conduire sa voiture, et même prendre l'avion, font courir un risque mortel supérieur à zéro. Le principe de précaution s'oppose à l'évolution darwinienne, qui veut que les innovations soient sélectionnées sur un principe d'essai, d'erreurs et de rejet éventuel, et non *a priori*, en fonction des catastrophes potentielles qu'elles pourraient causer. Selon ce principe, le feu, susceptible de faire disparaître des villages entiers, aurait été par principe rejeté, comme l'électricité ou l'énergie nucléaire. L'évolution de l'humanité montre, à l'inverse, qu'en dépit des dommages qu'il a créés (des villes entières et des forêts ont été détruites), il a permis aux individus d'améliorer leur situation à de nombreux égards. Que dire alors du gaz de schiste, dont, c'est vrai, nous maîtrisons mal les conséquences de l'exploitation, en particulier sur la qualité des nappes phréatiques ? Il est néanmoins intéressant de noter que son exploitation est possible et même développée aux États-Unis, mais que sa simple évocation suscite une véritable hystérie chez l'opinion publique en France.

Même si cela est difficile à mesurer précisément, on peut subodorer que l'augmentation de l'âge moyen dans les pays développés renforce cette crainte dans le progrès. En effet, la flexibilité que nécessitent le capitalisme et la destruction créatrice entraîne une remise en cause brutale des situations acquises. Or on craint de perdre son patrimoine quand on a pu en accumuler un. De même, il est plus commode de remettre en cause ses modes de pensées quand on a accumulé peu de savoir intellectuel. C'est plus inconfortable au bout d'une vie active.

La conjugaison du vieillissement et de la perméabilité aux arguments antiprogrès peut avoir des conséquences délétères. Redonner un sens à la croissance permet de conjurer ces peurs. Réexpliquer, inlassablement, les développements théoriques, rappeler les faits, actuels comme historiques. Convaincre que, grâce au progrès, demain sera meilleur qu'aujourd'hui. Persuader que nos grands problèmes du moment, de l'affaissement du capital naturel de la planète à la pauvreté en passant par les grandes maladies, trouvent une solution dans l'économie, c'est remettre en face de la peur de la technique de solides arguments.

VIII

Le grand bond en avant

Apprêtons-nous à vivre la plus grande révolution industrielle que le monde aura jamais connue. La destruction créatrice schumpétérienne emportera tout sur son passage, la sélection naturelle laissera mourir les organisations les mieux établies, les antagonismes de classe seront violents, au moins au début, avant qu'un nouveau contrat social se forme. Les pays qui auront réussi à dépasser cette période en sortiront avec une qualité de vie jamais atteinte dans l'histoire de l'humanité. Leurs habitants seront prospères. Ils pourront vivre libres, heureux et longtemps en bonne santé, dans une atmosphère de sécurité. Ceux qui, réticents au progrès, se seront murés pour protéger leurs situations acquises, connaîtront des désastres économiques et démographiques. C'est aujourd'hui que les peuples décident du chemin qu'ils vont emprunter.

Révolutions industrielles, cycles longs

Qu'est-ce qui permet d'affirmer d'une plume péremptoire que nos habitudes de vie vont être balayées par une nouvelle révolution industrielle, perspective euphorisante pour les uns, affligeante pour les autres ? La révolution industrielle se produit quand une technologie multi-usages balaie l'ensemble du système productif, sans limiter ses effets à son secteur d'origine. Le moulin à vent a modifié les conditions de travail dans la plupart des secteurs de l'économie médiévale. Il a donc déclenché une révolution industrielle, comme la machine à vapeur ou l'électricité. Internet correspond également à cette définition. Chacune de ces inventions a eu des conséquences gigantesques sur les façons de travailler, les organisations sociales, le niveau de vie. La révolution de l'informatique et d'Internet n'est pas terminée. Celle des nanotechnologies et de la biologie est en cours. Celle de l'intelligence artificielle commence. Dans cinquante ans, le monde qui nous entoure ne sera plus. Tant mieux ou tant pis, il est trop tard pour les regrets. Avant d'analyser les conséquences de ces innovations, il nous faut évoquer un économiste mort au goulag : Nicolas Kondratieff.

En 1925, le statisticien soviétique Nicolas Kondratieff (il dirige l'Institut national de la conjoncture) détecte, au sein des économies capitalistes, des cycles d'activité longs, de l'ordre de cinquante ans. Blasphème ! Dans l'Union soviétique des années 1920, mieux vaut ne pas dévier du dogme officiel selon lequel le capitalisme saute de crise en crise jusqu'à son engloutissement final dans le socialisme. À l'inverse, qualifier le capitalisme de cyclique souligne sa capacité de régénération après les crises et son caractère éternel… Trotski pense avoir trouvé la parade qui réconcilie l'idée du cycle Kondratieff et l'anticapitalisme. Le rebond cyclique serait dû à la découverte de nouveaux gisements de matières premières, comme l'or ou le pétrole, eux-mêmes obtenus par les pays capitalistes par l'exploitation de pays moins riches. Mais la réflexion de Trotski est trop faible pour convaincre. Les grandes découvertes de ressources naturelles ne correspondent pas aux phases du cycle. Staline envoie Kondratieff, âgé de seulement trente-huit ans, au goulag, où il sera fusillé, devenant l'unique exemple d'un économiste ayant payé ses idées de sa vie.

Cette mort prématurée n'a pas empêché la pensée de Kondratieff de faire école, et d'intéresser des économistes que nous avons déjà croisés dans ces pages, comme Schumpeter ou Kuznets. Les phases de hausse des cycles Kondratieff sont caractérisées par une accélération de la croissance d'abord, des prix ensuite, et de l'endettement enfin. Cette montée s'accompagne de l'apparition de nouveaux secteurs d'activité (la fameuse « synthèse créative » dont nous avons déjà parlé) et d'un élargissement des marchés, avec l'entrée de nouveaux pays dans le circuit capitaliste. À l'inverse, les phases de baisses sont marquées par un ralentissement de la croissance voire, épisodiquement, un recul de la production, une inflation faible voire négative, une montée du chômage, des pressions protectionnistes et un désendettement généralisé (ou, ce qui revient au même, une remontée de l'épargne au détriment de la consommation). Avouons-le : Kondratieff bricole un peu. Les phases cycliques ont des durées inégales et le nombre de cycles est trop court pour une étude scientifique. Les séquences diffèrent et les structures de l'économie évoluent, sous l'effet de la démographie, des guerres ou des découvertes de ressources naturelles. Mais la notion de cycles longs est stimulante et plutôt convaincante. Reste à lui trouver une explication. Observer une régularité historique est une chose. L'expliquer en est une autre. Sans explication, la régularité peut être l'effet du hasard. C'est Schumpeter qui va proposer la solution la plus rigoureuse[1].

Quand Schumpeter réfléchit à ces questions, les séries statistiques ont fait apparaître trois cycles Kondratieff dans le monde occidental. Le premier cycle commence au moment de la Révolution française et s'achève à la fin des années 1840. Le deuxième cycle démarre par définition quand le précédent s'achève, et vient mourir à la fin du XIXe siècle, au terme de la grande dépression commencée en 1873. Le troisième cycle commence en 1900. Son extinction commence avec la dépression des années 1930 et finit avec la Seconde Guerre mondiale. Schumpeter remarque que le début de chaque cycle correspond à la diffusion d'une innovation majeure : la machine à vapeur pour le premier, les grands moyens de transport comme le bateau et le train pour le deuxième, et l'électricité

1. Joseph Schumpeter, *Théorie de l'évolution économique : recherches sur le profit, le crédit, l'intérêt et le cycle de la conjoncture*, Dalloz, 1999.

puis l'automobile pour le troisième. Cette intuition du lien entre vagues d'innovations et cycle économique, va permettre à Schumpeter de décrire plus précisément les fluctuations qui ponctuent la vie des affaires. L'apparition d'une vague d'innovations stimule la production et l'emploi, les investissements boursiers, les prix puis l'endettement. Rien que de classique et, pour tout dire, pas renversant. L'analyse des dépressions est beaucoup plus novatrice. Notre époque considère la dépression économique comme un drame, avec son cortège de chômeurs, ses inégalités, ses problèmes de pouvoir d'achat. L'analyse schumpétérienne est plus profonde et prépare les modèles théoriques de croissance de l'après-guerre, dans lesquels l'apparition de technologies multi-usages peut provoquer des dépressions, avant de déclencher d'amples mouvements de croissance. Pour Schumpeter, c'est pendant la dépression que se préparent les transformations qui vont porter la prochaine vague de croissance, comme si l'économie devait mourir pour renaître. La phase précédente d'expansion a généré des déséquilibres cumulatifs qu'il faut purger pour faire place nette aux nouvelles innovations. Les banques, prises dans l'euphorie de la croissance, ont laissé la qualité de leurs bilans se dégrader ; les ménages et les entreprises se sont excessivement endettés ; la gestion laxiste de l'État, un temps noyée par l'expansion de recettes fiscales assises sur la croissance et l'inflation, finit par déboucher sur des dettes souveraines impossibles à rembourser. Cette purge de l'économie a des traductions concrètes, désagréables et nécessaires : les États doivent réduire leurs déficits publics, les banques en difficulté arrêtent de faire crédit, les ménages consomment moins et épargnent davantage[1].

Vous voyez où je veux en venir : le monde développé connaît aujourd'hui la fin de son quatrième Kondratieff, celui qui a commencé après la Seconde Guerre mondiale, avec l'essor de l'électroménager, de la hi-fi, de la voiture familiale à essence, et qui s'achève aujourd'hui dans un climat de crise bancaire et de crise des dettes souveraines, auxquels nos contemporains confèrent un caractère exceptionnel, mais que l'histoire longue a l'habitude de rencontrer. Les Kondratieff ne se terminent jamais de la même façon, mais leur épuisement est toujours déplaisant. La crise de 1873 est marquée par des faillites de banques et de compagnies de chemin de fer, et par une chute des prix agricoles. La crise des années 1930 est toujours dans les esprits, symbolisée par le Jeudi noir d'octobre 1929, mais aussi par les faillites bancaires et l'explosion du chômage, phénomène alors quasi inconnu, en tous cas dans ces proportions. La crise actuelle s'est matérialisée par l'éclatement de la bulle des subprimes aux États-Unis à partir de l'été 2007. Cet épisode correspond à ce moment du cycle où l'endettement des ménages et des entreprises est devenu excessif, et doit être résorbé. La consommation comme l'investissement doivent bais-

1. Kondratieff et Schumpeter ont limité leur analyse à la période postérieure à la révolution industrielle. Mais des recherches plus récentes ont identifié l'existence d'une dizaine de cycles Kondratieff antérieurs au XIXe siècle, le premier remontant à l'invention du papier et de l'imprimerie en Chine au Xe siècle. Voir George Modelski et William Thomson, *Leading Sectors and World Powers : the Co-Evolution of Global Economics and Politics*, 1996, University of South Carolina Press.

ser, et l'épargne doit être reconstituée. C'est un moment de rigueur et de sobriété forcées, mais qui prépare la renaissance.

La crise de la zone euro, qui prend sa source dans le surendettement de plusieurs États (la Grèce, le Portugal, l'Espagne, l'Italie, dans une moindre mesure la France et la Belgique), n'est évidemment pas indépendante de la fin de ce quatrième Kondratieff. Le passage obligatoire par la voie du désendettement concerne les États autant que le secteur privé. Les faillites souveraines font partie de l'histoire des crises, et entendre les intervenants sur les marchés financiers, pendant plusieurs décennies, parler « d'actif sans risque » en évoquant la dette des États ne peut que faire sourire. Quelle méconnaissance de l'histoire ! Les États sont les premiers à ne pas rembourser tout ou partie de leur dette, la fin du XXe siècle ayant constitué, pour les pays développés, une période de petite accalmie. Le royaume de France avait fait huit fois défaut entre le XIVe et le XVIIIe siècle. Au cours du seul XIXe siècle, l'Espagne a connu sept défauts quand la Grèce souffrait d'une sorte de « maladie chronique du défaut ». Les économistes américains Carmen Reinhart et Kenneth Rogoff ont calculé, depuis 1800, la part des pays en situation de défaut, pondérée par leur poids dans le PIB mondial. L'indicateur restitue la part de la dette souveraine au niveau mondial en défaut à un moment précis de l'histoire. Un premier pic se fait jour dans les années 1840, au moment où la premier Kondratieff est en phase de contraction. L'endettement public disparaît complètement dans les années 1920, mais les défauts se multiplient à partir des années 1930, et atteignent un sommet pendant la guerre, où 40 % de la dette souveraine mondiale ne peuvent plus être remboursés. Souvent, non seulement les États font défaut, mais ils remboursent la dette restante en monnaie dévaluée. Les rois rognaient les pièces d'or, les États du XXe siècle font tourner la planche à billets. Le résultat est le même : celui qui prête à un État dans la phase descendante du cycle Kondratieff court d'énormes risques.

Quant aux banques, elles tombent toujours, volontairement ou sous la contrainte, dans le panneau de la dette souveraine. Contraintes, elles peuvent l'être par la réglementation. Bonaparte a créé la Banque de France en 1800 pour financer ses guerres. Et les réglementations financières actuelles, dites Bâle 3 et Solvency 2, poussent les banques à prêter aux États. Mais elles sont loin d'y être toujours réticentes, attirées par la puissance apparente d'un gouvernement ou d'un empire. Au début du XXe siècle, le Crédit Lyonnais s'était fait une spécialité de canaliser l'épargne des Français vers les emprunts russes avec, en arrière-plan, cette idée qui aurait fait rire Darwin selon laquelle une entreprise peut disparaître mais pas un empire. On sait ce qu'il advint de ces fameux emprunts russes, répudiés par les bolchéviques.

Il est difficile de faire admettre que ce qui peut être considéré comme des drames, c'est-à-dire les faillites de banques, d'entreprises et d'États, constitue des processus d'autocorrection et d'équilibrage du capitalisme. Sans cette remise à zéro des compteurs économiques, le cycle ne peut pas repartir. Une grande expansion ne peut naître que d'un cycle Kondratieff terminé. À l'inverse, les tentatives pour ralentir la phase descendante ne peuvent que l'allonger et retarder la reprise. C'est très exactement pourquoi le cycle Kondratieff actuel est si long. En effet, en prenant 1945 pour point de départ de l'expansion, notre cycle est âgé de près de soixante-dix ans, soit vingt ans de plus que la moyenne. Certes, la durée de son expansion a été longue : quasiment trente ans. Mais la phase descendante dure depuis près de quarante ans, ce qui explique le sentiment des jeunes générations qui ont l'impression de n'avoir connu que le marasme, ce en quoi elles n'ont pas tout à fait tort. Pourquoi une phase descendante aussi longue ? Simplement parce que toutes les politiques économiques, depuis une trentaine d'années, sont mobilisées pour empêcher une purge jugée comme trop violente pour le corps social, ce qui a considérablement étiré ce quatrième Kondratieff. Au moindre fléchissement de la conjoncture économique, les États et les banques centrales appuient sur la détente pour tuer la récession qui pointe. Les États augmentent les dépenses publiques et / ou allègent les impôts. Les banques centrales utilisent leur boîte à outils, qui va de la fixation des taux d'intérêt à court terme à ce que l'on nomme maintenant des « mesures non conventionnelles », visant à injecter dans les banques des doses massives de liquidité, qui pourront ainsi être reprêtées aux États, aux entreprises ou aux ménages. C'est de la cortisone à très haute dose qui est perfusée dans les économies développées depuis une trentaine d'années. Nous vivons aujourd'hui le dernier épisode de ce feuilleton avant le débranchement du malade. En effet, les banques centrales ne peuvent guère aller plus loin dans leurs interventions, déjà massives. Quant aux États, surendettés (non seulement dans la zone euro, mais aussi aux États-Unis, au Royaume-Uni et au Japon), ils doivent augmenter ou stabiliser les prélèvements obligatoires, et réduire les dépenses publiques. De fait, l'économie va reprendre ses droits, ce qui est une excellente nouvelle.

L'économie qui reprend ses droits sur le politique ? Une excellente nouvelle ? Voilà une assertion qui pourrait valoir une excommunication de la scène publique dans un pays qui, depuis Sully et Henri IV, considère la politique économique comme une discipline martiale, régalienne. De Gaulle n'avait-il pas dit que la politique de la France ne devait pas se faire à la corbeille ? N'est-ce pas la grandeur du politique que d'orienter, voire de diriger l'économie ?

C'est une profonde erreur intellectuelle que de confondre le dirigisme de l'économie et la protection des personnes. Car, ne nous y trompons pas, dans les faits, le dirigisme vise à figer l'économie pour protéger les intérêts des victimes de la destruction créatrice. Il existe, sur ce point, un immense malentendu. Lorsque l'on érige des barrières réglementaires à l'entrée d'un secteur, quand on met en place des *numerus clausus*, quand on exige des agréments, c'est parfois pour protéger le consommateur, souvent pour protéger les entreprises qui ne veulent pas tremper dans le bain effervescent de la concurrence. Ce réflexe est rationnel. Les phases descendantes des cycles Kondratieff sont des périodes où se préparent les mutations technologiques, où la destruction créatrice n'est encore qu'essentiellement de la destruction, et très peu de création. C'est donc une période anxiogène où des géants peuvent disparaître comme les dinosaures en leur temps. La liste des très grandes entreprises qui ont périclité ou presque ces trente dernières années est longue : Nortel, Motorola, Polaroïd, Kodak, Matra, Swissair…

Une politique sociale progressiste doit aider directement les individus, en les formant, éventuellement gratuitement, en leur donnant accès à des moyens de transport, en les aidant à déménager en cas de nécessité pour se rapprocher d'un emploi vacant, mais certainement pas à mettre sous perfusion des secteurs d'activité, à compliquer les licenciements ou à interdire les plans sociaux. Les pays où sont mises en place ce type de politiques ressentent peut-être un léger mieux-être pendant quelques temps, mais ils tournent le dos à une croissance durable et au progrès. En refusant la destruction créatrice, qui est le coût de la croissance, c'est la croissance tout entière qu'on rejette. C'est aujourd'hui le malheur d'un certain nombre de pays européens. La France, qui a gardé bien des traits de l'Ancien Régime, en est l'exemple le plus criant.

Quel dommage ! Car la période que nous vivons, ce n'est pas le début d'une lente glissade de plusieurs décennies vers la dépression finale, puisque la dépression finale, nous la vivons ! Oh, elle n'a pas fini de faire sentir ses effets. Certains États vont faire défaut, comme la Grèce. Les banques, gorgées d'obligations souveraines, n'ont pas fini de souffrir. Leur capacité de prêt sera encore longtemps entravée, jusqu'à ce qu'elles retrouvent leur pleine solvabilité. Surtout, les Européens doivent rapidement choisir entre la solidarité et la désunion, c'est-à-dire l'éclatement de la zone euro. À ce titre, il ne tient qu'à nous de rendre la crise encore plus odieuse. Si l'immobilisme européen perdure, la zone euro éclatera, avec des conséquences économiques et politiques imprévisibles. Mieux vaut ne pas appuyer sur ce bouton. Comprenez bien. Une zone monétaire unique comme la zone euro ne peut fonctionner à elle seule que si les salariés d'un pays en récession peuvent aller travailler sans difficulté, avec leur famille, dans les pays en croissance[1]. Ce n'est évidemment pas le cas. On imagine mal tous les Grecs qui ont perdu leur emploi partir travailler à Stuttgart ou à Rotterdam, même si certains le font. C'est pour cette raison qu'un transfert d'une partie des souverainetés nationales vers une entité européenne est nécessaire. Si la Grèce ou d'autres pays sont en grande difficulté, si leur État est insolvable et ne peut plus rembourser ses dettes, seul un pouvoir politique centralisé peut transférer des ressources des pays en saine situation vers les pays qui en manquent. Cette solidarité intra-européenne n'est sans doute pas populaire auprès des contribuables des pays faiblement endettés, mais c'est le seul moyen de conserver une Union monétaire en état de fonctionnement. Il existe un précédent historique : les États-Unis, après la guerre d'Indépendance, dans le dernier quart du XVIIIe siècle. Plusieurs États utilisaient alors le dollar, mais le système bancaire et l'union monétaire étaient menacés par le surendettement des États du Nord, principa-

1. Il s'agit alors d'une « zone monétaire optimale », pour laquelle l'adoption d'une monnaie unique est indiquée. Le concept est du Prix Nobel d'économie Robert Mundell.

lement la Nouvelle-Angleterre et New York, dont l'effort de guerre avait asséché les finances. Le leader new-yorkais du parti fédéraliste Alexander Hamilton proposa de fusionner les dettes de l'ensemble des États et d'instaurer un impôt fédéral, décision politique ô combien lourde de sens et de conséquences puisqu'il s'agissait de parachever, par la voie financière, une nation. Jefferson, qui représentait la Virginie, s'y opposa dans un premier temps puis accepta en échange de la localisation de la capitale des États-Unis près de la Virginie et loin de la Nouvelle-Angleterre, et d'un abattement sur l'impôt fédéral. Il ne reste qu'à espérer que l'Europe suive le même chemin que les États-Unis, ce qui rendra la fin de ce quatrième Kondratieff moins douloureuse et raccourcira le chemin vers la renaissance.

Ce que NBIC veut dire

Les NBIC sont notre avenir. Elles vont transformer la nature de notre économie. Schumpeter : elles détruisent une économie pour faire place nette pour la suivante. Darwin : ceux qui ne s'adaptent pas aux nouvelles technologies disparaîtront, entreprises ou États. Marx : ces innovations vont changer les relations humaines dans les entreprises. Les États et le droit seront impuissants à freiner ces mutations.

N (Nanotechnologies)

La destruction créatrice commence par la destruction. Ensuite apparaît la création qui, dans le cas des nanotechnologies, se distingue à peine. Et pour cause. Cette révolution est invisible, puisqu'un nanomètre mesure un milliardième de mètre. C'est, comme toutes les révolutions technologiques, une révolution lente, née dans les années 1980 quand Gerd Binnig et Heinrich Rohrer ont inventé le microscope à effet de tunnel, un objet permettant de voir des atomes, de les toucher et de les déplacer, ce qui leur vaudra un prix Nobel en 1986. Précision de et pour les profanes : un atome mesure environ un dixième de nanomètre. D'ailleurs, l'emploi du terme nanotechnologie est générique et suscite nombre d'abus de langage. Il est souvent employé pour décrire des éléments dont la taille est très supérieure à quelques nanomètres. C'est agaçant pour les physiciens, mais de peu d'importance pour nous.

L'univers actuel des nanotechnologies n'est pas celui de la science-fiction, mais d'une réalité aussi bien maîtrisée par la science que déconcertante pour l'opinion publique : celle de la physique quantique, impalpable à l'œil nu, qui nous parle d'incertitude fondamentale, de dualité onde-particule, de non-localité ou d'intrication, autant de notions étrangères au commun des mortels, mais qui forment l'alphabet des spécialistes qui, comme Étienne Klein, considèrent que la force des nanotechnologies vient de leur appui sur des bases théoriques solides et précises qui rendent peu probable le fait de tomber sur une difficulté d'ordre théorique ou conceptuelle[1]. Étienne Klein explique que l'intérêt principal du nanomonde vient de ce que, à l'échelle nanométrique, les propriétés des matériaux changent pour une raison en réalité simple : plus un élément est petit, plus le rapport de sa surface à son volume est élevé, ce qui le rend plus réactif. Pour s'en convaincre, il suffit de réaliser une expérience simple. Prenez deux cachets d'aspirine. Broyez-en un. Mettez simultanément le cachet entier et le cachet broyé chacun dans un verre d'eau. Vous remarquerez que le cachet broyé se dissout plus vite que le cachet entier, simplement parce que sa capacité de réaction au contact de l'eau est plus élevée. Le carbone constitue un cas emblématique de matière adoptant des propriétés très intéressantes à l'échelle nanométrique : il devient alors très dur mais léger, et un remarquable conducteur thermique. Sa forme en tube permet en outre d'encapsuler des molécules. Autre exemple, mais on pourrait en citer des centaines : à l'échelle nanométrique, les oxydes de zinc ou de titane filtrent les ultraviolets et absorbent la lumière sans la réfléchir.

Étienne Klein classe les nanotechnologies en trois catégories : celles qui, comme les nanotubes de carbone, peuvent faire l'objet de production en quantités industrielles pour leurs propres qualités ; celles qui permettent de créer de nouveaux matériaux en les fabriquant quasiment atome par atome ; celles qui mélangent des « nano-objets » pour en faire des « nanocomposites ». Cette dernière classe représente aujourd'hui 70 % de l'activité en nanotechnologies.

---

1. Beaucoup des éléments présentés ici sont issus de son ouvrage *Le Small Bang des nanotechnologies*, Odile Jacob, 2011.

C'est grâce à ce type d'opérations que l'on est capable de concevoir des tee-shirts qui retiennent les mauvaises odeurs, des vêtements qui résistent au feu, des vitres autonettoyantes, ou d'augmenter le rendement des cellules photovoltaïques.

C'est peut-être dans le domaine de la santé que les applications des nanotechnologies sont les plus spectaculaires. C'est un point que les nanotechnologies partagent avec la biologie moléculaire et, dans une moindre mesure, l'informatique et l'intelligence artificielle. Les applications sont multiples : nanoprothèses, nanorobots chirurgicaux, nanomédicaments se dirigeant tout seuls dans le corps, nanocaméras pour remplacer l'endoscopie traditionnelle... Avançons d'un pas dans le rêve (le cauchemar pour certains). Des nanocapteurs présents dans notre corps pourraient surveiller nos paramètres vitaux. Ils pourraient envoyer à un écran logé dans un téléphone portable et même, pourquoi pas, intégré dans notre main (grâce à de l'encre nano) notre tension artérielle, notre taux de glycémie ou de cholestérol.

Un exemple est tout à fait évocateur de la destruction créatrice schumpétérienne : l'arrivée prochaine des laboratoires sur puce. Le laboratoire sur puce est aujourd'hui à l'état de prototype. Il devrait entrer d'ici quelques années dans le circuit commercial. Il mesure environ 2 centimètres carrés. Il remplacera le traditionnel prélèvement sanguin par l'analyse d'une seule goutte de sang déposée sur une plaque de verre ou de silicium et dirigée par des impulsions électriques vers des microréservoirs remplis de microréactifs. Les résultats sont lus sur un écran d'ordinateur. À partir de là, il est techniquement facile d'imaginer la convergence entre un laboratoire sur puce et un téléphone portable, qui permettra aux patients de pratiquer une autosurveillance. Ils pourront eux-mêmes réaliser des analyses périodiques d'une goutte de sang ou de salive qui seront directement envoyées à un médecin. Le laboratoire sur puce signe à moyen terme la mort des laboratoires d'analyses médicales, qui effectuent aujourd'hui les prélèvements sanguins et sous-traitent de plus en plus l'analyse. Les biologistes sont censés avoir lu Darwin ! Ils devraient être bien placés pour comprendre que leur survie tient à leur capacité à changer assez rapidement de métier. Ceux qui ont eu la curiosité de lire Marx et son matérialisme historique comprendront que ces innovations vont fabriquer des sociétés d'hypocondriaques obsédés par leur corps.

Le monde des nanotechnologies n'est pas celui d'*Alice au pays des merveilles*, et se pose la question de leur toxicité. En vérité, si la physique quantique est maîtrisée, on a encore du mal à évaluer les conséquences sur la santé de matériaux qui, sous forme de nanoparticules, sont susceptibles de pénétrer dans le corps humain à notre insu, alors qu'on en connaît mal les propriétés à cette minuscule échelle. Certes, il suffit en théorie de ne pas s'exposer pour ne pas courir de risque. Mais certaines nanoparticules sont déjà présentes dans nos vêtements ou dans l'air qui nous environne. Et voilà ressurgir le traditionnel combat du commencement des vagues d'innovation schumpétériennes entre tradition et modernité. Sauf que, à la différence du début du XIXe siècle ou de la Belle Époque, certains pays ont perdu cette foi collective, qui absorbait la peur et laissait vivre le risque. La mélancolie inquiète risque de nous faire rester sur le quai.

B (Biotechnologies)

Un *B* qui s'accompagne d'un *R* et d'un *G* pour Reprogrammation cellulaire et génomique, les deux grandes branches de la biologie moderne. Pour comprendre de quoi il s'agit, il est nécessaire de se replonger dans ce qui a fait notre joie ou notre désespoir de lycéens : qu'est-ce qu'une cellule ? Que sont les gènes ? Qu'est-ce que l'ADN ? À quoi servent les protéines ?

À la base de toute forme de vie, il y a de petites briques qu'on appelle des cellules, et qui vont s'assembler pour constituer des individus. Les êtres les plus simples comme les bactéries sont faits d'une seule cellule (on les dit « monocellulaires »). Un humain adulte est composé d'environ cent mille milliards de cellules. Le mécanisme de reproduction des cellules est fascinant, et, rétrospectivement, je n'arrive pas à me faire à l'idée qu'on ait pu me l'enseigner de façon aussi aride.

Au tout début, dans l'utérus, nous ne sommes pour ainsi dire qu'une cellule particulière, appelée « cellule souche »[1]. Cette cellule, comme toutes les autres, obéit au principe de reproduction cellulaire : elle se divise

1. Au tout début de l'histoire de notre vie, il y a une cellule, appelée LUCA (Last Universal Common Ancestor), apparue il y a 3,5 milliards d'années.

en deux. Au bout d'un certain temps, les cellules se différencient pour constituer les organes : le foie, les poumons, le cœur, les reins… Ce qui était, au départ, une cellule, est désormais un embryon. Les cellules qui ont la même fonction se regroupent. Les cellules meurent et se divisent tout au long de la vie : tous les jours nous en perdons et nous en recréons environ 70 millions.

Entrons maintenant à l'intérieur d'une cellule pour comprendre son fonctionnement. Schématiquement, une cellule contient un logiciel qui lui dit ce qu'elle doit faire. Ce logiciel, ce sont 30 000 gènes qui définissent nos caractéristiques individuelles comme la couleur des yeux ou de la peau, qui sont portés par des chromosomes. Les chromosomes sont eux-mêmes constitués de molécules d'ADN, une substance qui s'apparente à un long parchemin enroulé (quasiment deux mètres de long !) sur lequel sont justement écrits les gènes qui nous caractérisent, codés grâce à seulement quatre lettres : ATCG. La cellule contient aussi les protéines qui transportent des substances, défendent les cellules, transmettent des informations… Son énergie est alimentée par la combustion du sucre, grâce à l'oxygène apporté par l'hémoglobine du sang.

En pratique, quelles sont les fonctions des cellules ? D'abord, elles participent à la vie de leur organe. Ensuite, elles se divisent pour se reproduire. La cellule qui va mourir conçoit une copie absolument identique de l'ADN et de ses gènes, pour donner naissance à deux cellules filles également identiques. Des erreurs de copie se produisent fréquemment mais sont sans conséquence grâce à un merveilleux gène, le p53 qui, lorsqu'il détecte une anomalie, se suicide et tue ainsi la cellule dans laquelle il se trouve. Si ce gène ne fonctionne plus, ou si les gènes dits « oncogènes », qui multiplient les cellules, fonctionnent trop bien, les cellules peuvent se créer de façon anarchique, ce qui provoque l'apparition de tumeurs. Le cancer est une maladie génétique (qui peut donc être héréditaire, mais pas toujours, loin de là).

Ceci posé, comment rapprocher la reproduction cellulaire ou l'ADN du début du cinquième cycle Kondratieff ? Justement en intégrant à l'économie les notions de biologie cellulaire et de génomique, deux champs de recherche liés qui progressent vite, et qui commencent à diffuser des innovations.

Le docteur Laurent Alexandre, qui est à l'origine du site internet doctissimo.fr et qui a écrit un ouvrage de référence sur ces questions, compare la cartographie du génome humain à la découverte de l'Amérique en 1492 : « Que faire de ce nouveau continent ? Quelles ressources en tirer ? Comment l'organiser[1] ? » Laurent Alexandre rappelle qu'en 1980, aucun généticien ne pensait sérieusement qu'il serait un jour possible de lire le génome humain, c'est-à-dire l'ensemble de son patrimoine génétique contenu dans son ADN. Un premier génome humain a pourtant été partiellement séquencé en 2000 et une version définitive en 2003. Ce premier séquençage avait mobilisé des milliers d'experts pendant treize ans et coûté 3 milliards de dollars. En dix ans, le coût du séquençage a été divisé par 1 million. Quel est l'intérêt immédiat de ce

1. Laurent Alexandre, *La Mort de la mort, comment la technomédecine va bouleverser l'humanité*, Lattès, 2011.

séquençage ? Comprendre les mécanismes génétiques des maladies et les corriger. C'est en comparant des ADN sains à des ADN malades que l'on peut connaître les pathologies. Ainsi, la compréhension des maladies progresse avec le nombre de séquençages réalisés (1 million en 2013, aux alentours d'1 milliard en 2023 vu la vitesse de progression du phénomène), qui permettent de constituer de gigantesques bases de données. Grâce à ces connaissances, se développe la thérapie génique, véritable chirurgie des gènes, qui permet de remplacer les séquences d'ADN à l'origine de dysfonctionnements cellulaires. La génomique autorise aussi le développement de la biologie synthétique, qui consiste à créer du « vivant artificiel ». Des séquences d'ADN peuvent être produites, et remplacer par exemple les séquences d'ADN responsables du vieillissement. Déjà, beaucoup de chercheurs prélèvent l'ADN d'une plante, d'un animal ou d'une bactérie, et le modifient à l'envie. En 2010, l'Américain Craig Venter a annoncé la création de la première cellule artificielle. Il a pour cela modélisé un chromosome artificiel sur ordinateur, avant de le créer en éprouvette. Il l'a ensuite intégré dans une bactérie dont il avait au préalable ôté l'ADN naturel. Pour la première fois, un organisme vivant a été créé à partir d'un programme informatique. Comme le fait remarquer Laurent Alexandre, depuis cette date, cohabitent sur terre deux types d'êtres vivants. Ceux qui, comme vous et moi, sont des descendants de LUCA : ceux qui descendent de la cellule créée par Venter.

Chacun a entendu parler de la brebis Dolly, clonée à partir d'une cellule prélevée sur une patte de sa « mère ». Il s'agit du premier cas médiatisé de reproduction cellulaire grâce à une manipulation génétique. Avant Dolly, on pensait que seules les cellules souches pouvaient être manipulées. Depuis, on sait qu'il est possible de partir d'une cellule déjà différenciée pour la faire régresser jusqu'au stade de cellule souche, et la reprogrammer ensuite pour fabriquer une cellule fonctionnelle (d'un organe). Ainsi, des organes mais aussi des êtres vivants « complets » peuvent naître sans qu'un ovule féconde un spermatozoïde. Des applications concrètes pour les individus ont commencé à être développées depuis. Depuis 2007, on sait en effet modifier les gènes d'une cellule fonctionnelle humaine, pour en faire des cellules souches. Une véritable révolution. En effet, l'issue de ces recherches est tout simplement de pouvoir transformer des cellules malades en cellules saines. L'Américain Douglas Melton pense pouvoir aller plus loin. On sait qu'une cellule fonctionnelle peut régresser vers une cellule souche, à partir de laquelle il est possible de recréer des cellules fonctionnelles. Ainsi, un poumon peut générer un foie, mais en étant passé par le stade de la cellule souche. Melton explique qu'il est désormais théoriquement possible de passer directement du foie au poumon, justement grâce aux techniques de reprogrammation cellulaire, qui permettraient alors de combattre les deux causes de la mort, que sont le vieillissement des cellules et les maladies. La médecine passerait alors d'une logique de réparation des cellules et des organismes, à une logique de régénération, un peu comme repousse la queue coupée du lézard.

Ces perspectives sont fascinantes tant qu'elles restent éloignées de l'intégrisme génétique. L'immortalité n'est pas pour demain, notamment parce qu'on maîtrise encore mal les interactions entre l'expression des gènes et l'environnement. En effet, si la génétique était une discipline pure, de vrais jumeaux seraient parfaitement identiques. Ce qui n'est pas le cas. L'ADN demeure la source de notre identité biologique, mais l'expression des gènes diffère d'un individu à l'autre. La discipline qui étudie spécifiquement ce sujet, elle aussi en plein développement, est l'épigénétique.

I (Informatique)

La révolution informatique ne fait que commencer. Cela peut étonner car l'informatique a déjà envahi nos vies. Il y a dix ou vingt ans, personne n'imaginait que photos et films personnels seraient stockés, modifiés et lus sur un ordinateur. Personne n'imaginait à quel point Apple allait simplifier et enrichir notre vie, nous permettant notamment d'acheter pour un prix modique toute la musique ou tout le cinéma que nous aimons. Pourtant, le plus incroyable est encore devant nous, pour une raison qui a été mise en lumière en 1965 par Gordon Moore, qui est devenu par la suite président d'Intel. Moore avait remarqué qu'entre 1959 et 1965, la capacité des puces avait à peu près doublé chaque année. Il avait étayé son observation d'une démonstration portant sur les coûts de production des entreprises du secteur de l'informatique. Globalement, le niveau de complexité des circuits économiquement optimal pour les fabricants devait doubler chaque année. Surtout, ce rythme exponentiel n'avait pas de raison de fléchir. En 1975, il révisa légèrement son opinion à la baisse, jugeant que la puissance des puces doublerait simplement tous les dix-huit mois. En

1995, il pouvait constater qu'il avait eu raison. Pour fixer les idées : en 1950, un serveur informatique réalisait 1 000 opérations par seconde. En 1964, ce chiffre montait à 1 million, puis à 1 milliard en 1986, à 1 000 milliards en 1998 et à un million de milliards en 2007. D'après Laurent Alexandre, la loi de Moore devrait continuer de se vérifier au moins jusqu'à 2035 grâce à de nouvelles techniques de gravure des circuits et à l'optimisation de leur architecture. Ainsi, la capacité de calcul des serveurs va passer à 1 milliard de milliards d'opérations par seconde en 2018, 1 000 milliards de milliards en 2029 et 1 million de milliards de milliards en 2037.

L'informatique va entrer dans l'âge mûr. Ses applications dans les domaines des nanotechnologies, du vivant et de l'intelligence artificielle vont être considérablement facilitées. Dans le domaine de la génétique par exemple, les séquençages, les diagnostics, voire les réécritures de génome nécessitent un nombre colossal de données et d'opérations. C'est la loi de Moore qui a permis de développer ces applications. C'est la loi de Moore qui va faire chuter leur coût, encore aujourd'hui élevé, et faire de ces services de véritables biens de consommation. C'est grâce à la puissance informatique que, déjà, ces domaines ne sont plus l'apanage de la recherche fondamentale publique, mais des entreprises. Par exemple, certaines sociétés développent aujourd'hui des programmes de réparation génétique dits de « méganucléases », qui coupent l'ADN à un endroit précis, et introduisent des morceaux d'« ADN médicament ». Comme le dit Laurent Alexandre, la génétique est d'abord une question d'informatique. La destinée de Google l'illustre.

L'entreprise californienne créée en 1998, grâce à un algorithme particulièrement performant, est devenue leader des moteurs de recherche sur internet. À partir de ce point de départ, elle a développé nombre d'activités : photos satellites, emails, bibliothèque numérique... Il n'est pas impossible qu'elle s'impose sur le marché du séquençage du génome grâce à 23andme (entreprise dans laquelle Google et quelques-uns de ses dirigeants possèdent des intérêts), qui propose à ses clients de lire des parties de leur code génétique, pour prévoir le risque de survenance d'une centaine de pathologies. Les clients peuvent ensuite adapter leur comportement pour éviter l'apparition de la maladie. Par exemple, un individu présentant un risque de cancer du côlon supérieur à la moyenne sera particulièrement vigilant quant à son alimentation. Ce n'est pas un hasard si Google tente de s'imposer sur ce marché puisque aucun fabricant de chandelles n'a jamais produit d'ampoules électriques. Le séquençage du génome a des conséquences trop destructurantes pour le secteur de la santé tel qu'il est aujourd'hui organisé pour ne pas susciter un mouvement de rejet. Car si on peut un jour séquencer intégralement le génome des individus et évaluer précisément des risques de pathologie, cela signifie que la médecine, aujourd'hui curative et de masse, devient préventive et individuelle. Les acteurs de ce marché ont tout à y perdre. Google a tout à y gagner. En outre, l'entreprise californienne dispose des infrastructures de stockage et de traitement des données qui constituent les ressources clés de la médecine génomique. La loi de Moore permettra de diminuer fortement les prix, et de constituer un vaste marché de consommateurs.

La loi de Moore permettra également de progresser dans la modélisation du vivant, une discipline émergente mais incroyablement prometteuse. La modélisation informatique est déjà très développée dans l'automobile ou l'aéronautique, ce qui présente des avantages exceptionnels : il est par exemple possible de simuler les conséquences de turbulences très fortes, d'orages, de perte de pression cabine avant même qu'un avion effectue son premier vol. C'est un gage en matière de sécurité : on peut effectuer les vols d'essai dans des avions déjà sûrs et résistants. C'est aussi un avantage en matière économique, puisque la modélisation raccourcit le délai entre la sortie usine et l'exploitation commerciale. Imaginez les applications dans le domaine du médicament : il sera possible dans quelques années de simuler les effets primaires et secondaires de nouveaux traitements. Les protocoles d'essai pourront être allégés et le temps entre une découverte scientifique et sa mise sur le marché diminué. Dans quelle mesure les laboratoires pourront adapter leur organisation à cet environnement technologique ? La réponse est la même que dans le cas du séquençage du génome. Le médicament pourrait devenir l'apanage d'institutions ne venant pas du secteur de la santé.

C (Sciences Cognitives)

Dans tous ces progrès, les êtres humains seront aidés, peut-être dépassés, par l'intelligence artificielle. L'économiste américain Kenneth Rogoff s'intéresse beaucoup à cette question, pour une raison toute personnelle[1]. Il a été, avant d'être un économiste connu, joueur d'échecs professionnel. Jouer aux échecs est couramment associé à l'intelligence. Cette association est justifiée, puisque le nombre de coups possibles est quasiment infini. Or, il faut jouer soi-même mais, pour gagner, il faut aussi anticiper les différents coups possibles de l'adversaire. Être un bon joueur d'échec exige d'être doté d'une intelligence redoutable. L'histoire procède par accélération. Une telle accélération, qui a beaucoup marqué Rogoff, s'est produite en 1996 et en 1997. En 1996, le champion du monde Garry Kasparov a perdu une partie contre un ordinateur, Deep Blue, d'IBM. Il a repensé son jeu, l'a complexifié, il a concentré son immense intelligence pour tromper Deep Blue. Peine perdue. Deep Blue a remporté la rencontre de 1997, ce qui a rendu Kasparov furieux. Depuis, l'homme a essayé de battre l'ordinateur, mais l'intelligence de l'ordinateur a progressé plus vite que l'intelligence humaine, élargissant ses compétences, adjoignant à la logique la capacité de calcul et une mémoire quasiment infinie. Les ordinateurs ont observé les parties jouées par les Grands Maîtres (la principale distinction aux échecs). Ils ont analysé leur stratégie et ont modifié leur jeu en conséquence. En outre, contrairement aux hommes, ils disposent d'une capacité à envisager un nombre de scénarios quasiment infini.

1. Il faut lire son article « Artificial Intelligence and Globalization » publié par *Project Syndicate* en 2006.

Les avancées de l'intelligence artificielle sont telles que certains chercheurs s'inquiètent de la « gelée grise » d'Eric Drexler. Dans un livre de 1986 (*Engines of Creation*), cet ingénieur avait imaginé que des nanorobots pourraient se reproduire sans que les hommes parviennent à contrôler leur profusion. La terre s'envelopperait alors d'une « gelée grise ». On retrouve un scénario analogue dans *2001 L'Odyssée de l'espace*, le film de Stanley Kubrick, où l'ordinateur de bord se venge de l'équipage qui a voulu le débrancher. Aujourd'hui, les ordinateurs sont sur le point de passer le « test de Turing », selon lequel la science franchit un moment décisif quand une personne mise au contact de la conversation d'un humain ou d'un ordinateur ne sait pas reconnaître lequel est une machine. Rogoff rapporte qu'il y a trente ans, il pouvait, au jeu d'un joueur, deviner ses traits de caractère. Aujourd'hui, face à un ordinateur, il est totalement démuni.

Plus récemment, IBM a franchi un pas supplémentaire en opposant son ordinateur Watson aux deux meilleurs joueurs de l'histoire de Jeopardy, l'émission de télévision américaine de culture générale, qui existe depuis 1964. L'ordinateur a su saisir le sens de questions sous forme de formules comme « Recherché pour le vol d'une miche de pain dans *Les Misérables* » (réponse : Jean Valjean), extraire les mots clés, trouver la réponse dans l'équivalent de 200 millions de pages d'encyclopédie.

Ce sont encore des êtres humains qui jouent, le plus souvent, aux échecs, et qui participent à Jeopardy. Parce que ce sont des activités valorisées pour elles-mêmes, les hommes continueront de les pratiquer, même si les machines sont plus performantes. Cependant, dans beaucoup de domaines, l'intelligence artificielle va renverser l'économie. Si vous n'êtes pas amoureux transi de la destruction créatrice, vous aurez du mal à supporter la société de l'intelligence artificielle. Rogoff remarque avec humour que le métier de professeur d'économie va disparaître, remplacé par un hologramme intelligent qui surgira d'un téléphone portable (que seule la force de l'habitude nous fait encore appeler téléphone). Déjà, des entreprises d'apprentissage des langues font travailler des enseignants virtuels, utilisant les techniques les plus modernes de reconnaissance vocale.

Quand vous montez dans un Airbus ou un Boeing d'une grande compagnie, vous pénétrez à l'intérieur d'un avion « intelligent », copiloté par des ordinateurs et des humains. Cet exemple de l'aéronautique est passionnant car il montre que la machine n'efface pas l'homme, mais elle l'oblige à modifier son métier. De façon schématique, on pourrait dire qu'une présence humaine est nécessaire dans un avion parce que les ordinateurs peuvent commettre des erreurs. Mais des ordinateurs intelligents sont aussi nécessaires car les humains aussi sont imparfaits. L'introduction de l'informatique dans les avions a permis d'augmenter considérablement le niveau de sécurité. Aujourd'hui, à l'exception de quelques exemples rares mais traumatisants, il n'y a plus d'accidents d'avion de ligne.

C'est le même type d'évolution qui se dessine dans le monde de la médecine. De plus en plus, les blocs opératoires (qui ressemblent désormais à des cockpits d'avion) sont équipés de robots amenés à devenir de plus en plus intelligents. Les chirurgiens sont de moins en moins présents devant une table d'opération, et manipulent de plus en plus souvent un tableau de commandes et surveillent le déroulé de l'opération grâce à un système d'imagerie qui grossit environ 15 fois la taille réelle. Ils dirigent des robots qui manipulent des scalpels (le robot peut tourner sa main à 360 degrés, ce qu'un humain ne peut pas faire), qui se bloquent dès qu'ils butent sur une résistance anormale, qui effectuent des opérations d'incisions très fines (on parle de chirurgie « mini-invasive » qui réduit considérablement les troubles post-opératoires). On voit maintenant des robots anesthésistes qui dosent les quantités de produits injectés en fonction de l'analyse en temps réel des paramètres biologiques du patient. L'informatique et l'intelligence artificielle changent le métier de chirurgien qui, entouré d'ingénieurs, s'extrait progressivement des actes techniques pour se concentrer sur le diagnostic et le choix du traitement. Dans ces domaines aussi, l'intelligence artificielle lui sera désormais d'un grand secours. Avant de le concurrencer ?

On peut s'étonner que l'acronyme NBIC ne laisse aucune place à l'énergie. C'est tout simplement que les innovations dans le domaine de l'énergie ne singularisent pas les révolutions industrielles, elles en sont la condition nécessaire : énergie hydraulique au Moyen Âge, technologie de la vapeur et charbon dans la seconde partie du XVIIIe siècle, électricité à la Belle Époque : l'énergie est la source qui rend possibles les vagues d'innovations. Les NBIC n'échapperont pas à cette règle puisque pour faire fonctionner des ordinateurs et des serveurs ultra puissants, pour diriger des nanoparticules, pour modéliser le corps humain, il faut utiliser des quantités d'énergie que les ressources fossiles ne permettent plus de générer. Comme toujours, nécessité fera loi, et les énergies renouvelables feront rapidement partie de notre réalité, s'intégrant harmonieusement dans la révolution des NBIC.

Philosophie du transhumanisme

L'humanité sous-estime toujours le progrès technique, qui rend l'impossible réel. Mozart aurait-il cru que vous pourriez aujourd'hui porter sur vous et écouter quand l'envie vous en prend plusieurs milliers de morceaux de musique ? S'il vous en manque un, vous pouvez vous le procurer en environ une minute. En quittant mon domicile à 7 heures le matin, je peux être au cœur de New York pour le déjeuner. Qu'en aurait pensé Christophe Colomb ? Nadar aurait-il imaginé Google Maps ?

Alors évidemment, si je vous parle de transhumanisme, c'est-à-dire d'une humanité ayant une espérance de vie à la naissance de mille ans et augmentée par des machines elles-mêmes intelligentes, vous souriez. Vous considérez cette perspective au mieux comme sympathique, au pire comme follement dangereuse, mais vous n'y croyez pas. Et vous avez tort.

Vous avez factuellement tort car l'homme a déjà commencé à fusionner avec la machine. Qui s'est vu implanter un pacemaker ou vit avec une prothèse porte en son sein une machine. Il n'est plus un humain tout à fait naturel. Il est déjà « augmenté ». La formidable progression des technologies bioniques accélère ce mouvement. Nous sommes en train d'assister à la naissance de l'homme bionique et nous n'en avons pas conscience. L'œil artificiel connaît des développements prometteurs. Il ne permet pas de voir comme vous et moi, mais les aveugles peuvent distinguer des formes. Des implants placés dans l'oreille permettent à des sourds profonds d'entendre. Déjà, nous savons que techniquement, nous allons pouvoir éradiquer une grande partie des cas de cécité. Les premiers cœurs artificiels ont été implantés. Le bras bionique, directement commandé par le cerveau, existe. La technique des « implants cognitifs » va d'ici quelques années redonner à des tétraplégiques le goût de vivre : ils pourront, seuls, déplacer des objets, manipuler un ordinateur ou un téléphone... Et vous avez peut-être entendu parler de l'exosquelette, que des entreprises japonaises veulent faire passer du statut de prototype à celui de bien de consommation. Ce « squelette externe » accompagne le déplacement des membres, en ajoutant de la force électrique à la force musculaire. Résultat : un individu en bonne santé peut soulever une voiture, et une personne âgée ou malade peut se déplacer normalement. Ce n'est pas un hasard si le Japon, l'un des pays développés qui comptent le plus de personnes très âgées, est particulièrement performant dans ce domaine.

Le transhumanisme est donc déjà en marche, incarné par des gourous comme l'Américain Raymond

Kurzweil, le plus connu d'entre eux. Le mouvement transhumaniste dispose de sa propre université : « l'université de la singularité », financée par la NASA et Google. Elle propose un cursus destiné aux dirigeants d'entreprises, aux politiques, aux intellectuels, où se mêlent nanotechnologie, biologie, robotique ou études spatiales... Où vont nous conduire ces avancées ? Les interactions entre la science et l'économie sont pleines de surprises, et l'établissement d'un scénario pour prévoir le futur est (heureusement) impossible. Néanmoins, plusieurs faits sont déjà établis. Il suffit d'ouvrir nos yeux pour les contempler. On peut les regrouper en trois catégories : la lutte contre les maladies, la lutte contre le vieillissement, et l'intelligence humaine augmentée.

1/ La lutte contre les maladies

La conjonction de la génétique et de la reprogrammation cellulaire va permettre de lutter contre certaines maladies, au premier rang desquelles les cancers, avec une efficacité croissante. Il sera impossible de guérir toutes les maladies car certaines évoluent, développent des résistances et d'autres apparaissent. La mondialisation et l'urbanisation croissante augmentent en outre le risque d'épidémie. La course entre science et maladie ne sera donc jamais totalement gagnée par l'humanité. Mais la science court de plus en plus vite. L'espérance de vie va continuer de progresser à un rythme rapide, ce qui relativise sévèrement certains de nos débats contemporains. Les débats sur l'âge légal de départ en retraite qui nous occupent tant (faut-il partir à 62, 65 ou

67 ans pour bénéficier d'une pension à taux maximum) nous sembleront puérils quand nous vivrons 300 ans.

2/ La lutte contre le vieillissement

Le vieillissement est affaire de cellules, dont le processus de division est, avec le temps, de moins en moins performant. La machine cellulaire se fatigue et se dérègle peu à peu. Mais la lutte contre le vieillissement progresse, grâce aux sciences nutritionnelles, mais pas seulement. La biologie cellulaire apporte des pierres de plus en plus grosses à cet édifice. Non seulement l'espérance de vie augmente, mais l'espérance de vie dite « en bonne santé » progressera au moins au même rythme.

3/ L'intelligence humaine augmentée

C'est l'application la plus complexe, la plus vertigineuse, la plus dérangeante : intégrer des microcapteurs dans un cerveau pour en augmenter la capacité. Le cerveau est un organe extraordinairement complexe qui mobilise beaucoup de recherches dans le monde, en particulier dans le cadre de la lutte contre les maladies d'Alzheimer et de Parkinson. De la même façon que nous avons réussi à lire un génome entier il y a quelques années, des chercheurs américains ont entrepris de réaliser une carte des connexions neuronales du cerveau. Le projet s'appelle Connectome.

Dire que les conséquences philosophiques, éthiques et juridiques de ces innovations sont colossales est en dessous de la réalité. Non pas qu'elles remettent en cause nos valeurs humanistes. Finalement, ces innovations sont en droite ligne des enseignements du christianisme originel puis des Lumières : l'homme se construit face à la nature. Mais elles changent notre façon de les utiliser et, de ce point de vue, vont entraîner des glissements philosophiques. Les philosophes nous seront d'un grand secours ces prochaines décennies, notamment pour répondre à cette question : qu'est-ce qu'une vie réussie quand on vit trois cents ans ? Car si l'immortalité n'est pas pour demain, l'état de la science nous permet d'anticiper une accélération des gains d'espérance de vie. Pour Laurent Alexandre : « Le premier homme qui vivra 1 000 ans est peut-être déjà né. »

Certains essayistes aussi intègres que brillants, comme Francis Fukuyama, sont des opposants acharnés au mouvement transhumaniste, à la fois pour des raisons éthiques mais aussi politiques : on voit le risque que fait peser sur le monde la prolifération nucléaire, alors qu'en sera-t-il de la profusion nanotechnologique, qui donnera aux terroristes et aux États ennemis de la liberté des outils mille fois plus puissants que leurs outils actuels[1] ? L'argument porte et mérite d'être examiné soigneusement. Mais, même en admettant que Fukuyama ait raison sur le fond, il est trop tard pour stopper le mouvement. Depuis la nuit des temps, l'homme, même quand il est empreint de sagesse, considère la vie comme trop courte. La mort, même quand elle arrive tard, au terme d'une vie heureuse,

1. Francis Fukuyama, *La Fin de l'Homme : les conséquences de la révolution biotechnique*, La Table Ronde, 2002.

est triste. Bien sûr, la mort d'un vieillard de cent ans laissant derrière lui une vie heureuse et prospère est moins triste que celle d'un enfant. Elle l'est néanmoins.

Fukuyama n'est pas marxiste. Il considère que les idées peuvent stopper la technologie. Marx aurait inversé les termes du débat : la technologie est la base, les conséquences économiques, juridiques, politiques en découlent, les risques aussi. Rien ne sert de les refouler, il faut s'y adapter, ce qui fait naître de nouveaux mouvements idéologiques. L'Église, parfois avec le concours de l'État, s'est opposée à l'imprimerie de Gutenberg. On a vu avec quel succès ! La technologie a été la plus forte, annonçant la réforme et l'avant-garde des Lumières. Un homme vivant plus longtemps, en bonne santé, avec une intelligence et une force décuplées, Marx y aurait vu un tournant dans les relations sociales et la formation des idéologies. La perspective de vivre deux cents ans peut effrayer et même déplaire. Quatre-vingts ans c'est peut-être trop court, mais deux cents ans, c'est peut-être trop long. Et puis, combien de problèmes aurons-nous à gérer ! Surpopulations et contrôles des naissances, tensions sur les ressources naturelles, manque de logements, gérontocratie… L'allongement brusque de la durée moyenne de la vie n'est donc pas sans poser bien des difficultés. Mais est-ce suffisant pour que la demande sociale s'oppose à ce progrès déjà en marche ? C'est très peu probable. La science a déjà fait tomber bien des tabous éthiques : interruption volontaire de grossesse (y compris pour un embryon trisomique), diagnostic prénatal, bébés médicaments (donner naissance à un enfant spécifiquement conçu pour soigner son grand frère ou sa grande sœur malade), greffe du visage (la partie visible du corps qui nous identifie le plus)… Toutes ces avancées ont été, dans un premier temps, considérées comme éthiquement choquantes. Dans un second temps, le corps social les a acceptées et assimilées. Il en sera de même avec le transhumanisme, rupture technologique générant de nouvelles idéologies. Les transhumanistes, contrairement aux apparences, sont moins des utopistes que de fins analystes de nos sociétés.

Darwin et l'État providence

Si seulement Darwin avait pu bénéficier de ces avancées et vivre deux cents ans. Nous l'aurions vu réagir à cette transition extraordinaire où le mécanisme biologique de la sélection naturelle va perdre de son importance, puisque nous avons commencé à manipuler le génome humain pour l'améliorer ! Or la sélection naturelle fait son miel de l'erreur. C'est bien parce qu'il existe des erreurs de recopie de l'ADN des cellules que les caractéristiques biologiques des enfants sont plus ou moins bien adaptées à l'environnement que celles de leurs parents. Nos cellules se reproduisent quasiment toujours à l'identique mais il arrive, dans des cas très rares, que des variations apparaissent. Souvent, elles sont sans conséquence sur la descendance, mais ce n'est pas le cas quand elles se produisent au moment de la division des cellules qui vont donner naissance aux spermatozoïdes et aux ovules ou au début de la formation de l'embryon. C'est aussi grâce à ces erreurs que nos enfants ne sont pas notre exacte copie. Ces erreurs peuvent être heureuses et renforcer l'adéquation d'un individu à son environnement. Dans ce cas, l'individu en question a toutes les chances de vivre au-delà de la puberté et de transmettre cette nouvelle caractéristique. Mais l'erreur peut avoir des conséquences malheureuses, et empêcher un enfant d'atteindre la puberté. Dans ce cas, l'erreur de division cellulaire est jetée dans l'immense poubelle de la génétique. La froideur de l'expression contraste avec le drame humain que représente la mort d'un enfant. C'est bien pour cela que la science a voulu et réussi à adoucir la rigueur de la sélection naturelle, grâce aux vaccins et aux soins. Aujourd'hui, le taux de mortalité infantile est au plus bas, ce qui signifie que nous empêchons l'évolution. Et nous ne sommes qu'au début de ce processus.

Dans le domaine sociétal en revanche, Darwin va connaître un âge d'or. Ce passage du quatrième au cinquième cycle Kondratieff va bouleverser l'environnement scientifique, technique et économique des organisations, publiques comme privées. Sans diversité et sans capacité à anticiper, réagir et changer, une organisation peut être considérée comme morte. Regardez autour de vous les entreprises, associations et organisations publiques qui réunissent ces trois caractéristiques : homogènes (par exemple on n'y trouve quasiment que des hommes et peu de femmes), attachées à leurs traditions, et entravées dans leur capacité à changer, souvent d'ailleurs en raison de leur grande taille. Et dites-vous que dans vingt ou trente ans, elles n'existeront plus. J'ai bien peur que ce soit le cas de l'une des institutions à laquelle nous, Européens, sommes profondément attachés : l'État providence.

L'État providence structure nos vies d'Européens. Pour la plupart, les habitants de ce continent savent que s'ils sont malades, ils peuvent s'arrêter de travailler pour quelque temps. Les femmes savent qu'après un accouchement, elles peuvent s'occuper quelques mois de leurs enfants. En principe, qui perd son travail ne dort pas dans la rue. En principe aussi, on peut, aux alentours de 65 ans, bénéficier de temps libre pour ses passions et sa famille. L'histoire de l'État providence est pourtant mal connue[1]. Les premières formes embryonnaires d'État providence apparaissent dès le XIXe siècle comme une conséquence très marxiste de la révolution industrielle. Bismarck institue dans l'Allemagne des années 1880 un système de retraite mais aussi d'assurance santé et d'assurance contre les accidents. La Grande-Bretagne s'inspire de ce modèle au début du XXe siècle. Elle crée un ministère de la Santé en 1919, suivie par la France en 1920. L'assurance chômage devient obligatoire en Grande-Bretagne en 1911 puis, dans la même décennie, en Italie, en Autriche, en Pologne, en Bulgarie, en Allemagne et en Yougoslavie. Les allocations familiales sont introduites en Belgique en 1930 et en France en 1932 pour augmenter la natalité suite à la Première Guerre mondiale. Mais, dans

1. Elle est remise dans son contexte particulier marqué par les guerres par Tony Judt, *Après-Guerre : une histoire de l'Europe depuis 1945*, Armand Colin, 2007.

aucun de ces pays, on ne peut alors parler d'État providence à proprement parler. En effet, la couverture des risques est partielle et répond à des problèmes ciblés, comme celui de la natalité. Il ne s'agit pas encore de fournir une couverture sociale à l'ensemble des citoyens.

Ce sera chose faite après la Seconde Guerre mondiale. Comme le montre l'historien britannique Tony Judt, l'État providence plonge ses racines intellectuelles dans la confiance placée dans l'interventionnisme public. Les Européens avaient conservé à l'esprit la crise des années 1930, qu'ils considéraient comme étant en partie responsable du conflit. Cette interprétation a été contestée depuis, notamment par Milton Friedman. Mais disons qu'elle faisait alors consensus, comme sa principale implication logique : la nécessaire intervention de l'État dans l'économie par le biais de la planification de la production et grâce au développement du système social. Dans la quasi-totalité des pays européens, l'État commença à fournir lui-même des services sociaux, dans l'éducation et la santé bien sûr mais aussi, ce qui était plus nouveau, dans le logement, les transports publics ou la culture. La Sécurité sociale consistait en un système d'assurance publique obligatoire couvrant la maladie, le chômage et la vieillesse. Deux grands modes de financement émergèrent alors : un mode « socialiste », typique de la Grande-Bretagne, où les recettes provenaient des impôts et où les soins et les services publics étaient distribués gratuitement ou presque ; un mode « libéral », typique de la France, où des prestations étaient distribuées aux citoyens qui pouvaient librement les utiliser, en allant dans n'importe quelle pharmacie ou chez n'importe quel docteur. Par-delà des différences qui subsistent, même si elles s'estompent, ces deux systèmes ont en commun d'être redistributifs. En effet, les cotisations sont proportionnelles aux revenus alors que, dans un système d'assurance pur, elles sont proportionnelles au risque. Ainsi, les États providence sont à la fois des systèmes de couverture des risques, mais aussi de redistribution des hauts revenus vers les revenus plus modestes. Le système britannique fut, dès le départ, particulièrement développé pour deux raisons. D'abord, les travaillistes avaient été triomphalement élus en juillet 1945, et purent appliquer leur programme sans avoir à négocier avec un partenaire dans le cadre d'une coalition. Ensuite, l'économiste William Beveridge avait publié dès 1942 un rapport devenu rapidement célébrissime sur les avantages d'un système social développé dans le combat contre les injustices[1]. Il suffit au gouvernement, après la guerre, de mettre en œuvre les propositions de Beveridge.

Très vite, les États providence devinrent beaucoup plus coûteux que ce qui avait été prévu. En effet, dans l'esprit euphorique des réformateurs d'après-guerre, peu de personnes auraient à en bénéficier. En outre, le plein-emploi, la croissance économique et l'inflation empêcheraient des déséquilibres financiers permanents d'apparaître. En l'absence de mémoire historique, on croit toujours que le débat sur le coût des États providence est récent, contemporain des récessions et du

1. Le rapport Beveridge, Perrin, 2012.

chômage de masse. C'est faux. Il est plus intense aujourd'hui mais, dès les années 1950, cette dépense qui suivait l'effort de guerre était considérée comme très lourde, en dépit des immenses bénéfices qu'elle apportait à la population. En France, la dépense sociale représentait 16 % de la dépense publique avant la guerre. Ce chiffre s'éleva à 29 % en 1950, une progression extrêmement rapide, que l'on retrouve dans la plupart des autres pays européens (il approche des 50 % aujourd'hui). Aujourd'hui, les dépenses sociales ont une grande responsabilité dans les déficits publics dont souffrent la plupart des pays occidentaux et le Japon. C'est notamment le cas en France où l'analyse est simple puisque l'État et la Sécurité sociale disposent de budgets séparés, ce qui permet un suivi, à défaut d'un contrôle, rigoureux des dépenses et des recettes. Les déficits de l'État providence sont suffisamment élevés pour mettre son existence en péril.

L'environnement économique a beaucoup changé depuis 1945. L'inflation, qui permettait de rembourser les dettes en monnaie dévaluée, a quasiment disparu. L'âge moyen de la population a sensiblement augmenté. Les dépenses de santé accélèrent constamment, moins sous l'effet du vieillissement de la population que de l'augmentation du coût des traitements et de leur diffusion. Les dépenses de santé augmentent pour tous les âges, pas seulement les plus élevés. Un exemple qui m'a été donné par Josy Reiffers, le directeur général de l'institut Bergonié à Bordeaux, m'a beaucoup frappé. Certaines leucémies peuvent aujourd'hui être guéries, dans le sens où la durée médiane de survie des malades qui en sont atteints est équivalente à celle de la moyenne de la population. Les traitements qui ont permis cette avancée de la vie sont coûteux. Surtout, le « stock » de patients augmente puisque, et c'est un bonheur de l'écrire, ils ne décèdent plus prématurément. Ce formidable progrès, qui touche d'autres types de maladies, est terriblement inflationniste. Et dans ce domaine, la science n'a pas fini de nous surprendre. Envisager l'État providence dans un raisonnement darwinien consisterait à tester un grand nombre d'innovations destinées à maîtriser son coût tout en augmentant l'état sanitaire d'un pays. Ces innovations peuvent émaner d'idées prises de l'étranger, mais elles peuvent aussi avoir un caractère national original. Il est par exemple connu que certains pays scandinaves ont adopté un système de retraites par points, où le montant des pensions dépend essentiellement du temps passé à travailler durant la vie active, dont ils semblent satisfaits. On sait bien que rembourser de la même façon un médicament censé réduire les maux de tête et une chimiothérapie est pousse-au-crime. Il est facile de comprendre que faire reposer la moitié des dépenses sociales sur des cotisations qui alourdissent le coût du travail favorise le chômage et donc complique en retour le financement de la Sécurité sociale. Chacun voit que ne même pas demander aux ménages qui achètent des soins d'avancer une partie des fonds à la Sécurité sociale conduit à une surconsommation…

Certes, les États providence, y compris la France, essaient de se réformer, mais avec quelle lenteur !

Les mécanismes démocratiques permettent de stabiliser l'économie sur le long terme, mais ils peuvent aussi ralentir l'adaptation si le pouvoir politique peine à se projeter dans le futur. La quasi-totalité de la classe politique française connaît les mesures techniques qui permettraient de solvabiliser l'État providence, mais elle considère que mettre en œuvre ou même proposer une telle politique diminuerait la probabilité de conserver le pouvoir ou d'y accéder. Typiquement, la France est prise au piège d'institutions qui rendent les politiques dépendants de leurs mandats (comme ils en cumulent plusieurs, ils n'ont souvent pas d'autre métier) et qui les conduisent à agir dans une perspective de court terme (les mandats ne sont jamais non renouvelables). La réforme empêche une catastrophe immédiate, mais ne permet jamais la franche adaptation à un nouveau contexte. Seulement, la survie d'une organisation ne dépend pas exclusivement de sa capacité à se réformer, mais de sa capacité à se réformer suffisamment vite par rapport à ce que l'évolution de son environnement exige. De ce point de vue, et en l'état actuel des choses, la faillite de certains systèmes sociaux est envisageable sinon probable. Le secteur public laisserait alors la place à des systèmes privés. Cette situation serait sans doute malheureuse à bien des égards, mais elle est la conséquence logique du *statu quo*.

Marx et les classes moyennes

Kondratieff, Schumpeter et les théoriciens modernes de la croissance nous avaient prévenus : dans la dernière phase des cycles économiques longs, les inégalités s'accroissent. La prime au diplôme survalorise le travail qualifié et l'adaptabilité, et dévalorise le travail peu qualifié. Malheur à ceux qui n'ont pas fait les bonnes études, ou qui n'ont pas fait d'études du tout ! La destruction créatrice rend inutile le travail de ceux qui se savent pas concevoir, produire ou utiliser les nouvelles technologies, qu'on se le dise !

Rappelons Marx à notre souvenir. Le mode de production change les rapports de production. L'usine verticale, avec ses contremaîtres et ses exécutants salariés, est la conséquence logique du travail industriel sur les machines. La machine fait la hiérarchie. Mais l'industrie représente environ 20 % du PIB des pays développés. Le reste, c'est un tout petit peu d'agriculture, et énormément de services. Marx n'est pas mort. Marx s'applique autrement. Il faut ré-analyser les forces productives pour comprendre les rapports de production, l'autonomie des salariés, les inégalités persistantes (elles risquent de durer au-delà de la crise), le stress, les suicides. Le mode de production entraîne la formation de classes sociales susceptibles d'entrer en conflit. S'il est un domaine dans lequel Marx nous est utile, c'est bien dans cette étude des conséquences sociales des innovations. Le quatrième cycle Kondratieff, celui des trente glorieuses, avait érigé les classes moyennes en « cœur » de la société. Et si le cinquième les désintégrait pour cinquante ans ? Et si ce qui ne devrait être qu'un moment à passer pouvait durer, en raison de la nature même des NBIC ?

Les NBIC constituent à terme une chance extraordinaire pour l'humanité. Et pourtant, ces NBIC ne font rien moins que déchirer le compromis social des pays riches. Les Américains, souvent en pointe en matière de provocations intellectuelles, ont été les premiers à s'en apercevoir. Robert Reich, l'ancien secrétaire d'État au Travail de Bill Clinton, s'est demandé dès les années 1990 pourquoi les inégalités de salaires explosaient aux États-Unis, signant l'arrêt de mort de la *middle-class*[1]. Pour Reich, les années 1970 marquent l'entrée des États-Unis dans le supercapitalisme, un capitalisme dans lequel le pouvoir du consommateur est considérablement accru, et la concurrence entre les entreprises beaucoup plus intense. Dans le capitalisme de l'après-guerre, les très grandes entreprises amortissaient leurs investissements sur des chaînes de production très longues. C'était le temps des grandes organisations génératrices d'économies d'échelle. Grandes, peu nombreuses et susceptibles de s'entendre pour vendre à des prix suffisamment élevés pour couvrir les coûts de production, mais aussi pour que les salaires des employés soient confortables et les profits des entreprises suffisants afin de financer les investissements. Les avantages et inconvénients de ce mode de fonctionnement sautent aux yeux : les salariés sont bien rémunérés et leur emploi stable. Mais les prix sont élevés.

La révolution des NBIC, qui a commencé dans les années 1970 avec l'informatique mais qui ne s'est amplement déployée qu'à partir des années 1990, a radicalement changé ces règles du jeu implicites. Les coûts de communication et de recherche d'informa-

---

1. Robert Reich, *The Future of Success : Working and Living in the New Economy*, 2000. Il a depuis développé ses idées et été traduit en français. Voir *Supercapitalisme*, Vuibert, 2007.

tions ont chuté, ce qui a eu deux implications majeures. Premièrement, les entreprises ont pu se réorganiser sur une base mondiale, la coordination entre des unités de production distantes de plusieurs milliers de kilomètres ayant été considérablement facilitée. Deuxièmement, le pouvoir des consommateurs s'est accru, ceux-ci étant désormais capables, grâce aux sites internet, aux forums de discussion ou aux réseaux sociaux de disposer d'une immensité d'informations, tant sur la qualité que sur les prix des produits. Dans le même temps, l'ouverture à la concurrence de certains secteurs (comme le transport aérien) a intensifié la compétition. Les entreprises ont dû se réorganiser en profondeur pour réduire drastiquement leurs coûts. C'est l'époque des grandes restructurations industrielles. Les entreprises, pour gagner en efficacité, suppriment des échelons, aplatissent les organisations. Elles gardent les meilleurs, les valorisent, et se séparent des moins bons. Les nouvelles technologies de l'information et de la communication les aident dans cette tâche. En effet, depuis les travaux du Prix Nobel d'économie Ronald Coase, on sait que la structure des organisations est étroitement liée au niveau des coûts d'information. Dans un monde où l'information est rare (avant Internet et l'informatique de masse), c'est la grande organisation verticale qui est la plus efficace. Elle seule dispose des moyens financiers et humains suffisants qui lui permettront d'acheter des informations coûteuses et de les amortir. À l'inverse, les petites volent trop près du sol pour être efficaces. La connaissance des marchés, des clients, des fournisseurs, tout ceci leur coûte trop cher pour qu'elles puissent rivaliser avec les grandes entreprises. Mais dans un monde d'informations bon marché, la hiérarchie s'inverse. Les organisations les plus plates deviennent aussi efficaces que les structures pyramidales, parfois davantage car plus mobiles et plus réactives. Les conglomérats diversifiés des années 1960, qui produisaient à la fois des voitures, des moteurs et des avions, se scindent en plusieurs morceaux, encouragés par leurs actionnaires qui, de leur côté, peuvent diversifier leurs investissements.

Qui tire parti de ces nouveaux types d'organisation au plus près de l'os, où rien ne dépasse, où seuls les meilleurs surnagent ? Ceux qui savent sélectionner l'information, la digérer, la synthétiser, la restituer, expliquer à leurs interlocuteurs en quoi et comment elle peut leur être utile. Ceux que Robert Reich nomme les « manipulateurs de symboles ». Alors que, dans les usines, les tâches à réaliser valorisaient la capacité à répéter le même geste, l'entreprise moderne valorise la créativité et l'esprit de synthèse. La star de l'organisation n'est plus l'exécutant modèle mais le concepteur vendeur talentueux. Les qualités requises sont radicalement différentes. Les économistes évoquent un « progrès technique biaisé » qui augmente la demande (et donc les salaires) de personnels très qualifiés, et qui laisse de côté ceux qui sont les moins bien formés, qui voient leur rémunération relative baisser. Ces derniers peuvent trouver un emploi, mais dans des secteurs à faible valeur ajoutée, comme les services à la personne, le commerce, la restauration, où leurs salaires seront nécessairement bas, bornés par la faiblesse des marges. Certes, ce progrès technique biaisé apparaît toujours dans les phases de destruction-créatrice, mais il semblerait qu'il soit cette fois-ci structurel, consubstantiel au mode de production de cette nouvelle économie.

Une autre façon d'expliquer les nouvelles inégalités est de faire appel à la théorie O-ring développée par l'économiste américain Michael Kremer au début des années 1990[1]. *O-ring* est le nom du joint qu'un employé de la NASA a mal posé sur la navette Challenger et qui a causé son explosion en 1986. Dans une usine, une telle défaillance ne doit pas poser problème. Les contrôles qualité la repèrent une fois le produit fabriqué. Il suffit ensuite de l'écarter du processus de commercialisation avant sa sortie d'usine. Dans l'économie moderne où les projets ont remplacé la production en séries, le coût d'une telle défaillance est colossal. Une imprécision dans la conception d'un logiciel, un mauvais choix en matière de sécurité aérienne, un consultant peu précis lors d'une mission de politique économique, tous ces problèmes ont des conséquences catastrophiques. Une différence de compétence minime engendre des résultats radicalement différents. Ainsi, les meilleurs vont percevoir des salaires de plus en plus élevés et vont suivre les trajectoires professionnelles les plus enviables. Les moins bons seront évincés des projets les plus valorisants, et leurs rémunérations relatives baisseront. Au pire, les entreprises les pousseront à partir[2].

1. Michael Kremer, « The o-ring theory of economic development », *Quarterly Journal of Economics*, août 1993, repris dans l'excellent petit ouvrage de Jean-Marc Vittori, *L'Effet sablier*, Grasset, 2009.

2. Sur ces sujets, on peut lire l'ouvrage du sociologue David Courpasson, *Quand les cadres se rebellent*, Vuibert, 2008.

Les conséquences sociales de ce nouveau mode de production sont gigantesques. La société des trente glorieuses s'articulait autour d'un cœur : les classes moyennes, c'est-à-dire la part de la population qui peut accéder sans difficulté aux biens de consommation courante. Les classes moyennes gèrent leur budget, à la différence des riches. Mais elles ne se privent pas, à la différence des classes plus modestes. En outre, entre 1945 et les années 1980, la fiscalité a correctement joué son rôle redistributif. Le taux marginal (c'est-à-dire celui qui frappe la tranche de revenu la plus élevée) de l'impôt sur le revenu s'élevait à 60 % entre la fin de la guerre et 1981, avant d'être relevé par la gauche puis de diminuer à partir de 1986. Et Jean Fourastié de rappeler qu'en 1970, le taux d'imposition direct est de 11,6 % pour un cadre, contre 3,2 % pour un ouvrier[1]. Le compromis social des trente glorieuses voulait que l'on troque une croissance excessive des hauts revenus après impôts contre une croissance économique forte. Ainsi, la part du revenu du 1 % de personnes les plus riches dans le revenu total des Français est légèrement décroissante pendant cette période, proche de 13 % après la guerre pour tomber sous les 10 % au début des années 1970. Les trente glorieuses restent, dans notre esprit, un rêve à bien des points de vue, celui d'un enrichissement partagé. Dans une logique marxiste, le nouveau mode de production abat ce compromis, et sépare la société en trois classes : les manipulateurs de symboles, dont les revenus augmentent rapidement, la classe moyenne,

1. *Op. cit.*

suffisamment éduquée pour comprendre et utiliser les nouvelles technologies, mais pas assez formée ou adaptable pour participer à leur conception ; la classe des laissés-pour-compte, qui ne peut pas suivre des évolutions technologiques et économiques trop rapides. Cette déformation de la structure sociale se lit depuis le début des années 1990 dans les évolutions salariales[1]. En France, chaque année, ce sont des dizaines de milliers de personnes qui quittent la classe moyenne par le haut de l'échelle des revenus, mais aussi par le bas, en passant sous le seuil de pauvreté (un peu moins de 1 000 euros par mois).

Il serait réducteur de considérer que le malaise des classes moyennes émane seulement de la crainte de ne pas conserver salaire ou emploi. La révolution industrielle bouscule les façons de travailler. Les cadres semblent de plus en plus en souffrir, et pour la presse, la « crise des cadres » est devenue un marronnier. Le management des entreprises prétend faire une place toujours plus grande à l'autonomie, à la créativité, à la responsabilité. Mais tous les salariés ne sont pas prêts à être autonomes et à faire preuve de créativité. Le capitalisme contemporain survalorise des qualités dont tout le monde ne dispose pas. Le temps de travail devient de plus en plus éclaté et la frontière avec la vie personnelle poreuse. En outre, cette autonomie n'exclut pas et rend même nécessaire une surveillance permanente des performances. Les NBIC, justement, facilitent la mise en place d'indicateurs de productivité

1. Je décris précisément ces évolutions dans *Le Chagrin des classes moyennes*, Lattès, 2011.

et de satisfaction clients. Comme le note la sociologue Patricia Vendramin, si le travail est devenu plus autonome, il n'a jamais été autant mesuré et contrôlé. La pénibilité physique est de plus en plus faible, mais la pénibilité psychologique peut devenir insupportable. Il est d'ailleurs frappant de constater que les suicides au travail se sont multipliés depuis une quinzaine d'années, alors même que la dé-hiérarchisation des entreprises aurait pu suggérer l'inverse, une augmentation de la motivation et du bonheur au travail. Mais la montée de la concurrence et l'autonomisation des cadres ont accru le niveau de stress[1].

L'entrée dans le monde marchand de plusieurs milliards d'individus depuis les années 1990 n'est pas étrangère au rétrécissement des classes moyennes dans les pays développés. Il existe pourtant une doctrine officielle selon laquelle c'est le progrès technique « biaisé » qui est la cause du dynamitage des classes moyennes, la responsabilité de la mondialisation n'étant que résiduelle. On peut se convaincre du contraire pour la raison suivante : mondialisation et progrès technique sont indissociables. C'est l'alliance des deux qui dynamise la croissance et fait éclater les classes moyennes. L'intensification de la mondialisation à partir de la fin des années 1980 a constitué une incitation à innover. Les entreprises ont rapidement compris que l'incorporation en leur sein des nouvelles technologies pouvait tout à la fois leur permettre de diminuer leurs coûts et d'élargir leurs marchés. En

1. Patricia Vendramin, *Le Travail au singulier ; le lien social à l'épreuve de l'individualisation*, L'Harmattan, 2004.

sens inverse, l'informatique et internet facilitent la mondialisation. Pour une entreprise implantée en France, ouvrir une usine ou un bureau en Asie dans les années 1970 impliquait des coûts de fonctionnement considérables. L'e-mail, les logiciels de *workflow* et la visioconférence (et évidemment le développement du transport aérien) ont considérablement facilité les implantations lointaines. Dénier le rôle de la mondialisation dans la formation des nouvelles inégalités aboutit à laisser utiliser, détourner et amplifier cet argument par la pensée réactionnaire.

Schumpeter, la politique économique et l'école

La politique économique est une discipline compliquée, pratiquée de façon beaucoup trop abrupte dans plusieurs pays européens. Des gouvernements réglementent et des parlements légifèrent comme on respire. Pourtant, l'économie de marché est plastique. Elle se déforme là où l'on appuie. Ces déformations peuvent aller dans le sens voulu, mais parfois le plastique ondule, fond, ne réagit pas comme attendu. D'expérience, il s'agit même du cas le plus courant. Faut-il pour autant s'interdire d'intervenir dans l'économie ? Non. L'intervention publique peut se justifier, mais à quelques conditions fortes. Tout au moins cette intervention doit-elle être justifiée par un argument solide. Cet argument peut être purement économique : le libre fonctionnement du marché peut sous-produire certaines activités qui ont un retentissement positif sur l'ensemble de la société. C'est le cas de l'éducation, qui doit alors, sous une forme ou sous une autre, bénéficier d'un subventionnement. À l'inverse, le marché peut aboutir à une surproduction de biens qui ont des conséquences négatives pour l'ensemble d'une population, par exemple parce qu'ils polluent l'atmosphère ou, plus généralement, sont mauvais pour la santé. Il convient alors de taxer leur fabrication. La justification de l'interventionnisme peut se faire sociale. On peut par exemple convenir qu'il existe un niveau d'inégalités de revenus qui met en danger la cohésion sociale d'une société, ce qui milite pour l'instauration d'une fiscalité progressive. Mais la justification d'une politique pour de nobles causes ne suffit pas. Encore faut-il qu'elle soit efficace, c'est-à-dire que ses conséquences puissent être anticipées. C'est loin d'être toujours le cas. En effet, les entreprises et les particuliers s'adaptent aux lois, aux règles et à la fiscalité. Parfois (souvent ?), ils tentent de les contourner. Certaines politiques aboutissent à l'inverse de l'effet recherché. Par exemple, aider financièrement les achats de logements au moyen de prêts bonifiés fait augmenter les prix, ce qui se retourne contre ceux pour qui cette mesure avait été pensée. La politique économique doit se penser l'esprit saisi par le doute, elle doit s'écrire la main tremblante.

Surtout, elle ne doit pas freiner la destruction créatrice. La tentation est pourtant là, car la protection des situations acquises est rentable sur le plan électoral dans les pays déjà développés. Essayer de freiner les licenciements reçoit plus facilement l'onction populaire que les faciliter. C'est la conséquence de la démocratie, qui n'en reste pas moins le meilleur système pour réformer, car il permet le changement dans le compromis et la paix, et non dans la brutalité. Mais c'est le rôle des économistes et des intellectuels d'expliquer inlassablement que la croissance et le progrès ont un coût, celui de l'abandon des activités non rentables au bénéfice des activités émergentes. Dans ce cadre, le rôle de la politique publique est de faciliter l'adaptation et non pas de figer le passé, ce qui prend en pratique essentiellement deux formes. La première relève de la formation.

Si la nature du capitalisme contemporain favorise les individus les mieux qualifiés, le système de formation doit donner à chacun sa chance. Le terme doit ici s'entendre au sens large : la formation tout au long de la vie considérée comme un continuum, loin de l'artificiel découpage de la formation initiale et de la formation continue, sans vouloir privilégier l'enseignement supérieur sur l'enseignement secondaire. Car être formé ne signifie pas disposer à vingt ans des compétences les plus pointues dans un domaine précis. Être formé, cela signifie en premier lieu savoir parfaitement lire et écrire, et s'exprimer correctement. Un ingénieur peut se retrouver déclassé comme réussir une carrière professionnelle exceptionnelle. Ce qui fera la différence, ce sont ses capacités d'expression, de synthèse, sa capacité à prendre des initiatives et à entretenir chez lui et dans ses équipes, s'il en a, le culte de la précision et du travail bien fait.

La formation, c'est aussi la formation continue, celle qui permet de développer, tout au long de la vie professionnelle, le « capital humain ». C'est la formation qui permet à l'employé licencié de pouvoir postuler pour un autre poste dans un autre secteur, celle qui permet aux seniors d'être autant en prise avec les nouvelles technologies que les plus jeunes. Ce qui est décrit là peut sembler relever du rêve éveillé. Cela ne devrait pas et c'est la règle dans certains pays, en Europe du Nord notamment. Mais le plus important relève sans doute de l'école. L'école primaire mais aussi l'école maternelle. Les économistes abordent peu ces sujets. Les syndicats patronaux ne s'y intéressent guère plus, jugeant prioritaire l'enseignement supérieur et la formation continue. Erreur funeste. L'école confère des forces et des faiblesses que les individus portent tout au long de leur vie. C'est un vrai déterminisme social qui naît dans nos écoles.

Et la maternelle ? Si vous pensez qu'elle ne compte pas pour autre chose que pour garder vos enfants, en leur permettant de s'éveiller, si vous pensez qu'il n'y a pas de lien entre qualité de l'école maternelle et résilience de la société, vous passez outre cinquante ans de recherche sur ces sujets. La formation commence à la maternelle, où se développent (ou pas) les capacités cognitives des enfants. Un système de formation doit être calibré dès les premières années de la vie car c'est là que se cristallisent les comportements qui feront des enfants des adolescents puis des adultes sachant apprendre et se remettre en cause sans se dénier. Ceux qui s'intéressent à ces sujets ont entendu parler du Perry Preschool Project[1]. Les États-Unis, dans les années 1960 : une centaine d'enfants

1. Cette expérience est relatée dans Éric Maurin, *Le Ghetto français*, Le Seuil, 2004.

de famille noires désargentées de 4 et 5 ans sont séparés en deux groupes. Le premier bénéficie d'un programme intense d'éveil, en petits groupes, avec un système serré de suivi et de rapport aux parents. L'autre ne bénéficie pas du projet. Vingt ans plus tard, on regarde ce que sont devenus les enfants des deux groupes. Ceux qui ont bénéficié du programme ont pour la plupart suivi des études secondaires et perçoivent des revenus supérieurs à 2 000 dollars par mois. Presque aucun d'entre eux ne vit en marge de la société. La moitié du groupe n'ayant pas bénéficié du programme a abandonné ses études secondaires. Plus du tiers sont devenus des délinquants multirécidivistes.

Le progrès technique offre de multiples possibilités en matière d'enseignement. Le secteur éducatif est dans la mire de la vague d'innovations qui diffuse informatique et intelligence artificielle. Bientôt, des hologrammes surgiront de nos téléphones portables pour nous apprendre les langues étrangères. Les professeurs capables de se différencier de la machine, de s'élever pour rester légitimes, seront de l'or pour un pays. Les systèmes éducatifs en voie de fossilisation dépériront, jouant un rôle de maison d'accueil. Ils ne passeront pas le test de la sélection naturelle. Ce sera terrible pour les pays concernés car il existe peu de domaines dont les choix fassent pleuvoir autant de retombées sur la société.

Renaissance des territoires

Schumpeter, Darwin et Marx recomposent les territoires comme les classes sociales. Le progrès technique agit autant sur les liens spatiaux que sur les liens sociaux. Il y a là une conséquence politique implacable à en tirer : nous entrons dans l'ère de la décentralisation politique. Car dans des territoires qui voient leur situation économique et sociale se différencier toujours plus, l'État centralisateur, qui mène la même politique pour tout le monde, est condamné à se tromper. Certes l'État central joue un rôle dans le développement économique local, en assurant une certaine péréquation des revenus *via* sa politique fiscale et sociale, et en assurant des missions de services publics partout sur le territoire national. Mais cette politique serait unijambiste si elle n'était pas complétée par une politique économique locale qui essaie de compenser les forces naturelles qui creusent les inégalités territoriales.

À ce stade, un court détour théorique s'impose. La littérature économique récente distingue trois modes de développement économique local[1] :

– Un mode d'agglomération. Cette logique repose sur la concentration sur un même lieu d'entreprises n'ayant

1. Olivier Bouba-Olga, *Les Nouvelles Géographies du capitalisme : comprendre et maîtriser les délocalisations*, Seuil, 2006. J'avais en outre déjà développé ces arguments dans la note que j'avais rédigée pour la Fondation nationale pour l'innovation politique : « Renforcer le rôle économique des régions », *op. cit.*

pas forcément de liens entre elles, et n'appartenant pas nécessairement au même secteur. C'est la logique de la plupart des parcs d'activité. Elle présente l'avantage d'éviter que le territoire ne soit trop sensible à une crise sur un secteur précis. En revanche, les entreprises émanant de branches d'activité différentes, il existe peu de possibilités d'économies d'échelle liées à leur présence sur un même territoire.

– Un mode de spécialisation. Cette logique repose sur la concentration sur un même lieu d'entreprises travaillant autour d'un même secteur, voire d'un même produit. C'est la logique des pôles de compétitivité. À l'inverse du mode d'agglomération, les économies d'échelle potentielles sont maximales. En revanche, le territoire est très vulnérable en cas de crise du secteur en question. Les Lorrains, spécialistes de la sidérurgie dans les années 1970, en savent quelque chose.

– Un mode de spécification. Il s'agit de regrouper des entreprises qui disposent de compétences spécifiques similaires (elles emploient beaucoup de travail qualifié, elles achètent de grosses machines très onéreuses, elles sont très tournées vers l'exportation, leurs besoins de financement bancaires sont élevés…), mais pas forcément dans les mêmes secteurs. L'idée centrale est que, en cas de suppression d'emploi dans une entreprise, les salariés licenciés puissent se redéployer facilement dans d'autres.

La logique de spécification est la plus efficace dans une période d'entre-deux cycles. Elle suppose une action des collectivités locales pour éviter de constituer un simple mode d'agglomération. Elle passe notamment par la mise au point d'un système de formation professionnel local. Repérer les caractéristiques d'un territoire, ses forces, ses faiblesses, ses besoins : autant d'actions qui doivent être menées au plus près du terrain et que l'État centralisé est par nature incapable de mener.

Dans une société en recomposition, à la fois socialement et territorialement, la réponse, c'est l'autonomie, c'est la capacité d'une nation à laisser ses territoires s'adapter au changement, qu'ils soient de bord de mer ou enclavés, en bordure d'une capitale ou à la montagne. Les thuriféraires de la centralisation, qui pensent que l'action concentrée est la plus efficace, sont dans l'erreur. Ils condamnent l'État à se tromper quand les institutions locales pourraient faire mieux. Il faut voir large et petit. Large pour embrasser la diversité croissante des situations. Petit pour être précis pour adapter les solutions à des situations qui seront toujours plus hétérogènes. Donner une chance aux individus, c'est aussi donner une chance aux territoires.

La complexité de l'économie ne doit pas inciter à une modestie stérile (« je réfléchis et me tais »), ni à une présomptueuse confiance (« je sais tout »), mais à réfléchir sur les épaules des géants. Que nous aurait enseigné Schumpeter ? Vous aurez croissance, pouvoir d'achat et emploi, si vous abordez l'avenir en acceptant de laisser une part de votre passé. L'éducation des individus vous y aidera. Que nous aurait dit Marx ? Les nouveaux modes de production vont déboucher sur de nouveaux rapports de production et la formation de nouvelles classes sociales, potentiellement conflictuelles. Les maîtres mots de votre économie, et donc de la politique, du droit et des arts seront : horizontalité, symboles, autonomie, stress psychique. Que nous aurait dit Darwin ? Les institutions qui survivront devront laisser s'épanouir une grande diversité, la sélection triera ensuite. Les entreprises doivent avoir le courage de laisser émerger les initiatives. Les États doivent se décentraliser pour laisser surgir divers types de politiques publiques. Ceux qui ont érigé la pureté et l'homogénéité comme valeurs ne survivront pas.

IX

Quand tous les hommes seront riches et libres

Le nouveau cycle de croissance promis, le cinquième Kondratieff, celui qui va apporter emplois, recettes fiscales, hausses de salaires, vie rallongée…, ne déposera pas tous ces bienfaits en Europe. Ou alors plus tard. Car ce nouveau cycle plonge ses racines sur les rives du Pacifique, entre la Californie et l'Asie. Nous, Européens, n'avons pas voulu saisir cette chance. La croissance ne nous oubliera pas, mais le soleil sera moins fort chez nous.

L'irrésistible montée des pays émergents

Nous avons fêté en octobre 2009 les vingt ans de la chute du Mur de Berlin. Cette date marque l'issue d'un processus politique, mais aussi celle d'une renaissance économique. La chute du Mur, c'est l'entrée de l'ex-bloc soviétique dans l'économie de marché, le début des réformes en Inde, l'accélération des réformes en Chine, la consolidation du capitalisme en Amérique latine, dans le Maghreb et même dans certains pays d'Afrique subsaharienne. C'est une transformation tellement colossale du capitalisme mondial que vingt ans plus tard, nous avons encore des difficultés à en percevoir les conséquences. Pour en saisir l'enjeu, il faut mesurer l'augmentation du nombre de personnes participant à l'économie de marché depuis les transformations majeures de la fin des années 1980, ce que les économistes appellent la force de travail (*labor force*). Pour ce faire, les économistes du FMI pondèrent la population active de chaque pays par la part des exportations dans le PIB. Il s'agit d'évaluer précisément l'augmentation du nombre de travailleurs qui, dans le monde, se trouvent réellement en concurrence. Les résultats donnent le vertige. Entre 1980 et 2005, l'offre de travail a quadruplé, l'essentiel de cette hausse étant apparue après 1990[1]. La moitié de cette hausse émane de travailleurs originaires d'Asie de l'Est. Encore une fois, pour bien saisir l'ampleur de l'enjeu, sachez que la population active des pays développés compte moins de 700 millions de personnes, alors que la population active est-asiatique compte 1,3 milliard d'individus.

L'entrée d'un grand nombre de pays émergents dans l'économie de marché les a amenés à participer à un mouvement enclenché un peu plus tôt, après la

1. « The Globalization of Labour », *World Economic Outlook*, FMI, avril 2007.

Seconde Guerre mondiale, ce que l'on a nommé du terme générique de mondialisation. Là encore, quelques chiffres aident à fixer les idées. Les économistes mesurent traditionnellement le taux d'ouverture d'une économie en rapportant la somme de ses exportations et de ses importations à son PIB. En France, ce taux d'ouverture est passé de 11 % en 1949 à près de 60 % dans la seconde partie des années 2000. Ainsi, un pays comme la France dont on entend à longueur de journée qu'il refuse le capitalisme et la mondialisation, ce pays s'est, dans les faits, profondément internationalisé[1]. Son internationalisation a commencé après la guerre et s'est accélérée à partir des années 1990 en raison, justement, de l'arrivée en force des pays émergents. En effet, un calcul analogue montre que l'économie chinoise ne s'est ouverte que tardivement, à partir de la seconde moitié des années 1990.

Depuis la guerre, l'irrésistible montée de la mondialisation s'est jouée en deux temps, essentiellement pour des raisons politiques. Pendant la seconde moitié du XXe siècle, la mondialisation a été souhaitée, choisie, pour ses effets sur la croissance économique. Cette histoire commence dans le New Hampshire, le 1er juillet 1944, dans un hôtel (le Mount Washington Hotel) d'une ville appelée Bretton Woods, aux pieds des montagnes. Les États-Unis sortent de la guerre forts et confiants, et imposent leur vision de l'économie mondiale : le libre commerce doit assurer le développement

1. Le taux d'ouverture a reculé en 2009 en raison de la récession mondiale et de la chute des flux commerciaux. Mais ce recul est très limité et ceux qui parlent à cet égard de « déglobalisation » n'ont pas le sens de l'histoire longue.

économique, empêcher les guerres, réduire la pauvreté et permettre au monde de se reconstruire. Il s'agit de reconstruire au sens physique, mais aussi reconstruire l'économie en rallumant les circuits des échanges commerciaux et des flux monétaires et financiers. Le traumatisme, c'est celui des années 1930. Les mesures protectionnistes adoptées dans les principaux pays avaient alors intensifié la chute du commerce mondial et prolongé la crise[1].

Pour ancrer l'économie mondiale dans le libre-échange, les Américains conçoivent trois nouvelles institutions : le Fonds monétaire international (le FMI), la Banque mondiale (qui s'appelle originellement la Banque internationale pour la reconstruction et le développement), et le General Agreement on Tariffs and Trade (le GATT, qui deviendra plus tard l'Organisation mondiale du commerce – l'OMC). Ces trois organisations ont chacune un but différent : la Banque mondiale prête aux pays pauvres pour financer d'importants projets d'investissement et d'infrastructure ; le FMI prête aux pays connaissant une « crise de balance des paiements » (c'est-à-dire qui manquent de devises pour régler leurs importations) ; le GATT est l'enceinte de négociation qui doit aboutir à la diminution des droits de douane et donc au développement du libre-échange entre les pays adhérents. Mais même si leurs objectifs ne sont pas les mêmes, FMI, Banque

1. En 1930, les États-Unis adoptent la loi Smoot-Hawley qui augmente les droits de douane à l'importation de 50 %, et ce malgré une pétition signée par plus de mille économistes. Dans les années qui suivent, et suite aux mesures de rétorsion des pays tiers, les importations et les exportations des États-Unis chutent d'environ deux tiers.

mondiale et GATT se rejoignent sur un point central : il est nécessaire de développer le commerce mondial. Ainsi, la Banque mondiale finance de préférence des infrastructures de transport qui permettront aux pays débiteurs de s'insérer davantage dans le commerce mondial. Le FMI quant à lui prête aux pays en crise en contrepartie de « conditionnalités », qui exigent la réduction des droits de douane et des subventions publiques et la libéralisation des marchés financiers. L'idéologie libérale est appliquée au commerce international.

Le commerce mondial reprend de l'ampleur à partir des années 1950. Il faut néanmoins attendre 1958 pour que les monnaies européennes soient de nouveau convertibles, c'est-à-dire pour que les entreprises ou les banques puissent les échanger à un prix fixé sur le marché des changes. Le yen redevient convertible en 1964. C'est seulement en 1973 que le commerce international rapporté au PIB retrouve son niveau de 1913. On imagine l'ampleur de la récession des années 1930[1]. Ce commerce demeure néanmoins un commerce de pays riches, essentiellement des Européens et des Américains entre eux. Ceux que l'on appelle aujourd'hui les pays émergents (avant 1989, le « deuxième monde », composé des Soviétiques et de leurs satellites, et le « tiers monde » composé des anciennes colonies) ne sont pas encore entrés en scène. Ils ont néanmoins un point commun : leurs politiques de développement ne sont pas très différentes. Même si les pays du tiers monde se prétendent « ni capitalistes,

1. Sur ce point, voir Daniel Cohen, *La Mondialisation et ses ennemis*, Hachette Littératures, 2004.

ni socialistes », ils privilégient la planification sur le marché, l'autarcie sur le libre-échange, et refusent l'implantation de grandes entreprises étrangères, ces multinationales aux relents de colons. Ils s'affirment politiquement non alignés, économiquement autosuffisants. Le résultat, chacun le connaît, et les populations de ces pays ont pu vivre dans leur chair les conséquences de ces politiques de fermeture : l'absence d'intégration dans le commerce mondial prive leurs entreprises de repères. Éloignées de la demande mondiale, elles peinent à évaluer correctement coûts et rentabilité, et gaspillent les ressources les plus précieuses. Barricadées, elles sont protégées de la compétition, mais incapables d'utiliser les technologies inventées et produites ailleurs. Corruption et népotisme se généralisent, et ces pays restent englués dans un sous-développement mâtiné d'endettement et d'inflation. L'économie se gèle. La manière de vivre aussi.

C'est à partir des années 1980 et, plus encore, des années 1990, que la mondialisation des échanges acquiert une intensité nouvelle avec le revirement politique des pays du tiers monde. La chute du Mur de Berlin constitue le déclencheur d'une révolution des idées qui mûrit depuis de longues années. Les dirigeants du tiers monde et leurs populations l'ont compris : l'abandon du socialisme et de l'autarcie permettra le développement économique sans perte de souveraineté politique, au contraire, le poids économique étant l'un des composants de la puissance politique. Les pays du tiers monde sont prêts pour devenir les pays émergents. Comme au Moyen Âge, le monde ouvre une nouvelle page de son histoire.

D'un centre à l'autre

À chaque révolution industrielle, le centre de « l'économie-monde » change. L'expression est de l'historien français Fernand Braudel. Braudel a observé que l'économie marchande s'articulait autour d'un pôle influent qui attire les richesses financières et humaines : « La splendeur, la richesse, le bonheur de vivre se rassemblent au centre de l'économie-monde, en son cœur. C'est là que le soleil de l'histoire fait briller les plus vives couleurs, là que se manifestent les hauts prix, les hauts salaires, la banque, les marchandises "royales", les industries profitables, les agricultures capitalistes [...] Les techniques de pointe sont là aussi, et la science fondamentale est avec elles. Les libertés s'y logent, qui ne sont pas entièrement des mythes et pas entièrement des réalités[1]. » Ce centre a successivement été Venise, puis Anvers, Gênes, puis Amsterdam, Londres, puis New York. Et maintenant ?

À chaque vague d'innovation son décentrage. Dans une logique darwinienne, les causes qui ont mené à un succès vont mener à un échec. L'arsenal de Venise a contribué au bonheur économique de la ville jusqu'à ce que le voilier supplante la galère. Londres a pris le tournant de la vapeur mieux qu'Amsterdam. Et très tôt, New York a saisi le génie de l'électricité. Ce mouvement du monde est comme une fatalité. Aucun centre n'a jamais réussi à le rester[2].

---

1. Fernand Braudel, *La Dynamique du capitalisme*, Flammarion, 1988.

2. Je lis ou j'entends parfois que l'analyse de Braudel est fausse car, d'après les données d'Angus Maddison, le PIB de l'Asie représentait jusqu'au

Pour devenir le cœur, une ville doit réunir deux conditions. Première condition : elle doit être le lieu vers lequel la classe créative converge. Cette classe créative a été théorisée par le géographe américain Richard Florida[1]. Elle est composée de la population urbaine, mobile et qualifiée et se définit par trois *T* : technophile, talentueuse et tolérante. Le cœur est donc un endroit où se concentrent les meilleures universités, dans les domaines scientifiques mais aussi dans le management. Les entreprises y naissent spontanément, et la finance vient d'elle-même compléter cet écosystème[2]. Sa population est diverse, composée de nombreuses nationalités. On y trouve beaucoup d'artistes et des musées. Une seconde condition est nécessaire pour être une ville cœur : des moyens de transport doivent être capables d'exporter une production massive. Or aujourd'hui, et pour longtemps, seuls des containers alignés et empilés sur des bateaux permet-

---

XIXe siècle entre 60 % et 70 % du PIB mondial. C'est ensuite que la part de l'Inde et de la Chine a chuté, devenant inférieure à celle de l'Europe aux alentours de 1850. Braudel aurait donc péché par ethnocentrisme. En réalité, Braudel a eu raison car la suprématie de l'Asie était uniquement due à sa population très nombreuse. Le PIB par habitant est resté bas très longtemps. Chine et Inde étaient, avant 1850, des puissances pauvres. Elles commencent seulement depuis une dizaine d'années à sortir de cet état.

1. Richard Florida, *The Rise of the Creative Class*, Basic Books, 2003.

2. Le système bancaire est nécessaire à une croissance durable, mais il ne se développe qu'après que les premières bases industrielles ou commerciales d'un territoire ont été posées. Comme l'écrit Jean Favier : « La banque est née du commerce, de ses besoins comme de ses opportunités. » Jean Favier, *De l'or et des épices : naissance de l'homme d'affaires au Moyen Âge*, Fayard, 1987.

tent de transporter massivement. C'est pourquoi le cœur doit disposer d'un port.

Quel est le nouveau cœur de l'économie monde ? L'histoire n'est pas encore, de ce point de vue, stabilisée. Pékin ou Shanghai ne baignent pas (encore) dans le climat démocratique indispensable à l'épanouissement de la créativité. Les grandes métropoles indiennes souffrent d'un retard d'infrastructures. Ce pourrait être Singapour ou Séoul. Le cœur se situe probablement sur les rives du Pacifique. Mais il est trop tôt pour disqualifier Rio.

Une seule chose est certaine. Ce cœur bat dans ce que nous, pays riches, appelons les pays émergents. Car c'est là que se concentrent les indispensables dynamiques que nous, les riches, avons perdues : foi dans l'avenir, confiance dans la science, engouement pour les nouvelles techniques, croissance chevillée au corps, volonté acharnée de sortir de la pauvreté. Renoncez à cette condescendance à l'égard de la Chine, de l'Inde ou du Brésil, elle ne repose plus sur rien. Leur croissance est forte et, en dehors des inévitables accidents conjoncturels, elle le restera. Jeffrey Sachs dit souvent que le développement économique s'apparente à une échelle. Une fois que le pied est posé sur le premier échelon, l'ascension se fait sans grosse difficulté, et l'on a plus de chances d'arriver au sommet que de tomber. En revanche, certains pays n'ont pas encore commencé à grimper, et c'est bien là le problème. Mais pour les autres, inquiétez-vous davantage pour vous que pour eux. Ne soyez pas soulagés quand on vous dit que l'Europe, en proportion de son PIB, investit plus en recherche et développement que la Chine ou l'Inde.

Cela n'a aucun sens. La vérité, c'est qu'on n'en sait rien. Ces dépenses sont très difficiles à calculer et, vu la progression foudroyante du nombre de brevets en provenance de ces deux pays, on peut penser qu'ils sont en train de nous rattraper. Il est instructif de suivre aussi, au fil des ans, le nombre de chercheurs qui officient dans chaque pays. Certes, on ne trouve pas toujours en cherchant, mais celui qui ne cherche pas est certain de ne pas trouver. D'après l'OCDE, les États-Unis accueillaient en 2010 1,4 million de chercheurs, et l'Europe, un peu moins de 1,6 million. La Chine en comptait déjà à la même date 1,2 million. Au moment où j'écris ces lignes, à l'été 2012, la Chine a certainement dépassé États-Unis et Europe[1].

Prenant justement l'exemple de la Chine, le consultant Edward Tse raconte qu'au début des années 1990, le pays était seulement présent dans les activités manufacturières[2]. Il était le réceptacle de nos délocalisations d'usines. À partir du milieu des années 1990, il a développé, en aval de la production, des activités de marketing et de distribution, attirant sur son sol de grandes entreprises occidentales de ces secteurs. À partir des années 2000, la Chine a commencé à développer des activités situées cette fois-ci en amont de la production manufacturière, par exemple dans la logistique et les transports. Depuis peu, le pays est également largement présent dans la conception et la

1. OCDE, « Principaux Indicateurs de la science et de la technologie », édition 2012.

2. Edward Tse, *The China Strategy : Harnessing the Power of the World's Fastest-Growing Economy*, Basic Books, 2010.

recherche et développement, notamment dans l'aéronautique, l'automobile et le transport ferroviaire. Un constat analogue, en dépit de leur retard sur la Chine, peut être effectué pour l'Inde et le Brésil. Dans plusieurs domaines innovants, les pays émergents tirent désormais technologiquement les pays développés. La Chine est le premier investisseur au monde en matière d'énergies propres (le pays est déjà leader mondial dans la production de panneaux photovoltaïques). Il dépense dans ces domaines environ le double des Américains, le triple des Européens et le quintuple des Allemands. Le pays est également très présent dans le domaine de la génétique. L'Inde, qui a des objectifs très ambitieux en matière d'alphabétisation de sa population, développe des procédés de formation en ligne très novateurs, dont commencent à s'inspirer des pays riches comme le Japon ou les États-Unis. Le Brésil veut montrer au monde que les biocarburants peuvent être une solution. L'innovation dans ces nouvelles puissances est en pleine effervescence.

Ces données éparses se retrouvent dans les statistiques macroéconomiques telles qu'elles sont publiées par des institutions internationales comme le FMI. Les pays émergents utilisent une recette maintes fois éprouvée par l'histoire économique : l'effort d'épargne permet l'investissement, l'investissement fait naître la croissance. Les pays riches se sont de leur côté endormis dans la consommation. Les chiffres sont à cet égard cruels. Les pays émergents épargnent pas loin de 35 % de leurs revenus, et en réinvestissent un tiers. N'étant pas aux prises avec les phénomènes de « dépendance de sentier », ils peuvent adopter d'emblée les standards technologiques les plus élevés. Voilà pourquoi les habitants de certains pays d'Afrique subsaharienne paient à l'épicerie avec leur téléphone portable, alors qu'en France, la plupart des commerçants refusent la carte bleue en deçà d'un certain montant, et des personnes âgées règlent par chèque. Le monde développé investit aujourd'hui moins de 20 % de son revenu, contre 25 % en 1980. Dans certains pays riches, l'épargne est abondante. C'est le cas en France. Mais elle est absorbée non par le financement de l'innovation mais par celui de la dette publique. Le ratio de la dette publique au PIB dépasse les 100 % dans les pays développés. Il est de moins de 40 % dans les pays émergents, qui ne subissent pas le poids de l'État providence.

Mais il y a peut-être plus important que l'économie. Il s'est produit dans de nombreux pays, considérés il y a peu comme sous-développés, une double révolution silencieuse : révolution éducative et révolution démographique. Presque partout dans le monde on a considéré à juste titre que la croissance était le résultat d'une alchimie entre capital physique, capital financier et capital humain. Des politiques d'éducation ont été mises en place pour alphabétiser la population et laisser sa chance au développement économique. Le PNUD (Programme des Nations unies pour le développement) suit les taux d'alphabétisation de la population adulte par pays. Malheureusement, ces données sont difficiles à calculer, et leur fréquence de publication est irrégulière. Il existe néanmoins suffisamment d'éléments pour affirmer que les savoirs de base sont de plus en plus diffusés. Par exemple, en Turquie, le taux d'alphabétisation est passé entre 1980 et aujourd'hui de 66 à 91 %. La progression est quasiment similaire en Indonésie. Pendant la même période, il est monté au Brésil de 75 à plus de 90 %. En Chine, il est aujourd'hui de 95 %, contre 78 % en 1990. Même en Afrique, parent pauvre du développement jusqu'à un passé récent, plusieurs pays frisent les 90 % d'adultes sachant lire et écrire : le Zimbabwe, le Gabon, la Namibie, le Kenya, la Lybie, Maurice… Parmi les grands émergents, seule l'Inde souffre d'un large retard à combler, avec 35 % d'adultes analphabètes.

Une façon un peu différente d'envisager la question est de regarder à quel moment la génération âgée de 20 à 24 ans devient majoritairement alphabète. Ce moment constitue un tournant dans l'histoire d'un pays : la première génération alphabétisée atteint l'âge adulte. En 2010, c'est le monde lui-même qui a changé de visage, puisque dans la totalité des pays faisant l'objet d'un suivi démographique, la moitié des jeunes hommes entre 20 et 24 ans savaient lire et écrire. Ce n'est malheureusement pas encore le cas des femmes mais les pays concernés (le Bangladesh, le Burkina Faso et le Mali pour les plus grands) constituent désormais des exceptions. En outre, il ne faut pas sous-estimer le rôle des hommes, y compris sur le contrôle des naissances. Selon Emmanuel Todd, leur rôle dans l'acceptation et la diffusion des moyens de contraception s'avère tout à fait déterminant, bien que cela soit peu connu. L'alphabétisation des hommes, et bien sûr des femmes, constitue en effet le principal facteur explicatif d'un phénomène absolument crucial pour la compréhension de l'économie : la baisse de la fécondité[1].

C'est un fait trop peu connu que la plupart des pays émergents ont réalisé leur transition démographique. Leur espérance de vie à la naissance a convergé avec celle des pays plus développés, et leur taux de fécondité (le nombre moyen d'enfants par femme) a chuté. La transition démographique est un bon indicateur du niveau de développement d'un pays. En effet, la hausse des revenus élève l'état de santé moyen, permet de combattre la mortalité infantile et favorise donc la hausse de la durée de vie. En retour, les femmes, aidées par la contraception, diminuent le nombre de naissances. Libérées de leur village, elles le sont aussi des coutumes ou de la religion. En France, le taux de fécondité tourne, selon les années, autour de 2 enfants par femme, un chiffre qui permet de stabiliser la population. Mais dans de nombreux pays émergents, la fécondité est plus faible, bien loin de l'image d'Épinal des hordes d'enfants jouant avec une boîte de conserve[2] ! C'est le cas au Vietnam, en Iran, à Maurice, en Algérie, en Thaïlande, ou, évidemment, dans les pays d'Europe de l'Est. C'est aussi le cas en Chine, où il apparaît que le contrôle des naissances n'a fait qu'accélérer un processus guidé par les forces économiques. Et ce taux de fécondité est inférieur à 2,3 au Brésil, au Maroc, en Turquie, en Colombie,

1. C'est la thèse que défendent, preuves solides à l'appui, Youssef Courbage et Emmanuel Todd dans *Le Rendez-vous des civilisations*, Seuil, 2007.

2. Ce qui ridiculise ceux qui évoquent une « bombe démographique », visant implicitement le monde musulman ou l'Afrique. La population va progressivement se stabiliser, grâce à la baisse de la fécondité dans des pays de moins en moins pauvres.

en Afrique du Sud, au Pérou… Ces données démographiques, d'apparence froide mais qui disent tant sur le comportement intime des populations, montrent à quel point les femmes mais aussi les hommes, sous l'effet de l'extension de l'économie marchande, se sont distanciés des traditions, des religions.

Comme Européen, dois-je désespérer de ce glissement du barycentre de l'économie mondiale ? Non, pour trois raisons. En premier lieu, le désespoir n'est, dans ce domaine, d'aucune aide. L'Europe puis les États-Unis ont en quelque sorte détenu le monopole des centres depuis le Moyen Âge. Notre sens moral peut aussi se réjouir que d'autres pays, berceaux d'autres civilisations, ne mangent pas que du pain noir. Ensuite, le centre irrigue sa périphérie. Le développement économique n'est pas qu'un jeu à sommes nulles. Ce que gagne l'Asie n'est pas « pris », encore moins « volé » à l'Europe. La croissance est plus forte au centre, c'est un fait. Les revenus y deviennent progressivement les plus élevés, c'est certain. Les arts et les sciences s'y concentrent, assurément. Mais le ciel n'est pas constamment orageux ailleurs. Le soleil y est simplement moins haut. Les pays européens pourront « importer » leur croissance (certains comme l'Allemagne le font déjà, mais la France trop peu), c'est-à-dire exporter leurs avantages comparatifs vers ces pays qui seront les plus dynamiques. Enfin, la troisième raison est peut-être la plus fondamentale, et c'est pour cette raison qu'il faut l'expliciter en détail : les pays émergents qui s'enrichissent vont devenir, quand ils ne le sont pas déjà, des démocraties libérales. Ce sera une bonne chose pour la paix du monde.

L'horizon démocratique

Les économistes s'interrogent beaucoup (c'est un champ d'études relativement nouveau) sur les liens entre développement et régime politique[1]. Les recherches se poursuivent, car ce champ d'analyse est infini et les implications, pour le bien-être de l'humanité, immenses. Il existe néanmoins, dans une certaine mesure, un consensus. La démocratie (*demos* : peuple ; *kratia* : autorité) ne s'enracine qu'à partir d'un certain niveau de développement économique. La démocratie coûte cher. Elle nécessite l'organisation d'élections libres et donc, contrôlées. Elle a besoin de politiques et de fonctionnaires intègres et non réceptifs à la corruption, d'où le besoin qu'ils soient correctement payés. Les pays qui ont peu de moyens ont du mal à faire subsister cette organisation luxueuse qu'est la démocratie. À l'inverse, dans les pays riches où, pléonasme, le niveau d'éducation est élevé, il est rare que la démocratie laisse la place à un système liberticide. Marché et démocratie se renforcent.

Si la richesse facilite la démocratie, l'inverse est-il vrai ? Dans un article célèbre, l'économiste américain Robert Barro a montré que, dans l'histoire récente, un surcroît de démocratie avait favorisé le développement pour les pays à faibles niveaux de revenus[2]. En

---

1. J'ai initialement présenté cette analyse dans mon ouvrage *Le Capitalisme idéal*, Eyrolles, 2011. Je la développe ici.

2. Robert Barro, *Determinants of Economic Growth : A Cross-Country Empirical Study*, NBER working paper, août 1996.

revanche, à partir d'un certain degré de richesse, la démocratie peut commencer à rigidifier l'économie. En effet, la pression démocratique conduit à des programmes sociaux toujours plus étendus, une fiscalité plus lourde et des contraintes sur les entreprises plus strictes. La croissance économique en souffre.

Faut-il pour cela encadrer la démocratie à partir d'un certain niveau de richesse et s'en remettre à un dictateur éclairé ? Non, nous répond Dani Rodrick[1]. Car, au-delà des conclusions de Barro, la démocratie présente d'autres vertus économiques. À moyen terme, la croissance est plus stable dans les pays démocratiques. Les chocs extérieurs (une crise économique chez un partenaire commercial, un choc pétrolier, une panique sur les marchés financiers…) y ont un impact plus amorti. La pression redistributrice entraîne la mise en place de filets sociaux (indemnisation du chômage, soutien financier aux populations les plus pauvres, assurance maladie partiellement publique…) qui évitent qu'une récession ne rejette une partie de la population dans la misère et ne se mue en une spirale économique et sociale infernale. Le Prix Nobel d'économie Amartya Sen souligne que les famines ne surviennent jamais dans des démocraties où la presse est libre et où la pression populaire oblige les gouvernements à aider les plus pauvres, mais dans les pays totalitaires : l'Éthiopie, la Somalie, l'Union soviétique des années 1930, la Chine du grand bond en avant, l'Inde sous domination étrangère… Un constat comparable pourrait être réalisé concernant les performances en

1. Dani Rodrick, *Democracy and Economic Performance*, Mimos, Harvard University, 1997.

matière de santé. Là où la presse peut signaler le dysfonctionnement des systèmes hospitaliers, l'espérance de vie progresse. La censure populaire est un assez bon garde-fou.

Les théoriciens des marchés dits « parfaits » n'ont-ils pas démontré que le marché seul aboutissait à un optimum économique et social ? Oui mais, hypothèse forte et souvent omise, à la condition que chacun dispose de suffisamment de ressources pour survivre ! À l'inverse, la redistribution sociale, si elle passe par une fiscalité élevée, peut annihiler des incitations à investir, à entreprendre, à épargner… Elle est donc susceptible de freiner la croissance. Les plus libéraux ont donc à la fois raison et tort. Raison quand ils affirment que la redistribution peut freiner la croissance. Mais tort dans la mesure où, sans intervention de l'État, rien ne dit que la société aboutisse à un « optimum ». Plus encore, l'absence de redistribution rendrait le capitalisme inacceptable et pourrait, à l'extrême, conduire à sa remise en cause. C'est un point que les pays scandinaves ont bien compris avec leur désormais fameuse « flex-sécurité », qui résout en grande partie ce paradoxe. Sur le marché du travail par exemple, la confrontation de l'offre et de la demande d'emplois fait les salaires (le code du travail est quasiment insignifiant), mais l'État prend en charge les chômeurs en les indemnisant et en les formant. La destruction créatrice permet le progrès, mais les individus sont protégés. Une condition est néanmoins nécessaire pour que ce système fonctionne : l'existence de partenaires sociaux, représentatifs et donc responsables. Les syndicats, de salariés, de patrons, de fonctionnaires, doivent avoir une place centrale dans une économie de marché à visage humain acceptée par le corps social. Le principal avantage de la démocratie, c'est donc qu'elle nécessite le compromis, sans qu'il soit besoin de recourir au conflit. Elle s'adapte mieux aux circonstances : elle est plus flexible. La société est plus apaisée. Plus éduquée aussi puisque la pression populaire conduit le plus souvent à une extension de la sphère éducative. L'économie y trouve son compte, surtout quand une vague d'innovations réduit en cendres un ancien monde.

L'Asie constitue le contre-exemple à la mode. La Corée du Sud, Singapour ou la Chine n'ont-elles pas bénéficié, au moment de leur décollage économique, de la stratégie déterminée, faisant peu de cas du dialogue, d'un despote éclairé et favorable à l'économie de marché ? Cet argument relève d'une erreur méthodologique malheureusement courante, qui consiste à tirer des enseignements généraux d'expériences particulières. On peut citer un nombre au moins aussi important de pays dirigés par des dictateurs non éclairés, et qui ne sont jamais sortis du sous-développement : en Afrique subsaharienne, en Amérique latine, au Moyen-Orient… Et qui nous dit que Singapour n'aurait pas connu la même croissance sans la main de fer de Lee Kuan Yew ? Un exemple n'a jamais valeur de preuve, mais au mieux d'illustration. Seules les études d'ensemble, réalisées sur de larges échantillons, peuvent éclairer ces questions. Or elles sont claires : la démocratie, en tant que telle, n'empêche pas le développement économique. Mais le développement économique entraîne-t-il la démocratie ? C'est la question à laquelle répond l'économiste turc Daron Acemoglu.

Acemoglu est marxiste, ce qui met en confiance (même s'il ne l'assume pas totalement). Entendez par là : il estime que les intérêts matériels guident le monde. L'économie est l'infrastructure, les institutions politiques relèvent de la superstructure. C'est en utilisant cette matrice matérialiste qu'il répond à des questions laissées en friche par les sciences sociales non économiques : pourquoi certains pays sont-ils soumis à une dictature ? Pourquoi certains pays sont-ils libres, en démocratie ? Pourquoi certaines démocraties sont-elles instables ? Acemoglu, c'est le meilleur du marxisme. Le marxisme utilisé comme outil, non comme prophétie. Comme disait Karl Popper, le matérialisme moins l'historicisme.

Acemoglu réfléchit dans le cadre de la « théorie des jeux », qui modélise les comportements de deux « joueurs », chacun essayant d'anticiper la réaction de l'autre, et agissant en fonction de cette anticipation. Dans le modèle d'Acemoglu, les deux joueurs sont l'élite et le peuple. Le régime politique de départ est totalitaire. La science économique fonctionne avec des simplifications radicales, ce qui fait sa force, et hérisse sociologues et historiens. L'élite et le peuple poursuivent le même objectif : se partager le « gâteau social ». L'expression n'est pas belle, mais elle est claire. Ce conflit de répartition peut se résoudre de trois façons, ni plus ni moins : la redistribution sociale ; la répression du peuple par l'élite ; la démocratisation, c'est-à-dire le changement de régime. Acemoglu a raison. Dans tous les pays, ce conflit existe, latent ou s'exprimant au grand jour. Des élites s'accrochent au pouvoir et à la richesse pour ne pas la partager. Des peuples font voter des lois redistributives pour diminuer la richesse de l'élite. La question centrale devient alors : quels sont les facteurs qui déterminent l'un de ces trois équilibres comme solution du conflit ? Quelles sont les données propres à chaque pays qui expliquent le régime politique et surtout le passage d'un régime à un autre ? Au terme d'un considérable travail historique sur les révolutions dans le monde entier, Acemoglu fait ressortir une explication principale : les inégalités. Dans des régimes totalitaires à croissance faible, le niveau d'inégalités ne bouge pas beaucoup. En revanche, quand un pays s'ouvre économiquement ou quand il investit dans l'innovation, sa croissance s'envole et, au moins dans un premier temps, les inégalités aussi. Plus elles sont criantes, plus le peuple a un intérêt matériel à extorquer à l'élite une part plus grande des bénéfices du développement.

L'explication est convaincante et passe avec succès l'épreuve des faits historiques. Révolution Glorieuse britannique de 1688, Révolution française, en 1789 comme en 1848, démocratisation récente des pays d'Amérique latine… tous ces événements sont amorcés par une phase préalable de croissance, et donc d'émergence d'inégalités qui deviennent insupportables. Marx est derrière Acemoglu, mais l'ombre de Tocqueville rôde. Expliquer, c'est une chose fort utile. Prévoir est autrement difficile. Pourtant, qui ne rêve de savoir à quel moment se produit ce grand basculement, de la tyrannie vers la démocratie ? Acemoglu nous livre une réponse limpide, tout économique. Le basculement (la révolution) survient quand le coût pour l'élite du maintien de la dictature devient supérieur au coût du passage à la démocratie. Qu'est-ce qui compose le coût du maintien d'une dictature ? Essentiellement la peur d'être exécuté après avoir vu des têtes d'aristocrates danser sur des pics. Mais la crainte d'être dépossédé de ses biens sans délai, parfois sans même un procès, et exilé, compte aussi. Plus les révolutionnaires sont organisés, plus le danger est grand pour l'élite d'être dépossédée de ses privilèges, et plus le basculement démocratique a des chances de se produire. De ce point de vue, l'utilisation des téléphones mobiles, d'Internet et des réseaux sociaux comme Facebook et Twitter avantage les peuples au détriment des polices et des armées. L'information circule, ce qui favorise les révolutionnaires, mobiles et dispersés, par rapport à la bureaucratie policière.

Qu'est-ce qui peut diminuer le coût du passage à la démocratie pour l'élite ? L'assurance d'une transition en bon ordre, voire complaisante, comme à la fin de l'Espagne de Franco. Pour l'élite, le passage tranquille à la démocratie permet de garder la vie sauve, à défaut de son patrimoine. Parfois, des dictatures ne cèdent pas la place à la démocratie, alors que les inégalités peuvent être jugées comme fortes. C'est parce que l'élite pratique une forme de redistribution. Elle ne cède pas son pouvoir, mais une partie de sa richesse. C'est exactement cette redistribution qui permet aux dictatures des pays exportateurs de matières premières (comme l'Algérie, le Venezuela ou l'Azerbaïdjan) de recycler leurs devises en programmes sociaux qui anesthésient les velléités de libération de leurs peuples.

Le raisonnement est irréprochable. Mais peut-on lui donner un sens concret ? Quand les dernières dictatures de la terre s'effondreront-elles ? Quel est le niveau de développement économique nécessaire pour la plongée définitive des peuples dans la liberté ?

La réponse ne nous est pas donnée par l'économie mais par la démographie, dans les thèses de l'historien britannique Lawrence Stone, popularisées en France par Emmanuel Todd[1]. Stone montre que les processus révolutionnaires sont précédés du passage du seuil d'alphabétisation majoritaire des jeunes adultes, et donc de la baisse de la fécondité. C'est ce que l'on observe dans la première partie du XVIe siècle anglais, et dans la région parisienne à partir des années 1730. En Russie, le seuil d'alphabétisation est franchi en 1900. Il l'est en Chine au début des années 1940, et en Iran une dizaine d'années plus tard. Le contre-argument aux thèses de Stone est facile : l'Union soviétique stalinienne, le communisme chinois après la révolution de 1949 ou l'Iran de Khomeiny ne correspondent pas exactement à des modèles de démocratie. C'est évidemment exact, mais il n'en reste pas moins que ces révolutions sont des guerres de libération, qui ont visé à se défaire d'un joug. Que les peuples s'étant révoltés contre leur oppresseur en aient récupéré d'autres, suite à des engrenages politiques et à des guerres civiles, ne signifie pas qu'ils le souhaitaient initialement. D'ailleurs, la même remarque pourrait être faite à propos de la Révolution française, suivie de la Terreur, de la Restauration ou de l'Empire. Il aura en réalité fallu près d'un siècle pour qu'une république libérale s'ancre sur le territoire. Le passage de la dic-

1. Lawrence Stone, « Literacy and Education in England, 1640-1800 », *Past and Present*, février 1969.

tature à la démocratie est long, fait d'allers et retours d'un régime à l'autre, de traverses et d'impasses, comme le vivent aujourd'hui certains pays arabes. Stone complète utilement Acemoglu. La révolution a bien des causes essentiellement matérielles : les inégalités nées de la croissance, et devenues insupportables avec elle. Mais cette croissance a des causes, notamment éducatives : l'alphabétisation d'une jeunesse face à des adultes en majorité illettrés. La baisse de la fécondité constitue dans ce modèle une « variable intermédiaire », qui nous signale que l'économie a déjà des conséquences sur le contrôle privé des naissances. Les conséquences politiques ne sauraient alors tarder.

Dans ce cadre, comment expliquer les révolutions arabes ? Justement par la croissance, par ses causes éducatives, par ses conséquences démographiques. Contrairement à ce qu'on a pu entendre, ce n'est pas la pauvreté en tant que telle qui a déclenché ces révolutions, mais la croissance qui, en creusant les inégalités, a fait apparaître la pauvreté au grand jour. Un pays totalement miséreux se désespère sans se révolter. Pour qu'une révolution explose, il faut cette énergie sociale que seule la croissance confère. La Tunisie, l'Égypte, la Lybie, au moment de leur révolution, sortaient d'une période de croissance soutenue. Ces pays avaient aussi effectué leur transition démographique, ce qui aurait dû alerter leur élite. La modernité économique et démographique, et par conséquent politique qui se dégage de ces révoltes, déclenche des contre-forces qui peuvent être religieuses, tribales, autoritaires. Elles ne remettent pas en cause le sens de la direction qu'a pris le monde émergent, quels que soient les chemins de traverse : la prospérité et la liberté. Ce que Tahar Ben Jelloun explique magnifiquement : « Cette violence libératrice ne sera pas contenue par la répression. Elle est vive et créatrice. Elle est portée par une nouvelle génération de jeunes, dont certains ont vécu à l'étranger et ont, contrairement à leurs parents, ouvert les fenêtres qui donnent sur le monde. Ils ont vu comment d'autres jeunes vivaient, ils ont constaté combien la liberté est synonyme de vie. Comme dans un rêve, ils ont entrevu soudain qu'ils avaient eux aussi la possibilité de vivre mieux, d'en finir avec les dictatures, de retrouver un peu de dignité[1]. »

Et la Chine ? N'est-elle pas le contre-exemple par excellence ? Celui qui disqualifie définitivement Acemoglu ? Une croissance forte et des inégalités qui déclenchent des grèves certes localisées, sans doute pas mal de suicides, mais pas de révolution globale ? On entend parfois dire que les Chinois accepteraient culturellement de se soumettre à une dictature. La lecture d'Amartya Sen convainc de la fausseté d'un argument qui dénie à la démocratie son universalisme[2]. Sen rappelle que rien ne permet d'affirmer que la démocratie grecque se soit étendue rapidement à l'ensemble de l'Occident, et notamment à la France. À l'inverse, on sait maintenant que le système politique grec a eu une influence en Iran ou en Inde. Sen raconte par exemple que, plus de trois cents ans avant Jésus-Christ, la ville de Suse, en Iran du Sud-Ouest, était administrée par

1. Tahar Ben Jelloun, *L'Étincelle, révoltes dans les pays arabes*, Gallimard, 2011.
2. Amartya Sen, *La Démocratie des autres*, Payot, 2005.

un conseil élu et une assemblée populaire. Les intellectuels bouddhistes accordaient une importance particulière aux délibérations publiques. Des « Conseils bouddhistes » se tinrent peu après la mort de Bouddha Gautama, pour régler des questions sociales, civiques ou religieuses. Au Japon, le prince Shotoku fut, en 604 après Jésus-Christ, l'initiateur de la « constitution des 17 articles », qui stipulait que les décisions d'importance ne pouvaient être prises par un seul individu mais devaient être discutées à plusieurs. Là aussi, soyons scientifiques. Il ne s'agit pas de prétendre que la démocratie est née ou s'est généralisée en Asie. Ce n'est pas vrai. De la grande Charte britannique de 1215, qui restreignait les pouvoirs du roi d'Angleterre, au droit de vote des femmes au XXe siècle, en passant par les révolutions française et américaine du XVIIIe, c'est en Occident que la démocratie s'est généralisée. Mais elle n'a jamais constitué une organisation politique propre à nos pays. Nous n'avons jamais eu le monopole de la démocratie.

La Chine est-elle compatible avec le modèle d'Acemoglu ? Oui, si l'on admet que dans ce pays, le coût du passage à la démocratie est encore supérieur au coût du maintien de la dictature. Passer à la démocratie, ce pourrait être affaiblir l'unité politique du pays, laisser émerger des pouvoirs sécessionnistes, faire entrer le désordre dans un pays traumatisé par les révolutions passées. Que ces craintes soient justifiées ou pas, elles sont présentes dans l'esprit de nombreux Chinois. Mais viendra forcément le moment où une « demande sociale » s'exprimera, par un peuple en confiance, qui exigera un partage plus équitable des richesses et du pouvoir institutionnel. À ce moment-là, la Chine glissera enfin vers la démocratie. Naviguer porté par le vent de la croissance, c'est avancer vers la liberté. Un monde plus riche sera un monde plus heureux, plus agréable à vivre.

X

La foi dans l'avenir

L'économie et la science, à l'inverse de la religion, ont peu à voir avec la croyance sans raison. Pourtant, une grande partie de l'Europe et, dans une moindre mesure, le Japon et les États-Unis ont perdu foi en l'avenir, comme si l'avenir ne leur appartenait plus, comme si la dépossession démocratique signifiait l'impossibilité d'un avenir commun meilleur ; comme si les guerres du XXe siècle avaient définitivement dissous l'idée de progrès ; comme si l'économie et la science, qui ont abîmé la nature, ne pouvaient la réparer. Cette perte de foi n'est pas rationnelle au sens plein de ce terme : le mariage de l'économie et de la science, c'est-à-dire la croissance capitaliste, nous apporte beaucoup plus que ce qu'il nous coûte. D'ailleurs, chacun observe que la récession est en réalité plus crainte que la croissance, même si l'idée de croissance ne fait plus recette. La foi dans un avenir meilleur a disparu sous l'effet des passions, des sentiments et des idées mal étayées. Or, sans cette croyance, aucun avenir heureux n'est possible. Des individus et des sociétés qui ont, ancrée dans leur esprit, l'idée que demain et après-demain sont aussi gris qu'aujourd'hui sont tétanisés. Ils n'agissent plus et concentrent leurs ressources sur la préservation de l'existant. Le refus du risque et la recherche de la rente deviennent des règles comportementales collectives. Ces individus apeurés refusent la destruction créatrice. Mais en rejetant le coût de la croissance, c'est la croissance elle-même qui devient impossible. La défiance dans l'avenir tue dans l'œuf la possibilité d'un meilleur futur.

C'est pourquoi le rôle essentiel des économistes mais aussi des intellectuels au sens large consiste à mobiliser les sciences sociales, l'histoire, la philosophie pour montrer que le monde dispose, pour la première fois dans l'histoire de l'humanité, du potentiel humain qui lui permettra de résoudre les problèmes de pauvreté, de santé et d'environnement. Et en réalité, les premiers résultats sont déjà là. Il n'y a jamais eu aussi peu de personnes très pauvres dans le monde. Les nouvelles puissances comme la Chine, le Brésil ou l'Inde arrachent à l'indigence matérielle des centaines de millions de personnes chaque année. Nous n'avons jamais vécu aussi longtemps en aussi bonne santé. Dans la plupart des endroits du monde, nous jouissons d'une « vie complète » qui nous permet d'élever nos enfants jusqu'à l'âge adulte et de connaître nos petits-enfants. Nous faisons face à un colossal problème d'environnement mais il est encore temps de modifier nos comportements pour rendre l'économie « circulaire ». Et il est imaginable que, dans quelques années, nos énergies soient devenues totalement propres. L'innovation procède par vagues, et ces vagues ressemblent davantage à un tsunami qu'aux gentils rouleaux de la Méditerranée. N'oublions pas les enseignements de l'histoire économique : nécessité fait loi. L'économie prime le droit, la politique et même les idéologies. Surtout, la révolution économique entraîne une révolution politique, faite de heurts et de chaos, d'avancées et de retours en arrière mais qui, au bout du compte, amène la liberté.

Nous sommes à l'aube d'une nouvelle renaissance. Pour la connaître, il faut en accepter le coût, et ce coût sera élevé. Crises bancaires, défaut sur les dettes souveraines, plans sociaux dans les grandes entreprises, inégalités de revenus, révolutions politiques : tous ces phénomènes sont nécessaires au passage d'une ancienne économie à une nouvelle. Point besoin d'imaginer de nouveaux concepts pour penser ce nouveau monde. Tout est déjà chez Smith, Ricardo, Schumpeter, Marx, Darwin, Tocqueville, car des mondes nouveaux, l'histoire en a déjà abordé plusieurs, à la fin du Moyen Âge, après les révolutions anglaises et françaises des XVIIe et XVIIIe siècles, à la Belle Époque… Mais pour tolérer cette période difficile, il faut se convaincre qu'une fois cette transition passée, c'est un avenir glorieux qui attend l'humanité.

Culpabiliser la peur

Quelle est la bouée qui va nous permettre de traverser cette mer tumultueuse et atteindre l'autre rive ? Déjà, bien sûr, croire dans le progrès et dans notre capacité à influencer notre avenir. Et si cette foi ne vous a pas quitté, soyez prosélyte. Sans la croyance collective en un avenir meilleur, le futur sera moins bon. La corporation des économistes appelle cela des « anticipations auto-réalisatrices » : il suffit de craindre quelque chose pour que cette crainte devienne réalité. Cette capacité d'espérance dépend de notre aptitude à nous projeter dans l'avenir. Un moyen pour y parvenir est de réfléchir et d'agir constamment pour la jeunesse. Les jeunes sont par construction l'avenir d'une société et, en resserrant un peu le regard, l'avenir d'une économie. Parler de la jeunesse, c'est parler du futur de l'économie qui nous concerne tous, quel que soit notre âge. Proposer une politique économique pour la jeunesse, c'est proposer une politique économique pour chacun, mais qui ne sacrifie pas demain. Proposer un programme d'action économique centré sur la jeunesse, ce n'est justement pas faire preuve de jeunisme. C'est au contraire voir large, c'est évoquer tous les problèmes, mais en essayant de se regarder un peu plus loin que d'habitude[1].

Mais à quoi servirait de s'intéresser à la jeunesse pour lui faire peur ? Les philosophes comme Jonas ont instillé un véritable poison dans les esprits occidentaux, en érigeant la peur en vertu. Notre rôle d'adultes est au contraire de « culpabiliser » la peur. Souvent, nous le faisons avec nos enfants car la peur est naturelle, et le propre de l'homme, c'est sa capacité à lutter contre la peur. Mon fils a peur du noir : je ne le laisse pas dormir avec la lumière, mais j'éteins progressivement. Après quelques mois, sa crainte disparaît. Ma

1. Nicolas Bouzou et Luc Ferry, « La Politique de la jeunesse : rapport au Premier ministre », Conseil d'Analyse de la Société, 2012.

fille a peur de plonger à la piscine. Je lui apprends à mettre la tête sous l'eau : nous nous immergeons dans le bassin, nous ouvrons les yeux et nous regardons quelques secondes. J'ai moi-même une peur excessive des maladies : c'est le trait de caractère dont je suis le moins fier, et j'espère bien m'en débarrasser. L'hypocondrie est une peur bête qui empêche d'envisager sereinement l'avenir. Il ne faut pas renoncer à la peur utile, celle qui nous interdit de doubler une voiture sur une voie à double sens, de partir nager quand la mer est agitée ou de caresser un fauve dans un zoo ou lors d'un safari. En revanche, il faut lutter contre cette inquiétude lancinante, qui paralyse les comportements et qui s'apparente, disons la vérité, à un manque de courage. Cette démission des courages individuels a conduit, dans un pays comme la France, à un manque de courage collectif, qui fige la peur dans les lois et les règlements.

La « créativité autocorrectrice »

Mais comment culpabiliser la peur en sanctionnant excessivement l'échec ? Car lutter contre la peur, c'est encourager le risque calculé. La question du risque s'accommode mal d'une analyse toute en noir ou blanc. Le risque est nécessaire à la croissance car on ne peut jamais être certain du résultat de ce qu'on entreprend. Mais le risque doit être contrôlé, c'est-à-dire que l'on doit apprendre de ses échecs. Souvent des dirigeants d'entreprises disent : « Chez mes salariés, j'accepte un échec mais pas deux. » C'est absurde. La sélection darwinienne envoie une multitude de projets à la poubelle. En moyenne, les deux tiers des projets d'innovation sont des échecs, y compris (surtout !) dans des entreprises très innovantes comme Apple ou Google. Ce qui compte n'est pas la capacité à voir juste du premier coup (c'est le plus souvent une question de hasard), mais à apprendre des échecs. C'est ce processus d'essai et d'erreurs, profondément darwinien, qui mène à la croissance durable, et qui doit être érigé en mode d'action, aussi bien pour les individus qui veulent faire partie de la classe « créative » ou de celle des « manipulateurs de symboles » que pour les entreprises ou les politiques publiques : sans cesse chercher, inventer, essayer, revenir sur ses pas, repartir. Dans une logique toujours darwinienne, on maximise ses chances de réussite en multipliant les expériences, ce que le maître appelle les variations, mais sans s'arc-bouter sur celles qui n'apportent pas de résultats positifs. La multiplication des idées et des actions rend plus probable que la sélection naturelle en conserve quelques-unes. Pour atteindre le graal, il est nécessaire de faire preuve de « créativité autocorrectrice ». En politique, cette capacité de créativité a un nom : la décentralisation. Il faut redonner vie aux capacités des territoires à entreprendre, à tenter, à se tromper. Et qu'on ne nous dise pas que l'égalité y perdra. L'égalité, c'est d'abord donner à chacun sa chance, et non centraliser ou homogénéiser, des notions qui délitent l'initiative et la vraie solidarité dans le bain de l'uniformisation.

Multiplier les variations, c'est tenter des stratégies personnelles ou collectives qui permettent d'atteindre les objectifs qu'on se fixe en fonction d'un environnement dominateur. C'est pourquoi l'adaptation ne peut être disjointe d'une forme de vigilance. Dans notre monde de l'entre-deux cycles, la réussite oblige à s'intéresser à tout, à rebours de l'idéologie de la spécialisation et du cloisonnement des savoirs, en phase avec la méthode des intellectuels des Lumières : économie, technologies, philosophie, art, démographie... Il faut tout embrasser. Cela n'empêche pas d'avoir un métier, médecin, ingénieur, artiste... Mais il faut flanquer ce savoir de base d'une vision acérée de ce qui nous entoure, pour ne pas s'adapter uniquement à l'aveugle.

Donner du sens

Au fond, l'essentiel est d'être utile. L'essentiel, c'est de donner tort à Heidegger : il n'y a pas de fatalité à ce que le capitalisme navigue en pilotage automatique, pas de fatalité à ce que les moyens dévorent les fins. Le monde de la technique peut redevenir le monde du sens. Pourquoi ce qui a été possible jusqu'à la Première Guerre mondiale ne le redeviendrait-il pas ? Parce que la guerre est passée par là ? Mais justement ! La guerre nous a fait perdre notre foi naïve dans le progrès technologique. Tant mieux, même si le coût fut effroyable. Nous pouvons entrer dans l'ère de la confiance raisonnée et du sens. C'est le rôle des intellectuels, des enseignants, des médias, des politiques de montrer que l'économie est utile, qu'elle résout plus de problèmes qu'elle n'en crée. Ce sont des entreprises qui fabriquent des moustiquaires pour que les enfants d'Afrique échappent au palu. Ce sont des entreprises qui conçoivent et distribuent les panneaux photovoltaïques. Ce sont des entreprises qui lisent le génome des tumeurs cancéreuses. Ce sont des entreprises qui vendent des engrais et des voitures non polluants. Des entreprises qui savent utiliser les résultats de la science. Des entreprises qui emploient des personnes formées dans les écoles publiques. C'est une nouvelle alliance qui est nécessaire, entre pouvoirs publics, territoires, secteur privé, monde associatif, afin de se mobiliser pour donner du sens, car savoir que ce que l'on fait est utile inhibe les peurs et décourage la fatigue.

Nous, qui vivons dans les pays riches ne serons pas aux premières loges de cette nouvelle renaissance. Pour la sentir déjà résonner, c'est quelque part vers les rives du Pacifique qu'il faut s'envoler.

Mais le cœur de l'économie-monde diffuse ses effets en cercles concentriques. Les pays qui acceptent la destruction créatrice connaîtront une nouvelle jeunesse, où qu'ils se situent, en Asie, en Amérique ou en Europe.

Que j'aurais aimé vivre à Venise au début du XIIIe siècle ! Que je suis heureux d'être né en 1976 !

PAPIER À BASE DE FIBRES CERTIFIÉES

JC Lattès s'engage pour l'environnement en réduisant l'empreinte carbone de ses livres. Celle de cet exemplaire est de :
950 g éq. CO_2
Rendez-vous sur www.jclattes-durable.fr

CE VOLUME A ÉTÉ COMPOSÉ
PAR NORD COMPO

IMPRESSION RÉALISÉE PAR
CPI FIRMIN-DIDOT
À MESNIL-SUR-L'ESTRÉE
EN FÉVRIER 2013

Imprimé en France
Dépôt légal : février 2013
N° d'édition : 01 – N° d'impression : 116183